コンサート1　～Webサイト，コンサート風景，音楽イベント，CDジャケット

図1●ハートフェルトコンサート®
境企画Web（2016年）

写真1●ヤマハ銀座店（旧本店）ミニコンサート
＆サイン会風景（2008年）

写真2●ハートフェルトコンサート
「テレマンとバッハ」（2003年）

写真3●同「ニューイヤー・モーツアルト・コンサート」（2004年）

写真4●同「マーラー・嘆きの歌
2台ピアノ版世界初演」
（2013年）

図2●LUCISレーベルCD　ヴェルディ・
オペラアリア／日本歌曲

コンサート2　チラシ

図3●ハートフェルトコンサート「ソプラノリサイタル」（1997年）

図4●同「テレマンとバッハ」（2003年）

図5●同「ホルンリサイタル」（2008年）

図6●同「マーラー・嘆きの歌　2台ピアノ版世界初演」（2013年）

コンサート1　～Webサイト，コンサート風景，音楽イベント，CDジャケット

図1●ハートフェルトコンサート®
　　境企画Web（2016年）

写真1●ヤマハ銀座店（旧本店）ミニコンサート
　　　＆サイン会風景（2008年）

写真2●ハートフェルトコンサート
　　　「テレマンとバッハ」（2003年）

写真3●同「ニューイヤー・モーツアルト・コンサート」（2004年）

写真4●同「マーラー・嘆きの歌
　　　2台ピアノ版世界初演」
　　　（2013年）

図2●LUCISレーベルCD　ヴェルディ・
　　オペラアリア／日本歌曲

コンサート2　チラシ

図3●ハートフェルトコンサート「ソプラノリサイタル」（1997年）

図4●同「テレマンとバッハ」（2003年）

図5●同「ホルンリサイタル」（2008年）

図6●同「マーラー・嘆きの歌　2台ピアノ版世界初演」（2013年）

展覧会，産業祭，商店街イベント，産学公連携イベント

写真5●野村俊佐久　展覧会（2003年）

写真6●野村俊佐久遺作展（2008年）

写真7●町田市産業祭
　　　　"キラリ☆まちだ発見"（2007年）

写真8●成城街なか写真館（2016年）

写真9●㈱はらじゅく畑の外観（2016年）

写真10●第4回せたがやまちなか研究会
　　　　　成城大学（2013年7月）

教育～アート・マネジメント／アート・プロデュース実習，
学会シンポジウム，経営学合同ゼミナール

写真11●アートマネジメント実習風景
東京家政学院大学（2006年）

写真12●プロデュース論　演習風景
桐朋学園大学（2010年）

写真13●グローカル研究センター
シンポジウム（2012年11月）

写真14●グローカル研究センター
シンポジウム（2012年11月）

写真15●経営学合同ゼミナール　発表風景（2016年9月）

図7●経営学合同ゼミナール　チラシ（2016年9月）
※写真13～15　成城大学

Introduction to Arts Production

アート・プロデュース概論
経営と芸術の融合

境 新一 [著]

中央経済社

はじめに

　今日，実業界や芸能界さらには学界，政治の世界などで「プロデューサー」が注目されている。この職業の社会的認知度は，最近10年間に飛躍的に増大した。しかし，そもそも，プロデューサーとは何者か，いかなる仕事・役割を担うのか，我が国にプロフェッショナルなプロデューサーは本当に存在しているのか。

　本書は，筆者が成城大学にて開始した研究分野である感動創造ならびに価値創造の理論とその具体的な分析成果について整理したものである。そのテーマは，現代で特に必要性が高まってきた"人を感動させる価値の創造と提供"，それを体現するプロデューサー（主体），プロデュース（行為），分析枠組み，アート・プロデュース（arts production）についての研究となる。起業・事業創造を持続的なイベントととらえるならば，アートだけでなくビジネスをプロデュースすることも広く文化創造に総括されよう。

　本書の趣旨は，アートとビジネスが相互浸透する状況を踏まえて，感動を創る芸術・アートの社会性を理解し，人文科学と社会科学の交差点ともいえる，アート・プロデュース＆マネジメントの意味，ビジネスにおけるアートの必要性をいくつかの視点から考察し，フィールドワークを通して広く文化創造に資する新たなプロデュース論を提起することにある。プロデューサーはアートとビジネスの対境担当者，媒介者としてアートをデザインやブランドを通してビジネスにつなげる。アートからビジネスへの転化は事業利益（私益）をつくる行為である。一方，ビジネスからアートへの転化は社会的利益（公益，社会貢献）をつくる行為である。プロデューサーは両行為にかかわるのである。プロデュースの成果は商品，サービスを含めて作品に集約される。

　アートとビジネスには，それぞれに様々な課題が存在する。アートは課題提

起，デザインは課題解決であるが，解決すれば終了するわけではなく，解決の過程で再び新たな課題提起に戻る．すなわち永遠に課題は残り，展開や進化を続ける過程である．すべてはアートを基点とした問い，課題提起から始まることに留意する必要があろう．プロデューサーは常に課題提起をしなければならない．

本書のキーワードは，アート，ビジネス，プロデュース，マネジメントである．これらを組み合わせるとアート・プロデュース，アート・マネジメント，ビジネス・プロデュース，ビジネス・マネジメントとなる．これらをあえて日本語で述べるなら，芸術創造，芸術経営，事業創造，事業経営であろう．一見ばらばらで個別の研究領域のような印象を与える．しかし，実はこの4カテゴリーは表裏一体であり，このうちいずれのカテゴリーを論じたとしても，その背景には常に他の3つのカテゴリーが意識されているものと考えられる．

「アート・プロデュース」という用語は，すでに芸術系大学，大学院のコース名称等としても用いられている．ただし，アート・プロデュースの裏に，他の3概念が実は一体的に見え隠れする，ということを言明している書はなかったと思われる．

巷では「芸術経営学」という表現を用いる例もある．しかし，一般に文化政策学の印象が根強く，字句通りの「芸術を経営する（アートをビジネスにする）」という理解がなされているとはいえない．元来，芸術家を育てること，芸術を経営することは，「学」になじみにくい．芸術を経営することに「論」の多様性，実践性を有することはありえても，「学」の定型性，体系性を有することが難しいからである．私見では，芸術経営論ならば成り立ちうると考える．

そもそも私自身，プロデュースに関わりをもった背景や経緯について簡単に述べたい．私のプロデューサーとしての最初の仕事は，1997年3月，妻（松永知子）のリサイタルであった．当初はリサイタル開催という目的だけのために，非営利の「人格なき社団」（境企画）を立ち上げた．実態は実行委員会と変わらなかった．公演の開催は，実は最初で最後のつもりであったが，この公演が

縁となって同年9月，ハートフェルトコンサートの第1回をスタートさせた。ハートフェルトコンサートは名称の通り「人に感動を与える，心のこもった」コンサートであることを目指すことから，命名したものであった。

　公演が継続して展開されていくにつれて，私自身の能力を超えて，大学での教育，研究に携わるアーティスト等の協力や業界の専門家の方々の協力（音楽監督，ステージマネジャー，デザイナーなど）も得て，運営方法も高度化していった。2013年の第98回まで開催した後，しばらくの充電期間を経て公演を再開することとなった。その手始めに，2004年に開設したWebサイトを2016年リニューアルした。

　当社事業の概要は，端的にいえば，コンサートやCDの企画制作，すなわちアート・プロデュースとアート・マネジメントの理論構築と企画実践にある。私の場合，余裕のある予算で企画制作に専念できるのとは次元が異なり，すべて自分自身でひとつずつ覚えながら自らのリスクですすめてきた点に特徴があるかもしれない。

　加えて，私は3つの大学，東京家政学院大学（1999～2007年），桐朋学園大学（2000～2014年），成城大学（2007年～現在に至る）に出講し，そこでの研究・教育を踏まえて，現場での実践（フィールドワーク）と理論構築に微力ながらつとめてきた。担当した科目は，アート・マネジメント論，経営管理論，ベンチャービジネス論，情報処理・プロデュース論などである。またハートフェルトコンサートが2009年に商標登録された。2009年6月には拙書『今日からあなたもプロデューサー』（レッスンの友社）を上梓したが，3年後の2012年11月に出版社が倒産した。こうした想定外の展開に直面してからは，現場でのフィールドワーク，研究と教育に注力することに賭けて4年の歳月が流れた。

　その後，音楽に限らず，イベント，学会，シンポジウムの企画制作，学生と協働する商店街活性化と事業提案など，様々なプロデュース経験を私自身だけでなく，学生も積むことになった。

　本書は，前書の内容を検証しながら，新たな成果，すなわち筆者が得た3つ

の研究機会に基づいてつくられたといっても過言ではない。それは本学の特別研究助成による研究，担当講義である総合講座Ⅱ（「感動を創る」「創造の原点」「創造と変革の原点」，2009年9月～現在に至る）ならびにベンチャービジネス論での研究および教育の内容である。以下，その経緯を簡潔に述べてみたい。

まず，特別研究助成では，アート，ビジネス，マネジメント，プロデュースの位置づけを踏まえて，アート・プロデュースの理論的枠組みを試行錯誤した。次に，総合講座Ⅱでは，アート・プロデュースの実践的側面に焦点を当て，その実現に関わるアーティスト，デザイナー，クリエーター，プロデューサー，職人（匠），研究者などをとりあげて，その専門分野と技法，感動・価値創造の行為と作品，能力開発と後継者育成，仕事に対する姿勢から多様な知見を学ぶことを目指した。総合講座Ⅱでの講義成果は，著書『アート・プロデュースの現場』『アート・プロデュースの仕事』『アート・プロデュースの未来』（いずれも論創社）としてこれまでに刊行されている。最後に，ベンチャービジネス論では，ビジネスに基点を置きながらアートの構築を目指し，感動創造や価値創造を果たすプロデューサーの特徴と役割を具体的に検証した。

本書の構成は，4つの部からなる。まず，第Ⅰ部では，芸術・アート，イベント，コミュニティ，フィールドワーク，感動創造などの基礎概念を整理する。芸術／アートの基礎概念，芸術の保護・支援，イベントの定義と特徴，コミュニティと文化・芸術，地域資源と地域ブランド，フィールドワーク，感動の要件と感動創造の価値，そして創造と変革の原点などに言及する。

次に，第Ⅱ部では，本書の中核となるプロデュース，プロデューサー，アート・プロデュースなどの理論とその枠組みを述べる。人の特徴とその分類，プロデューサーの位置づけ，プロデューサーの特徴と役割，種類と能力，プロデュースとマネジメントの相違点，アート・マネジメントとアート・プロデュース，プロデューサーの感動・価値創造の過程，五感，プロデューサーの到達点と7つの要件をとりあげる。

続いて，第Ⅲ部では，イベントに関する方法論として，コンサート，展覧会，

展示会・産業祭・商店街イベント，ファッション・ショー，学会の各分野から具体的に論じる。

また，プロデュースの教育に関する方法論を述べるが，アート・マネジメントと対照させてアート・プロデュースの教育について記している。

最後に，第Ⅳ部では事例として，フィールドワークを踏まえてプロデュースの対象となるイベント，教育，学会，産学公の連携による企業・大学・行政と地域との連携，大きく3つの領域から整理する。

私事，ゼミナールの学生に「研究は料理に似ている。新鮮な素材と練達な包丁さばきがないと，美味しい料理はできない。研究も素材と分析枠組みが重要だ。」と常に説いている。この言葉を自分自身にもいいきかせている。この「研究」を「プロデュース」に置き換えても同じことが成り立つ。プロデュースのタネ，対象は私たちの身近に沢山あり，そこに新鮮な素材と包丁さばきが必要となる。

アートを直接ビジネスに結びつけることは困難であるが，デザインという感動・価値創造の行為を通してビジネスにつなげることはできる。逆にデザインを超える新たな感動・価値創造が必要になれば，デザインからアートに接近する。一連の行為は，アートから始まり，デザインを経てアートに戻るサイクルとなる。

アートとビジネスの出会いは，究極のところ異分野の人々相互の出会いに尽きる。人々の出会いは単純な彼らの総和ではなく，単体の性質を超えた化合であり，異次元のものを創造する原点である。縁を結び，縁を尊び，縁に随うことによって，人を感動させる価値の創造および提供がなされる。そしてプラスアルファとしていかなる価値を加えるかが重要であろう。折りしも，2017年は成城学園創立100周年を迎える。筆者は2つのプロジェクト，「現代公益学会シンポジウム～文化創造と公益」（5月），「世田谷まちなか研究会～商店街のグローバル化にむけて」（12月）の企画制作を担当させていただく予定である。

真の伝統は，絶えざるイノベーション（革新），チャレンジ（挑戦）がなければ継承・展開できない。内に閉じず，外へ開く必要がある。私は，世のため人のためになる，善なること，何かおもしろいことをしてみたいと，いつも思っている。十分とはいえないものの，広く読者のご批評・ご示唆を頂戴し，本研究ならびに実践が少しでも水準を上げ，ささやかでも社会に資することが叶うならば，これ以上の慶びはない。

　最後に，「成城学びの森」の受講を契機に，本学講義・講座で多くの示唆をいただいている中山進，榎本正，加藤雅幸，木村圭子，田賀ひかる，小林貴の各氏，同事務局の高柳昌人氏に，また，創造的な経営者である天野正昭，林菜美子の各氏に厚く御礼申し上げたい。そして年末年始のひじょうに限られた期間のなかで，本書の編集に多大なる労を負って下さった，中央経済社・編集部の酒井隆氏にここに改めて深く感謝申し上げる次第である。

付記
　本書は「平成28年度成城大学科学研究費助成事業等間接経費による研究支援プロジェクト／研究成果の公表（出版等助成）支援」を受けております。

2017年1月　研究室にて　境　新一

目　次

はじめに　*i*

第Ⅰ部 ｜ アート・プロデュースの前提概念
－アート，イベント，コミュニティ，フィールドワーク，感動・価値創造

第1章　芸術／アートの基礎概念 ——————— *2*

1　芸術／アートの定義／*2*
2　芸術，美術とアートとの関係／*3*
3　日本におけるアート／*5*
4　障がい者アート　アール・ブリュット／*6*
5　アート市場／*7*
6　デザインならびにブランドの定義とアートとの対比／*8*

第2章　芸術の保護・支援 ——————— *11*

1　パトロン／*11*
2　メセナとフィランソロピー／*12*

第3章　イベント ——————— *14*

1　イベントの定義／*14*
2　イベントの特徴／*15*
3　イベントの種類／*16*
4　イベント企画制作業／*17*
5　イベントおよびイベント構成の重要点／*18*

　　　　6　アートとイベントとの関係／19
　　　　7　イベントとエンタテインメントとの関係／20

第4章　コミュニティと文化創造ならびに
　　　　フィールドワーク ────────────── 21

　　　　1　コミュニティの概念とその変遷／21
　　　　2　地域資源・地域ブランドと文化・芸術／22
　　　　3　フィールドワーク／24

第5章　感動の要件と感動創造の価値 ──────── 26

　　　　1　A. R. ダマシオと平野秀典の見解／26
　　　　2　価値の起源／27
　　　　3　A. スミスと D. スロスビーの見解／28
　　　　4　顧客価値と経験価値／30
　　　　5　固有価値と有効価値 − J. ラスキンと W. モリスの見解／31
　　　　6　共通価値 − M. E. ポーターと M. R. クラマーの見解／32
　　　　7　芸術価値と市場価値／33
　　　　8　知的財産の価値評価／33
　　　　9　ブランドの価値基準と評価方法／36
　　　　10　感性価値／37

第6章　創造と変革の原点 ─────────────── 40

第Ⅱ部　アート・プロデュースの枠組み
　　　　─プロデュース，プロデューサー，アート・プロデュース

第7章　人の特徴とプロデューサーの位置づけ ───── 44

1　「ソーシャルスタイル」による人の分類／44
   2　鈴木義幸氏「ビジネスチームの4分類」／46

第8章　プロデューサーの特徴と役割 ──────── 48

   1　プロデューサーの仕事と創造および戦略／48
   2　企画書の作成／52
   3　情報発信の方法／55
   4　プロデューサーの種類と能力／56
   5　プロデュースとマネジメントの相違点／60
   6　プロデューサー・システムと映画産業におけるプロデュース体制／61
   7　セルフ・プロデュース／64
   8　プロデューサーの感動・価値創造－アート・マネジメントとアート・プロデュース／64
   9　アート・プロデュース論の展開－アグリ・ベンチャーの分析枠組みへの応用／70

第9章　プロデューサーによる感動・価値創造の過程 ─── 72

   1　ネットワーク構築／72
   2　デザインを中心とする多様な思考法による重要要素の抽出／75
   3　戦略情報の抽出と意思決定／81
   4　ブランド構築ならびにブランディング手順／92

第10章　五　感 ──────────────────── 94

   1　脳科学の知見／94
   2　五感分析による事例／95
   3　アート・プロデュースと五感の関係／97

第11章　プロデューサーの到達点
　　　　－萩元晴彦氏の言葉と FNSDIDB の要件 ———————————— *101*

第Ⅲ部　イベントならびに教育に関する方法論

第12章　コンサート ———————————————————————— *108*

　　1　コンサート諸概念の定義／*108*
　　2　コンサートの企画・進行／*115*

第13章　展覧会 ——————————————————————————— *120*

　　1　博物館／*120*
　　2　美術館・画廊／*126*

第14章　展示会・産業祭・商店街イベント ——————————— *140*

　　1　展示会の制作プロセス／*140*
　　2　展示会のタイプ／*141*
　　3　「出展者説明会」「出展マニュアル」の意義／*142*
　　4　目的・時間・場所の決定／*143*
　　5　人的資源の活用／*144*
　　6　産業祭・商店街イベント／*145*

第15章　ファッション・ショー ————————————————— *154*

　　1　ファッション・ショーの目的／*154*
　　2　ファッション・ショーの構成要素／*154*
　　3　ファッション・ショーの評価／*158*

4　ファッション・ショーの進行／158

第16章　起業・事業創造 ―――――――――――――― 161

　　1　イベントとしての起業・事業創造とベンチャー／161
　　2　アグリ・ベンチャー／161
　　3　事業計画と行動計画ならびにビジネスモデルの役割／162
　　4　競争優位，提携・外部委託・合併買収（M&A）および環境適応／164
　　5　アート＆ビジネス・プロデュース／165

第17章　学　会 ―――――――――――――――――― 166

　　1　事前調査／166
　　2　事前準備／166
　　3　当日準備／169

第18章　大学におけるプロデュース・マネジメント教育 ―― 170

　　1　アート・マネジメントと文化政策研究／170
　　2　アート・マネジメントの役割と位置づけ／170
　　3　アート・マネジメント教育／171
　　4　ビジネス・スクールでのアート・マネジメント教育／171
　　5　アート・プロデュース教育－フィールドワークの活用とグローバル人材の育成／172

第Ⅳ部 事 例
－産学公ならびに地域との連携，事業創造，文化創造

第19章 イベント ——————————————— 176
1 ハートフェルトコンサート／176
2 展覧会と画廊－野村俊佐久遺作展とギャラリー椿を中心に／182
3 キラリ☆まちだ発見・町田市産業祭（現　キラリ☆まちだ祭）／189
4 ファッション・ショー－町田市産業祭での学生イベント／193

第20章 教　育 ——————————————— 198
1 アート・マネジメントコース（東京家政学院大学　2004～2007年）／198
2 情報処理・プロデュース論（桐朋学園大学　2000～2014年）／201
3 総合講座Ⅱ・成城学びの森（成城大学　2008年～）／201
4 ベンチャービジネス論（成城大学　2012年～）／206

第21章 産学公ならびに地域との連携，事業創造 ——— 210
1 シンポジウム－東日本大震災後のコミュニティとその変革／210
2 経営学合同ゼミナール／219
3 世田谷まちなか研究会－大学生による活性化提案／220
4 商店街と大学等との地域連携の新展開－「学びの場」から「実践の場」へ／224
5 はらじゅく畑－発信型アンテナショップ／232
6 jiji by WORTH WHILE－洗練されたビューテューサロ

　　　　ン／*234*
　　7　産学公からの講師招聘とネットワーク構築／*237*

参考文献／*242*
事項索引／*256*
人名・社名・地名索引／*262*

第Ⅰ部

アート・プロデュースの前提概念

―アート，イベント，コミュニティ，フィールドワーク，感動・価値創造

　第Ⅰ部では，芸術・アート，イベント，コミュニティ，フィールドワーク，感動・価値創造などの基礎概念を整理する。芸術／アートの基礎概念，芸術の保護・支援，イベントの定義と特徴，コミュニティと文化・芸術，文化創造，地域資源と地域ブランド，感動の要件と感動・価値創造の価値，そして創造の原点などに言及する。

第 1 章 芸術／アートの基礎概念

1 芸術／アートの定義

　芸術とは，表現者あるいは表現物と，鑑賞者とが相互に作用し合うことにより，精神的・感覚的な変動を得ようとする活動といえる。とりわけ表現者側の活動としてとらえられる側面が強く，その場合，表現者が鑑賞者に働きかけるためにとった手段，媒体，対象などの作品やその過程を芸術と呼ぶ。表現者が鑑賞者に伝えようとする内容は，信念，思想，感覚，感情，など様々である。芸術に相当する外国語は多様である。ギリシャ語では techne（テクネー），ラテン語では ars（アー），英語では art（アート），ドイツ語では Kunst（クンスト）などは単に「人工のもの」という意味であり，元来「技術」という訳語が当てられるものであった。現在の芸術の概念は，近代まで単なる技術と特に区別して呼ぶ場合「よい技術，美しい技術」fine art（ファイン・アート）と表現され，むしろ第二義的なものであり，後に芸術の意が第一義となった。中世までの芸術作品を含むものをつくる人は職人であり，絵画や彫刻も工房で作業した。この状況はルネサンス期以降に大きく変化する。ルネサンスの個の発見は，限られた個人に備わる芸術の才能を特別なものとし，芸術家が登場するなかで，芸術と技術の分離は決定的となる。産業革命以降，両者は異なるものとなり，アートは自立し，有用性・技術性より精神性を優位とするようになった（境，2015b）。アート／アーツ（art, arts）の意味は『ジーニアス英和辞典』によれば，以下の通りである。

　①芸術，美術；芸術作品，美術品　②技術，こつ，要領；術　③人文科学，

教養科目；文科系　④人為，技巧（⇔nature）；不自然さ，作為　⑤発明（品），特許物　⑥こうかつ，策略　⑦《ジャーナリズム》さし絵，カット　⑧芸能界，ショービジネス　⑨手配写真(1)《スコット法》従犯　(2)関与，関係

　アーティスト（artist）とは，デザイナー（designer）とは異なり，顧客や要件にとらわれず，自由な表現行為を通して自己実現を図る芸術家のことである。私自身が考える芸術／アートとは，人を感動させる価値をもつあらゆるものである。それは言い換えると，人間一人ひとりの中にある理性・感性に訴える「思い」を様々な表現手段を通して自分と他者を結びつけ，共感を創り出せる価値と言えるかもしれない。なお，日本語における「藝術」という言葉は，明治時代に啓蒙家，西周（1829 – 1897）によってリベラル・アートの訳語として造語されたが，いまではアートの同義として使用されている。また，「藝術」「園藝」に共通する「藝」には「植える」の意味がある。一方，思想家，佐久間象山（1811 – 1864）が残した「東洋道徳西洋芸術」という言葉は和魂洋才の意味をもち，ここにみる芸術は技術のことである。

　19世紀，英国における産業革命の後，商品は工場で大量生産されるようになったが，従来の技術を伝承してきた職人の中には，勤労の喜び，手仕事の美が失われたと嘆く者も現れた。その後，詩人，思想家，デザイナーであるW. モリス（William Morris, 1834 – 1896）が生活と芸術を一致させるデザイン思想とその実践である，「アーツ・アンド・クラフツ運動」（Arts and Crafts Movement）を開始し，その後各国に大きな影響を与えた（藤田，1996；2009）。そして，「アート オブ ライフ」（Art of Life）すなわち，生活の中に芸術性，芸術的な要素である色彩・形状・歴史的意義を考慮して，より豊かで快適な生活空間を創造することも考えられる時代になった（境，2009b）。

2　芸術，美術とアートとの関係

　芸術はartの訳語であり，美術は視覚によってとらえることを目的として表現された造形芸術（視覚芸術）の総称である。アートと芸術とはほぼ同義であ

り，美術より広い概念であろう。例えば，能・歌舞伎や音楽，大道芸能などは芸術・アートといわれる。また，建築の一部を構成する絵画，壁画，彫刻，塑像(ぞう)，ステンドグラスなどは美術であり芸術・アートである。これに対して，造り付け家具，椅子・テーブル・食器，窓などは芸術・アートといえるが，美術とはいわれにくいし，教会・寺院・城郭などの建物自体も芸術的要素は高いが，美術とはいわない。ただ，アートより芸術の方が無形（時間的固定形がない）の場合が多いとされる。美術・芸術は人間が作った物を指す場合が多いが，アートは自然が作った物も多く含まれる（例えば砂漠の風紋，さんご礁など）。また，芸術を「近代芸術」(modern arts)，アートを「現代芸術／同時代芸術」(contemporary arts) と区別する考え方もある。人間の営みはすべてアート，人間の五感すべてにアートは存在し，視覚，聴覚，味覚，嗅覚，触覚，つまり感覚はすべてアートとつながるとする考え方がある。

　一方，人間の基本的な営みとアートとの明確な境界線があるべきだとする意見もある。美術，芸術，アートの相違は何か。美術，芸術とアートとを区別する意味はあるのか。この問いに答えることは非常に難しいことは確かである。ある活動や作品が芸術であるか否かについて，必ずしも万人に共通の基準があるわけではない。表現者側では，その働きかけに自分の創造性が発揮されること，鑑賞者側ではその働きかけに何らかの作用を受けることなどが芸術の成り立つ要件とされる。これに関して，表現者側では自分の作品を構成するにあたり，先人の影響を受けたり，すでに様式が決まっている表現方法，媒体を用いたりすることはよく行われるので，必ずしも表現の内容が完全に自分の創造性にのみよっているとは限らない。また鑑賞者側が，その表現が前提としている様式の暗号を知らないと，働きかけはうまくいかない。表現者が，どのような手段，媒体を用いるかによって，芸術を多くの分野に分けることができる。下記は，芸術の表現方法のうち，歴史的に比較的様式の定まったものの例である（境，2009b）。

- 美術（視覚芸術・造形芸術）…絵画（洋画・日本画），彫刻・彫塑(ちょうそ)，建築，書，写真，工芸，いけばな

- 文芸（言語芸術）…詩，小説，戯曲，批評，随筆
- クラシック音楽（音響芸術）…作曲，演奏，指揮
- デザイン（応用芸術）…ファッション，グラフィック，工業，空間

ただし，これらは表現者が一定の枠内に収まった表現方法を用いた場合に分類可能となるのであり，表現者がこれらの枠に収まらない表現を用いる場合や，複数の表現を組み合わせたりする場合なども多く，そのときには，より包括的な空間芸術，時間芸術，総合芸術などに分類して考える必要があろう。上記とは別に，ある作品や活動の程度が非常に高いとき，これを芸術と呼ぶことがある。この用法では，作品や活動の独創性は要件に入らない。アートの特徴は，増産できず，非生産的であり，組織の中では成り立たない。マーケティングにも馴染まない。日本に西洋文化が入ってくる以前から存在し，特定階級または大衆の教養や娯楽，儀式や祭事などを催す際に行動化された芸術・技能，またこれら芸術・技能が特定の形式に系統化・伝承されたものを伝統芸能という。これには以下の分類がある（境，2009b）。

- 詩歌…和歌，連歌，俳諧，俳句など
- 音楽…雅楽，邦楽，箏曲，尺八楽，三味線楽，地歌，浄瑠璃節，義太夫節，長唄，詩吟，民謡など
- 舞踊…神楽，田楽，雅楽，舞楽，能楽，狂言，歌舞伎，人形浄瑠璃など
- 演芸…講談，落語，浪曲など
- 工芸…彫金，漆器，陶芸，織物など
- 芸道…茶道，香道，武芸，書道，華道など

3 日本におけるアート

日本におけるアート制度は，明治初期に西欧諸国から輸入されたものであり，新しい教育制度を創設する際に，江戸時代に成立した町人文化に代わり，西欧の美術と音楽を取り入れ，日本に適した形で受容した。そして日本におけるアート・マネジメント制度は，1980年以降に，中央政府・地方自治体・芸術家

団体・民間企業・学者によって欧米から導入されたものである。ビジュアル・アーツ，音楽，パフォーミング・アーツなどが主要な分野である。文部省（当時）・自治省（当時）・文化庁などが中心になって，1980年代に文化政策が進められた。その結果，各地に美術館や博物館が建設され，それと同時に音楽や演劇などを演じられる文化ホールの建設が積極的に進められた。1990年代には，日本の各地に芸術的環境が整えられていったが，その一方で，美術館や文化ホールを支える運営自体は，十分なものではなかった（境，2009b）。

アート・マネジメントの必要性が再度認識されるようになったのは，公益社団法人企業メセナ協議会（1990年），文化経済学会（1992年）の相次ぐ設立などが契機となった。

4 障がい者アート　アール・ブリュット

アウトサイダー・アート（outsider art）とは，特に芸術の伝統的な訓練を受けておらず，名声を目指すでもなく，既成の芸術の流派や傾向・モードに一切とらわれることなく自然に表現した作品のことをいう。アウトサイダー・アートを作る芸術家をアウトサイダー・アーティストという。

フランス人画家，J. デュビュッフェ（Jean Dubuffet，1901-1985）がつくったフランス語「アール・ブリュット」（art brut，生の芸術）を，英国人著述家，R. カーディナル（Roger Cardinal，1940-）が「アウトサイダー・アート」（outsider art）と英語表現に訳し替えた。brut はワインなどが生（き）のままである様子をいう。子どもや正式な美術教育を受けずに発表する前提ではなく独自に作品を制作しつづけている者などの芸術も含む。なお，デュビュッフェの作品をアール・ブリュットに含める場合もある。

アウトサイダー・アートは絵画や彫刻だけでなく，服飾，映像，文学，音楽などとしても現れる。また，ある種のインスタレーションや建築，庭園など作品というより空間の形態を取ることもある（visionary environment，幻視的空間）（保坂，2013；椹木，2015）。

1992年，ロサンゼルス・カウンティ・ミュージアムが企画・主催し，アウトサイダー・アートとされる表現者が近代以降の芸術家たちに与えた影響を検証した記念碑的展覧会が「パラレル・ヴィジョン」展（Parallel Visions: Modern Artists and Outsider Art）である。1993年，マドリード，バーゼル，東京を巡回し，世田谷美術館での日本展では「日本のアウトサイダー・アート」展が同時に企画され，古賀春江，山下清，草間彌生の各氏，みずのき寮の知的障がい者らによる10点余りの作品が加えられた。これは日本国内でアウトサイダー・アートが多数展示された初めての展覧会であり，その存在を日本で認知させる契機となった（タックマン＆エリエル，1993；塩田，1993）。なお，芸術作品は元来二重性や多様性をもち，表現や創造されたものの発信方法により定義も変化することから，現代美術か，アールブリュットか，は必ずしも明確に分けられない場合も多い。草間彌生氏は現代美術作家として，国内外での長年にわたる貢献が高く評価され，2016年度文化勲章の受章者となった。

　また，デュビュッフェの作品は現在スイス・ローザンヌ市でアール・ブリュット・コレクションとして所蔵されている。また，オーストリアのウィーン郊外にあるマリア・グギング国立精神病院（現在，病院は閉鎖）内のグギング芸術家の家は，絵画の才能のある人たちが居住して創作活動を行っており，アウトサイダー・アートの拠点となっている（長谷川，1993）。2007年には日本各地でアール・ブリュット展が行われた。そして，2008年にはスイス・ローザンヌ市で日本人12人によるアール・ブリュット展が行われた。

5 ｜ アート市場

　アート作品は永久に時代を超えて継承されていくものである。しかし，今日ではアートは最高級の投資対象物として扱われ，市場経済の中で評価され売買される対象となっている。ただし，アート作品は通常の消費財としての商品とは根本的に異なり，原価と利益の総計として作品を評価することはできない。価格の原点は芸術性，歴史性，希少性などであろう。主観的な評価は画商によっ

ても行われるが，より客観的な評価を行うためには，制作者や画商を除く第三者によるオークションが必要となる。アート市場（アート・マーケット）とは，広義では，美術，音楽，映像，演劇などを含めた芸術市場一般を指し，狭義では，特に美術品，ファイン・アート作品の売買が行われる市場を指す。アート市場で活動するのは，販売を担当するギャラリスト，ブローカー，オークションで動く美術商を含むアート・ディーラー，そして，対象となるアート作品の供給元であるアーティスト，買い手であるアート・コレクター，学芸員，市場における情報提供を担当する美術評論家やアート系メディアなどが含まれる。海外では，アートは最高級の投資対象物として扱われ，アート市場も活気がある。オークションやアート・フェアでは，アート・ディーラーとコレクターとの間で活発な商取引が行われるが，日本ではバブル経済崩壊以降は活気を失っている（境，2009b）。

6 デザインならびにブランドの定義とアートとの対比

アートと性質の異なる概念にデザイン（design）がある。デザインはラテン語 designare（表面には見えないものを見えるようにする，サインを示す）に由来があり，現在は，名詞では設計，図案，意匠，計画，意図，動詞では設計する，計画する，表す，秩序立てる，整理するなど人の意図，計画を意味する。古くからものづくりは，全工程をひとりの職人によって行われた。しかし，18世紀における英国の産業革命ならびに資本主義経済の発展とともに変革が生じた。ものづくりに機械が導入され，工場での大量生産が始まると，ものづくりに芸術性，個性，多様な価値を反映する余地が激減し，生産は合理性と機能性が追求されるようになった。分業（労働分割，division of labor）に伴い，生産工程が細分化され最初に構想を担当するデザインの工程は分離され，専門職としてのデザイナーが誕生した。歴史の上で，アートとデザインは引き離されているものの，近年には両者の接近も見られる。

一方，ブランド（brand）の起源は，焼印を押す（burned）に由来しており，

放牧牛の焼印，醸造酒の樽の焼印など，所有者や製造元を識別するために文字や紋章を入れたことに始まる。今日，ブランドとは，消費者（顧客）が共有する印象であり，無形の価値のことである。そしてブランディング（branding）とは，顧客に共有された印象，価値，信頼を与える方法であり，マーケティング戦略でもある。したがって，名前，ロゴ，コピー，ポジショニングや製品デザインなどはすべて，ブランディングのひとつといえる。

実際にブランディングを行う上で，その構成要素を理解する必要がある。ブランドの構成要素には以下があげられる（アーカー，1994；石井，1999）。

(1) ブランド・アイデンティティ（brand identity：BI）

普遍的なブランド価値や印象であり，時代や状況によって不変である。ブランド・アイデンティティには製品・サービス特性（product identity：PI），企業特性（corporate identity：CI），視覚特性（visual identity：VI），思考特性（mind identity：MI），行動特性（behavior identity：BI）などが含まれる。

(2) 抽象的ブランドメディア

ブランド・アイデンティティを具体化した「コード」「スタイル」と言われる抽象的なメディアである。コード（code）とは，ブランド・アイデンティティを言葉で表現したものであり，社是，行動指針，スローガンなどが相当する。一方，スタイル（style）とは，ブランド・アイデンティティを目に見える形式で表現したものであり，製品デザインのコンセプトなどが相当する。

なお，哲学者・鶴見俊輔氏は，芸術を3つに分類し，芸術と生活の境界線上に位置する広大な領域，専門的芸術家ではなく，非専門的芸術家によって作られ大衆に享受される芸術を「限界芸術」（marginal art）としたことは知られている（鶴見，1967）。

(3) 可視的ブランドメディア

コード，スタイルを広告素材に落とし込んで表現したものである。

一方，ブランディングの要件としては，ターゲティング（対象顧客），ポジショニング（競争する場），アイデンティティ（内容）の3つが存在する。企業はブランディングによって，競争者との差別化，顧客の支持ならびにロイヤルティの獲得，顧客価値の訴求ならびに価格競争の回避，価格プレミアムの獲得などが可能となり，最終的には市場でのポジショニングを築くことができる。

　ブランドは，時代や状況によって変わることのないアイデンティティ，つまり不変部分とその変遷によって漸次順応していく可変部分との総和である。以上を踏まえると，ブランドはアイデンティティに対して収斂し，均質であるのに対して，アートは必ずしも収斂せず，むしろ発散的で不均質であるといえる。

(4) 大衆文化の影響を受けるデザイン

　第二次世界大戦後，大量生産・大量消費の文化，「大衆文化」（ポップカルチャー，pop culture）が欧米に広がり，テレビ，映画，マンガ，広告，パッケージデザイン，日用品，新技術はアーティストやデザイナーの直観の根源となった。特に，ポップアート（pop art）は1950年代半ばの英国で誕生し，派手，色彩豊か，遊び心をもって社会に革新をもたらした現代美術の芸術運動のひとつである。その起源は，美術評論家L. アロウェイ（Lawrence Alloway）が1956年に商業デザインなどを指して名付けたことに始まる。「芸術と大衆文化」に関する展覧会に作品を発表した画家R. ハミルトン（Richard Hamilton）はポップの意味を「通俗的，一過性，消耗品，安価，大量，若々しい，しゃれた，セクシー，見掛け倒し，魅力的，大企業」とした。さらに1960年代に米国ではR. リキテンスタイン（Roy Lichtenstein）とA. ウォーホル（Andy Warhol）などの芸術家が現れ，世界的に影響を与えた。社会で支配的な文化（mainculture）に対して，マイノリティの文化（subculture）が存在することも明らかとなった。今日，大衆文化は美術だけでなくデザインにも大きな影響を与えている。

第2章 芸術の保護・支援

1 パトロン

　パトロン（patron）とは，保護者，後援者の意味であり，ラテン語のパテル（pater，父）から派生したパトロヌス（patronus）に由来する。パトロヌスとは古代ローマに存在した私的な庇護関係（クリエンテラ，パトロキニウム）における保護者を指し，被保護者であるクリエンテスとの関係は，一種の親子関係にもみなされた。パトロヌスはクリエンテスに対して法的，財政的，政治的援助を与える存在であったため，一般的に保護者をパトロンと呼ぶようになった。

　中世において芸術家のパトロンは王侯貴族，教会などであったが，ルネサンス頃には，民間人も芸術作品を発注するようになった。フィレンツェでは同業者組合の中からメディチ家（Medici）などの大商人，ローマではユリウス2世（Julius Ⅱ，1443-1513）を中心とする教皇庁の活動や，フランソワ1世（François Ier，1494-1547）によるフォンテーヌブロー派にこうした動きが広がった。市民の経済活動が活発になると，芸術家との間を結ぶ画商，画廊が出現し，それぞれの作家や作品を評価するために批評家が現れた。画商によって作家が育てられたともいえよう。近現代になると，政府が国立美術館のコレクションのために作品を購入したり，役所や学校，美術館などの建築を依頼したりして，パトロンの役割を果たすようになった。米国では，1930年代の不況対策のニューディール政策の一環として，芸術家を月給制で一時的に雇用し，地方の公共建築の装飾に従事させた。第二次世界大戦後には，チェイス・マン

ハッタン銀行(現,JPモルガン・チェース銀行,JPMorgan Chase Bank, N.A.)やフィリップモリス社(Philip Morris International Inc.)など,民間企業が芸術・文化支援(メセナ)を行うようになった。ただ,政府や自治体の財源は税金であり,企業も消費者に商品やサービスを販売して利益を獲得していることを考えると,消費者である国民が最終的なパトロンともいえよう。企業も,パトロンからパートナーへ転換してきている(境,2009b)。

2 メセナとフィランソロピー

　企業が行う芸術・文化に対する支援活動は,一般にメセナと呼ばれる。これはフランス語の mecenat(メセナ)に起源がある。古代ローマ時代の皇帝アウグストゥスに仕えた高官 G. C. マエケナス(Gaius Cilnius Maecenas, 68BC – 8BC)が詩人や芸術家を手厚く庇護したことから,後世にこの言葉が残ったものとされる。他に類似した言葉には,フランス語のパトロネージ(patoronege),英語のスポンサーシップ(sponsorship)が存在する。日本では,公益社団法人企業メセナ協議会が発足してから,メセナが導入・普及されていった。企業メセナ協議会は,企業のメセナについての啓発・普及,情報集配・仲介,調査・研究,顕彰,国際交流,助成認定を主な事業とする組織である。ただ,そこでのメセナは「即効的な販売促進・広告宣伝効果を求めるのではなく,社会貢献の一環として行う芸術文化支援」と位置づけられたため,日本でのメセナは,欧米とも少々意味の異なる,教育や環境,福祉等も含めた「企業の行う社会貢献活動」と,広義の解釈で使用されている。メセナの主な方法としては,2つある。まず,冠コンサート,冠イベント,冠講座など,必要となる資金を直接負担する方法である。次に,基金,財団のように支援組織を通して行う間接的な方法である。広く慈善活動,博愛,利他的な奉仕活動を指す言葉に,フィランソロピー(philanthropy)がある。語源は,ギリシャ語の愛(philos)と人間(anthropos)である。メセナとフィランソロピーは,文化事業と慈善活動,多少重点が異なるものの,芸術・文化に対する支援という意味

では同等といえよう。これは企業の責任と信頼を高め，そのブランド・イメージを支えるために不可欠な要素である。また，今日，世界規模で積極的に進められている企業の社会的責任（corporate social responsibility：CSR）の起源は，このメセナ，フィランソロピーにあると考えられる。CSRと対比される概念にCSV（creating shared value）がある（第5章6参照）。

第3章 イベント

1 イベントの定義

　イベント（event）とは，行事または催し物と訳され，特定の目的，期間，場所で，対象者に，個別，直接に刺激を体感させるものであり，人的・物的資源，情報の集積場，心の交流の場となる。それは小坂善治郎氏によれば，双方向のパーソナル・コミュニケーションメディア（personal communication media）とも表現され，送り手（アーティスト）と受け手（聴衆）との双方で伝達しあうことである（小坂，1991）。送り手は意図をもってイベントを行い，これを通して体感情報を伝達する。一方，受け手の中心は情報の受け手であり，参加者である。イベントには，企業や地域の基本的な理念や考え方，思想，立場，目指す方向等，外部に自分をアピールするコミュニケーションの側面と，宣言した自分と同一化するためになされる組織内部の意識改革の側面，この2つの側面がある。さらに，芸術／アート共に，イベントの1回性，すなわち毎回1から構築されることにもイベントの特徴があろう。

　平野暁臣氏によれば，イベントを成立させるためには，3つの条件を満たす必要がある。第1に，理念と概念である。主催者の問題意識や目的，期待する効果であり，これは不可欠である。第2に，そのイベントに参加する者の立場や目的である。見本市における出展者のように，主催者ではないが，そのイベントに参画する人の立場と利益を考えねばならない。第3に，観客や入場者の期待である。このいずれが欠けても失敗であるが，この3点は必ずしも同時に満たせるものではない。したがって，最初の計画段階を十分に検討することが

重要である（真木・平野，2002）。また，山崎正和氏によれば，「行動には目的と方法，目的と実現過程の二側面がある。そして前者が支配的であるときは功利的な行動が，後者が独立したときには遊戯的な行動が生じる。この遊戯的な行動が社交をもたらす」という記述があり，「社交」が具体的な形となったものが「イベント」と考えることもできよう（山崎，2003）。

2 イベントの特徴

　イベントは目的を達成するための手段であると同時に，目的としての機能をも内在している。イベントが現在の社会にもたらす影響力について，岩崎博氏の言葉を踏まえて考えてみよう。まず，イベントはネットワーク，「縁」を起こす力をもつ。「縁」とは人が生きていく上で欠かせない，「安心」と「希望」を支える人間の帰属関係を指す。地縁，血縁，職場縁といった全人格的な帰属集団の有効性が低下していくなかで，人は部分的な人格を帰属させる多くの「縁」をもつことにより，「安心」と「希望」を，「日々の楽しみ」を得ようとしている。イベントという限定的な「事」に参加するなかで新たな「縁」を広げ，新たな可能性を生み出す。次に，イベントは「集団性」の特性をもち，集団への帰属を共通感情として分かち合う。価値観や嗜好を同じくする「集団」，価値観をシンボリックに表現した時間・空間（イベント）を共有し，高揚する共通感情のなかで，自己と帰属集団との関係をお互いに発見しあう。集団の共通感情をいかにマネジメントするかは，今日きわめて重要な課題と考えられる。ファシリテーションやコーチング，ネットワーキング，合意形成という「グループ・マネジメント」に関連する言葉が普及している。誕生パーティーからスポーツ大会，企業行事，地域の祭，国際イベントに至るまで，あるいはキャンペーンなどのマーケティング活動においても，「共通感情を分かち合うグループ・マネジメントとイベントの力」は一層重要な課題となっていくであろう。
　イベントは「集団的創造」特性をもつ。創造活動は，あらかじめ決まった設計図に基づく製作ではなく，制作に向かっているプロセスのなかで湧き上がり，

全体像が浮かび上がる側面を強くもつ。創造活動とは不断の自己変革, 自己創造であるともいえ, 集団の自己変革を促すイベントの力に期待がかかる。イベントにおけるマネジメントの重要点は, 目的に向けて設計図どおりに合理的な判断を積み重ねるよりも, 創造のプロセスを上手に管理することにあると考える。創造のプロセス（イベントの準備）のなかで共感が生まれ, 隠された目的を発見することは珍しくない。手段といわれるイベントそのもの, あるいは制作プロセスに内在するイベントの豊かな魅力や可能性などの力, そしてプロセスそのものを重視するマネジメントの重要性と課題, 集団の自己変革を促す集団的創造活動＝イベントのマネジメントは, いずれも重要な研究テーマとなろう（岩崎, 2012）。

3　イベントの種類

　現代日本において「イベント」という場合に, 運動会や文化祭などのような大規模な学校行事, 花見や誕生日パーティーなど個人的な行事, 阪神甲子園球場の高校野球大会, オリンピック, あるいはサッカー・ワールドカップのようなスポーツの大会, 地方公共団体や地域社会が行う祭り, 万国博覧会などの国家的な行事, などを指すことが一般的である。また, 販売促進のために行われる歌手・タレント・声優・作家・漫画家らの握手会やサイン会などの催し物を指すこともある。開催頻度としては, 博覧会のように一度限りのもののほかに, オリンピックなど世界的なスポーツ・イベントのように数年に一度から, 甲子園の高校野球大会など年に2回程度までのものをいうことが多い。博覧会などの大型イベントが行われる場合, イベントに関連する情報を提供する目的で, 臨時に放送局（FMラジオ）が開設される場合がある。イベントは, プロモーション（販売促進）のための手段のひとつとして行われることも多い。この場合は, 主催企業・団体によりCMが作られたりパンフレットが配られたりするなど, 社会的に大規模に行われる。博覧会や展示会, 展示即売会などがその主なものである。これらイベントを専門的に企画・運営する会社をプロモー

ターやイベンターと呼ぶことがあるが，厳密には，イベント企画会社やイベント運営会社と呼ぶ。そしてイベントをプロデュースすることは起業・事業創造とともに文化創造といってもよいであろう。

- 芸能・音楽…コンサート，ロック・フェスティバル，コスプレダンス・パーティー，インストア・イベント，公開放送
- 展示会…見本市，ファッション・ショー，ミス・コンテスト，モーター・ショー
- 博覧会…博覧会，国際博覧会
- スポーツ大会…高校野球大会，オリンピック，ワールドカップ，マラソン大会，国民体育大会
- インターハイ…全日本学生選手権大会（インター・カレッジ）
- 市場…同人誌即売会，フリーマーケット，骨董市，植木市，陶器市，競売会
- コンベンション（集会，convention）…アニメ・コンベンション，SFコンベンション，学会（conference）
- 祭り…祭り，フェスティバル，カーニバル（謝肉祭），花火大会，盆踊り

4 イベント企画制作業

　社会の成熟化により人間の関心が文化，教育，芸術に移り，様々な社会現象が起きている。資格養成講座，カルチャースクール，生涯教育，社会人教育（通信講座，大学・大学院）なども同様である。さらに，国際化，情報化，高齢化社会の到来が，新しいサービス産業を成長・発展させている。イベント企画制作業は，こうした新しい産業のひとつである。ここで，音楽産業を例に，企画制作の現状を述べてみよう。音楽産業は典型的なソフトウェア産業であり，その形態は事業の中核の移動により刻々と変化している。欧米ではレコード産業

が専業化して余分な業務を分離し，経営者はコーディネーター（coordinator）としても優れていた。これに対して，日本では特に最近10年間に，企画制作の主体が通常のCD・レコード制作会社から音楽出版社，プロデューサー（producer）に移行した。従来，レコード会社は大別して制作，広告宣伝，営業から成り，制作部門で音を作り，広告宣伝し，レコード店へ卸していた。しかし1990年代に入り，この体制が崩れ始めた。広告宣伝・営業は変わらないものの，制作部門が外部のプロデューサーに移行した。楽曲制作におけるレコード会社の意思決定力が低下し，新興会社は，アーティストとプロデューサーの仲介に徹し，楽曲制作を外部に一任している。今日，音楽産業は協業関係の増大と権利の細分化のもとに展開されている（境，2009b）。

5 イベントおよびイベント構成の重要点

イベントの重要点は「制作＝仕込み」にある。仕込みは稽古，練習，リハーサルの時になされるのである。本番は「仕込み」の結果といえよう。「仕込み」が完璧であれば，本番は成功するはずである。映画の世界では「製作」という文字を，テレビ・演劇の世界では「制作」をあてる。イベント業界は後者であろう。「ショー」を構成するとき，どのような物語（ストーリー）の展開を考えればよいか。例えば「起・承・転・結」や「序・破・急」の概念がそれに相当する。

しかし，イベント制作会社B・Bカンパニーによれば，よりドラマティック，劇的なイベントに仕上げるためには，「遊・休・知・美」の概念を用いることが効果的とされる。「遊・休・知・美」の概念を用いた「ショー」「展覧会」の事例は以下の通りである。

(1) ファッション・ショーの事例

● 「遊」（カジュアル）
　幕開けは華やかに，そして軽やかにすすめる。衣装も，音楽も，通俗的な雰

囲気があふれている。
- 「休」（リゾート）

  避暑地の雰囲気をつくる。何の予定もない自由な時間であり，リラックスできる衣装と情感あふれる音とに包まれる。
- 「知」（インテリジェント）

  知性が光る瞬間である。大都会の中で働く女性を表現する。衣装も音楽も現代的で，少々非日常的である。
- 「美」（パーティー）

  幕切れは優美に，ロマンチックにすすめる。衣装も，音楽も，華麗な夜の雰囲気をつくる。

(2) 展覧会の事例

「展覧会」の場合，プロローグ（prolog 導入部＝入口部分）に「大作」を置き，アイキャッチャー（eye catcher）とする。会場内に入れば「遊・休・知・美」で構成する。

「遊＝小品」→「休＝癒し系の作品」→「知＝現代アート」
→「美＝本命の作品」

イベントを4部構成で考える時，「ショー」「展覧会」の構成はもちろんのこと，「講演会」台本の構成にも使用することが可能である。「遊・休・知・美」は，非常に優れたイベントの原理といえよう（B・Bカンパニー，2012）。

6　アートとイベントとの関係

アートとイベントには，共通点と相違点などがある。アートは，個人の創造のもつ独自性，唯一性に意味があり，社会の評価にかかわらず，自分の趣向，主張，表現に従って自由に創造し実行すればよい。一方，イベントは自分の趣向，主張に従うだけでなく，それらを含めて，ある種の社会性が要求される。

イベントは，送り手が受け手に，情報および創造される価値を伝達する意味で，アートの要素が求められるが，アートとは異なる点をもつのである。ただ，今日，生産・消費される商品・サービスには没個性が指摘されており，アート性，人を感動させる独自の価値が求められている。その意味で，イベントとアートとは共通の目的をもっており，イベントにはアート，エンタテインメントが内包されていると考えてよいであろう。イベントはそれ自体も目的になり得るが，最終的にはイベントを媒介とした価値創造，価値提供である（境，2009b）。

7 イベントとエンタテインメントとの関係

エンタテインメント（entertainment）とは，娯楽，（気晴らしになる）演芸，（気楽に楽しめる）小説などを指す。人を楽しませるという性質をもつ点では，イベントはエンタテインメントとも共通する特徴である。エンタテインメントの意味は以下の通りである。

①楽しみ，気晴らし，慰み，娯楽　②楽しませてくれるもの：（音楽会・芝居など）催し物，演芸，余興，ショー，パーティー　③歓待，もてなし，接待，サービス　④（意見などを）考慮すること，（疑念などを）抱くこと

第 4 章

コミュニティと文化創造ならびにフィールドワーク

1 コミュニティの概念とその変遷

　我が国では，少子高齢化の進展，人口の都市部への集中，ライフスタイルや就労環境の変化等に伴い，高齢者・障害者の介護・福祉，共働き実現，青少年・生涯教育，地方再生，まちづくり・まちおこし，環境保護，貧困問題の顕在化等，様々な社会的課題が顕在化している。疲弊している地域の活性化のために，国・地方公共団体も様々な政策を打ち出してきた。ただ，公的予算の手当てが終了した後，いかに地域が主体的に継続的に活性化策を展開するかが重要である。

　地域社会は local community に由来し，コミュニティ（community）を最初に理論的に研究したのは米国の社会学者，R. M. マッキーヴァー（Robert Morrison MacIver，1882-1970）である。マッキーヴァーによれば，コミュニティは人が基礎的な共同生活の条件を共有する，独自の共同生活の範囲であり，生活を包括的に送ることができ，かつ，社会生活の全体像を確認できるような集団であり，その要件としては地域性と共同意識をあげることができる（マッキーヴァー，2009）。

　コミュニティの定義に関しては，このほか，国民生活審議会調査部会におけるコミュニティの概念に「地域性と各種の共通目標を持った開放的でしかも構成員相互に信頼感のある集団」とある（国民生活審議会，1969）。また，倉沢進氏によれば，多くのコミュニティの定義に共通する要件として，「共同性」，「地域性」，「つながり性」の3点が指摘されている（倉沢，2002）。

地域活性化の成果には差が生まれる。その原因は何か。それは，コミュニティの質によるのではないだろうか。コミュニティには，「居住者」（定住者，移住者）による彼らのための組織化・活動・情報発信が想定されてきた「閉鎖系コミュニティ」，一方，就業者や観光者など「非居住者」（来訪者）と「居住者」（定住者，移住者）が交流する組織化・活動・情報発信を認める「開放系コミュニティ」がある。定住者には高齢者層が，移住者には比較的，若年層が多い。

「開放系コミュニティ」は消費と生産がつながるので，地域の活力・魅力が持続する。活力・魅力が持続可能な地域には，人と情報は集積し，その交換・交流が新たな活力・魅力をつくりだす。一方，「閉鎖系コミュニティ」は消費と生産がつながらないため，地域の活力・魅力に持続性がなく，コミュニティの衰退を招く。

今日，コミュニティは世界から独立し地域内の閉鎖的（ドメスティック，domestic）な存在から，世界の一部として地域主体が開放的かつ自立的に発信しうる存在（ローカル・アイデンティティ，local identity）として確立する方向に転換していく必要がある。当然ながら，地域は閉鎖系コミュニティから開放系コミュニティへと変革を促すであろう（風見・山口，2010；久繁，2010；Mair, Robinson and Hockerts, 2006；Nicholls, 2008；境，2011b；2011c）。

2 地域資源・地域ブランドと文化・芸術

地域やビジネスが一歩抜け出すためには，地域や地域の産業が顧客の選択肢となり，支持される必要がある。そのための有効な方策のひとつとして地域ブランド形成がある。

事業者は，顧客の意識にあるブランドのイメージに，地域イメージを関連させ，差別化された価値を生み出す。その価値が顧客に広く認知され信頼を得て，地域ブランドが形成され，また，それに地域全体で取り組むことにより，相乗効果が増し，より強い地域ブランドが形成される。ブランド戦略は，「いかに売るか」だけでなく，「いかに評価されるか」「顧客に支持されるには，何をす

ればよいか」という視点で商品開発やマーケティング，地域活性化を考える戦略である（伊藤，2011；境，2011c）．

　今日，農林漁業者と商工業者は，通常の商取引関係を超えて協力し，お互いの強みを活かして売れる新商品・新サービスの開発，生産等を行い，需要の開拓を目指して市場で販売することにより，売上や利益の増加を図っている．こうした取組みは，農商工連携と呼ばれている．

　ただし，注意すべきは，農商工にその地域独自の文化・芸術をつなげていかなければ，受け手の琴線には触れない点である．この独自性，"匂い"が感じられなければ，その商品はスーパーマーケットで買う日用品と変わらない．永続的な独自性は文化・芸術にこそ宿る．地域の独自性を生む，最も強力な原資は文化・芸術であり（境，2013c），そこにはアートやビジネスに関わる多様なイベント，スポーツ，学問，教育なども含まれることになる．その意味で地域コミュニティの構築は文化創造でもある．

　まちは外部から内部へ様々な刺激がもたらされることにより，地域が活性化されるという考え方がある．外部との交流によって，アイデンティティ，「自分らしさ」や「地域らしさ」が育まれていく．自分の存在を見つめて地域への誇りがわけば，完成度の高い仕事ができる．それを訪問者は，共通感覚や審美眼でとらえる．その結果，満足感が高まり，外部の人々の再訪が促され，地域は活性化するのである．

　中小企業，個店の集積である商店街は，地域コミュニティの中核としての役割を担うよう期待される．この地域コミュニティの担い手としての商店街の取組みを促すにあたり，商店街をめぐる現状と課題，具体的な取組み，商店街をめぐる多様な主体との支援・協働関係の構築，行政の施策のあり方などが問われるところである（境，2016b）．

　『「地域コミュニティの担い手」としての商店街を目指して～様々な連携によるソフト機能の強化と人づくり～』（中小企業政策審議会，2009年1月）によれば，基本的な取組方針として，商店街と地域住民の意識のギャップを埋めるように商店街本来の商機能を強化する取組み，商店街の個店の活性化も取り進

める必要があり，活性化に向けた取組みは，施設・店舗等（ハードウェア）の整備とそこで行う事業・行為等（ソフトウェア）の両面にわたり実践すべきであるし，また，主体として，商店街や商店主等の内部人材と，商店街の外部から参画する地域住民，自治体，支援機関等が，同じ目標を目指して，役割分担をしながら協働することが肝要である，と指摘する（中小企業政策審議会，2009）。その上で，次の9項目をあげている。

① 明確な目標設定（PDCAサイクルの導入）
② 地域の魅力の発信
③ 店舗・施設の統一的な管理（テナント・マネジメント）
④ 土地・建物の有効活用（空き店舗対策）
⑤ 実情に即した集積への再構築（コンパクト化）
⑥ 商機能の強化と個店の活性化
⑦ 地域の多様な主体との連携
⑧ 商店街組織体制の確立
⑨ 商店街人材の育成・供給

ブランドとして確立したものを除き，遅かれ早かれ，商品は模倣され独自性が薄れる。しかし，文化・芸術は，簡単には模倣されない。独自の文化・芸術によって，文化創造，感動創造（inspiration creation）がもたらされ，長く持続できるのである。

3 | フィールドワーク

　フィールドワーク（field work）とは，調査対象について学術研究をする際に，そのテーマに即した場所・現場を実際に訪れ，その対象を直接観察し，関係者には聞き取り調査やアンケート調査を行い，現場で史料・資料の採取を行うなど，学術的に客観的な成果をあげるための調査技法である。
　フィールドワークの実施対象は多岐にわたる。フィールドワークを重視する学問分野としては，人文科学では，社会学，民俗学，文化人類学（社会人類学），

歴史学，考古学，人文地理学などであり，自然科学では，地質学，生物学，地形学，自然地理学，生態学，人類学などが相当する。人文科学における直接の対象は個人，集団，社会，民族，あるいは国家であり，自然科学における対象は自然物などである（佐藤，1992）。

　今日，私たちは知識や情報を多量に入手する，記憶する，あるいは，吸収するだけでは十分とはいえない。新たな知識や情報ならば，現場でなくともインターネット，SNSなどの社会ネットワークの手段を駆使していくらでも獲得できる。問題となるのは，得られた知識や情報が次々に更新されて鮮度を失い，知識を保持する意義自体が低下していることである。むしろ，自ら知識や情報を集め，新たな知の枠組み，システムを創り出し，新たな機能や価値を組み込んでいくことこそが必要である。その意味で，知識は現場での経験を通して獲得した技術，手法，情報とともに，様々な資源，特に人的資源・社会関係資本のネットワークを含むことになる。

第 5 章 感動の要件と感動創造の価値

1 A. R. ダマシオと平野秀典の見解

　脳科学者（脳神経科学，認知神経科学）の A. R. ダマシオ（Antonio R. Damasio）によれば，知性や感性を含めた判断力こそが人間であることの証明であり，それを磨くために「感動」が重要な役割を果たしているという。そして，知性・情緒・意識という人間の精神活動を肯定的に結ぶものとして「感動」があるとされる（ダマシオ，2005；茂木，2007）。

　「感動」を知性・情緒・意識という人間の精神活動を肯定的に結ぶものとした場合，それを引き起こし，かつ活性促進する具体的な物語化するための中核となる要素について，ダマシオは「意外性」と「なつかしさ」をあげている。「意外性」とは，従来の物の見方が新しい見方へ転換することをいう。

　見方を変えて物事をとらえ解決する必要があり，かつその方向感までは漠然と感じる状態であるが，突如それから解放された瞬間，そこに感動体験が生じるという。パズルや問題が解けた時，よいアイデアを思いついた時，大発見，大発明が発想できた瞬間での感動体験が「意外性」である。

　なお，米国の広告代理店，J. ウォルター・トンプソン社（J. Walter Thompson）の常任最高顧問である J. W. ヤング（James Webb Young，1886－1973）は「アイデアは既存の知識の新しい組み合わせに過ぎない。」という言葉を残している（ヤング，1988）。ヤングによれば，アイデアを思いつく過程には，資料の収集，データの咀嚼，発酵・孵化，アイデアのひらめき・発見，アイデアのチェックと具体化の5段階があり，その第一歩である資料の収集の

過程の重要性を述べている（境，2012）。

　一方の「なつかしさ」とは，単に郷愁・ノスタルジーを指すのではなく，その情感も含め，ある物事を自らの暮らしや人生に感情的に引き寄せたり，照合したりしておこる感動のことである。特に現状との引き寄せや照合に際して心が激しく騒ぐが，突如それが解消した状態での感動である。さらに引き寄せや照合をしたところ，例えば生命進化の連なりや宇宙連環への一体感，あるいは心理学者 C. G. ユングのいう集合的無意識での「元型体験」と自己体験との照応，という「大きな物語」との連帯を感じた時は，一層深い感動となる。

　これら「意外性」と「なつかしさ」に共通するのは，生きるための見方や準拠枠の再編や転換，つまり，自己におけるパラダイム転換の創出活動である。脳科学ではそれを「種の生存のための活路探索」と解釈する。

　また，演劇俳優からビジネスの世界へ転向した平野秀典氏によれば，演劇の「感動」創造をビジネスに活かした「ドラマティック・マーケティング」の実践を通して，これまでの顧客満足に代えて，顧客感動へのパラダイム変換をすることが収益力の上昇につながるとして，「感動力」の必要性を説く（平野，2004）。経験則に従って感情の段階を分類すると，

　　怒り＜不満＜満足＜感動＜感激＜感謝

の6段階になるとする。

　ただ，本稿では，

　　不満＜満足＜感動＜感謝

に集約されるものと考えたい。

2 価値の起源

　「価値」は，元来，新しい・美しい・おいしい・たのしい・快適・癒しなどの感情の肯定的部分の抽象化ともいえる。人間には視覚，聴覚，触覚，味覚，

嗅覚あわせて，いわゆる五感という感覚があるといわれるが，現在，それ以上の感覚も認められている。この五感を全面的に活用し，手触り，香り，味わい，色彩，音・響きに訴える価値を創造する必要がある。

価値を認めるという行為や感情には個人差があり，ある人にとっては大変価値の高いものが，別の人にとっては価値のないものとなる。「付加価値」や「この価格に比べてこの価値」という表現は，売り手側の感覚であり，買い手側にとっては，その価値を見出せない場合もある。

あるモノの価格と価値を考えた場合に，価格＞価値，価格＜価値，価格＝価値の3通りの場合がある。このうち，顧客に支持されるモノやサービスとは，価格＜価値でなければならない。

売り手側は，この価格と価値の関係を念頭に入れておかないと，顧客やユーザーの期待に応えられない。逆に意識することができれば，長く取引できる客にめぐり合うこともできる。

3 A. スミスとD. スロスビーの見解

価値の主観的側面と客観的な側面は，古典的な価値概念であるA. スミス（Adam Smith, 1723-1790）の「使用価値」（value in use）と「交換価値」（value in exchange）の対概念の中にも，反映している（スミス，2007）。交換価値は欲望の関数であるのに対して，使用価値はその対象に固有の価値である。

『国富論』第1章には，価値という言葉に，2つの異なる意味があり，ある特定の対象の効用を表し，そのものの所有から生じる，他の財貨に対する購買力を表す。前者を使用価値，後者を交換価値と記されている。また，同第5章では，労働は交換価値の真実の尺度であるとされている。労働と価値の関係は，芸術作品の評価においても無関係ではない側面がある（佐々木，1995）。既製の便器を倒置して美術展に展示したM. デュシャン（Marcel Duchamp, 1887-1968）の『泉』にあるように，レディ・メイドに対する反発は，それが労力を支払っていないことに起因すると考えられる。

一方,「芸術の価値」は貨幣・お金で顕在化されるのか。D. スロスビー (David Throsby) によれば以下の論が展開されている (スロスビー, 2002)。

(1) 市場価格＝芸術価値とはいかない。市場で付けられる価値は私的な文化的財の限定的な指標でしかない。

その理由として以下が考えられる。
① 経済学の観点から, 価格は価値の「指標」でしかなく, 必ずしも価値の直接的な「尺度」ではない。
② アーティストは利益を上げることを目的としていないため, 価格を期待することの,「資源配分」に関する意思決定に影響を与えない。
③ 生産・消費の両方において, 重大な外部性が存在する。

(2) 「文化的価値」と「経済的価値」は相関する部分もあるが, 全く別個のものである。

文化的価値は作品等の文化的現象に固有のものであり, それらの対象への顧客の反応とは独立して存在する。その場合, 固有の価値が存在し, その価値を経験する個人の存在は問題にならない。また文化的価値を個人の支払い意思額と結び付けられない理由として以下の4点があげられる。
① 人々が文化的価値を判断する十分な知識・情報を持っていない。
② 文化的価値の性質には選考の価値で表せないものがある。
③ 文化的価値の中には貨幣尺度に翻訳できない, 貨幣とは比較できない尺度でしか測れない。
④ 集団で体感する性質の文化的価値は, 個人単位に分解することはできない。

経済的な衝動は個人的なものとして, 文化的な衝動は集団的なものとして記述することが可能である。経済学と文化では世界を構成する様式が異なり, 前者では, 利益を最優先し, 他の単位と競争によって成功を勝ち得る個人という

単位を強調するが、一方、後者は文化共有された価値観と協調的行為をもって行動する集団が強調される。経済的価値と文化的価値は、異なった概念として区別されねばならない。

　経済学における資本は、従来の「物質資本」「人的資本」「自然資本」の3つに加えて、さらに「文化資本」が提示されることによって、通常の財（商品）と文化的な財を区別できるようになったのである。

4 ｜顧客価値と経験価値

　企業が顧客に提供する価値、いわゆる顧客価値とは、以下の式で表わされる。

> 顧客価値（customer value）＝便益（benefit）／費用（cost）
> 　　　　　　　　　　　　　　（機能、感性）　　　（資金、時間、
> 　　　　　　　　　　　　　　　　　　　　　　　　肉体＆精神）

　この式からも理解できるように、顧客価値を増大させるためには、便益を増加させる、あるいは、費用を減少させる必要がある（恩蔵・買い場研究所, 2010）。

　コンサルタント・矢沢大輔氏によれば、「宣伝をせずにお店に行列を作る方法」がある。その場合、価格と価値のバランスをいかにつくるか、がカギとなる。クライアント企業に対して、価格＝価値の場合、顧客に感動はなく、客は来なくなる。価格＜価値の場合、客は感動して繰り返し来店し、また口コミが生まれるようになる。

　イタリアンレストラン「サイゼリヤ」の正垣泰彦会長がテレビ番組（テレビ東京「カンブリア宮殿」）で、語っていた話をもとに、矢沢氏が算出した数字によると、客からもらえる金額の3倍の価値を提供する仕事をする、ということが基本となる。この3倍という数値は、正垣会長が個人店舗としてサイゼリヤを経営していた当初、来店客が少なく、どこまで価格を下げれば、客が入る

ようになるかを試みたところ，全体の7割を値引きしたところで，何も宣伝せずに店の前に行列ができる経験を得た。つまり，1000円の価値をもつ商品を300円で売り，それでも利益がでるように様々な努力をした結果，来店客は増大したのである（テレビ東京，2011）。

顧客価値（customer value）と関連する，もうひとつの価値概念に経験価値（experiential value）がある。経験価値とは，商品やサービスそのものの価値ではなく，実際に顧客がそれらを利用した経験によって得られる価値，すなわち満足や効用というものである。現代では商品やサービスはコモディティ化し，それらだけでは差別化ができないとして，「経験から生まれる満足」を創りだす必要がある。石井淳蔵氏らは新しいマーケティング手法として，「経験価値マーケティング」を提唱した（石井，2010）。経験価値マーケティングは，ブランド・マネジメントの到達点にあたる。その特徴は次の4点に集約できる。

①情緒的価値の強調　②カテゴリー概念の放棄　③顧客インサイトの探索　④コミュニケーション手段としてのデザイン

5 │ 固有価値と有効価値
―J. ラスキンと W. モリスの見解

19世紀後半にJ. ラスキン（John Ruskin, 1819-1900）とW. モリス（既出）が登場する。ラスキンはオックスフォード大学教授，美術評論家，博物学者，建築や都市の研究者でもあった。一方，モリスは詩人，デザイナー，工芸家であり経営者でもあった。

ラスキンとモリスは，人間の真の創造性や独自の工夫を必要とする生産物を独自の固有価値（本有的価値，intrinsic value）と名づけ，一方で人間にとって有用になった時の価値のことを有効価値（実効的価値，effectual value）とした。ここに芸術性を無視した量産品はコピーとして明確に区別された。それは常に二重の性質を持っており，最も基本的な価値とは固有価値であり，副次的な価値とは有効価値である。

固有価値は，人間の生命活動と生活を支える自然の性質を基礎としており，

この自然の性質を活かして芸術的な表現に高める「人間の創造や工夫の力量」にほかならない。例えば、企業、創業者や開発者たちが自然法則や自然原理に基づいて、これまで存在していなかった発明特許を生み出す力量である。そこには創業者や開発者の想いと創造性や工夫、愛と苦悩と生きがい、学習と文化の伝承がある。競争優位を持続する企業は、他社が真似できない創造的変革という希少性の高い独自の固有価値や文化を保持しており、メンバーはそれを学習して、次代へも継承できるのである。

しかし、固有価値を有効価値の高いものへ転換し、拡大しながら利益を出すためには市場ニーズに合った量産化・コピー化が必要となる。この量産化する過程では、多くの改良が重ねられるうちに、本来の固有価値や開発者の想いは次第に削ぎ落とされ、逆に余計な機能が多く付加されてドミナント・デザイン化していく。

製品・商品とは、開発者（創作者）の深層部の想いが形になったものであり、顧客はその底流に流れる物語に愛着を感じて、細部に宿る想いや感動を購入するのである。真の有効価値とは生きがいや感動、希望を購入者にもたらすものとなろう。

6 共通価値
―M. E. ポーターと M. R. クラマーの見解

2011年、ハーバード・ビジネススクール教授、M. E. ポーター氏ならびに研究員、M. R. クラマー氏が論文「Creating Shared Value」（「経済的価値と社会的価値を同時実現する共通価値の戦略」）を提唱した（ポーター＆クラマー，2011）。shared value（SV）は、「共通価値」「共有価値」と訳された。経済的価値を創出しながら、社会的ニーズに対応することにより社会的価値も創出するのであり、成長の推進力になるものと期待されている。

CSVは、企業にとって負担になるものではなく、社会的課題を自社の強みで解決することにより、企業の持続的な成長へと結び付ける差別化戦略とされている。例えば、環境規制が急速に強化されることにより、企業は社会的課題

に対応する形で環境技術のイノベーションを起こし、先進的な環境技術や省エネ技術を生みだした。社会的課題がビジネスの機会ともなる。

ただ、CSV と CSR が同じか否かについては、見解が分かれている。また、岡田正大氏（慶應義塾大学大学院教授）は、ポーターの論文「共通価値の戦略」には、いくつかの矛盾が存在するものの、社会的価値と経済的価値の両方を追求することによって、統合的価値も大きくなると指摘した（岡田、2015）。

7 芸術価値と市場価値

作家の知名度こそが市場価値を左右するブランドである。市場価値と芸術価値とは等しくはならない。

美術の巨匠、P. ピカソ（Pablo Picasso, 1881–1973）の作品の 8 割は、ピカソ自身も認める駄作であり、芸術価値が低いという。それにもかかわらず、市場ではピカソが描いたものは、すべて高価となる。ピカソ本人も駄作と認めていても、「作品」に、大金を払っても欲しい人がいれば、モノの値段が上昇する。これが需要と供給で成り立つ市場原理である。

村上隆氏の作品には様々な批判の声が多いものの、実際には高額で売買されている。批判があっても日本文化が世界に認められている。つまり芸術価値と市場価値は、等しくなくてもよいのである。次世紀でも村上作品が評価されていれば、本物の芸術価値があったことになる。芸術価値があれば、時代がそれを証明するといえよう。

8 知的財産の価値評価

人間の創造性と知恵によって創出された芸術、技術、アイデア、発明等はもちろんのこと、社会、組織（企業）、経営なども「知的財産」（intellectual property : IP）という概念でとらえることができる。この「知的財産」については、産業振興や文化発展に資するべく、制度（著作権法や特許法等の知的財

産権法)によって，創作者や発明者の権利が保護されているが，一方でこれらの創作物を，多くの人々が活用・流通できるよう，保護と活用のバランスをとる仕組みづくりが必要となる。国家はそれを知財戦略として推進している（内閣府，2008－2011)。

特に，最近のデジタル・IT 技術の進展，ソーシャル・メディアの台頭を背景として，産業に活用される発明や技術のみならず，アートの経済的価値が高まり，また，流通の手段も無限の応用が考えられることから，芸術・技術・発明の距離が近づいている。今後，芸術，技術，発明，科学等が融合していく中で，創造性を発揮しながら，文化的価値，経済的価値が創られていくであろう。

知的財産の評価は，一般の資産評価の手法と同様の手法が基本である。ただし，評価の場面，評価者の立場によって様々な変数，条件が加わり詳細な手法は多様化することに留意しなければならない。例えば，特許の価値は，基礎となる技術の商品化が決め手であり，発明はこれを具現化し，実現可能となり販売できる製品に統合されてはじめて利益を期待できる。特許の価値判断，評価法は従来から研究されている。H. チルキー（Hugo Tschirky）に従えば大きく5つの方法があるとされる（チルキー，2005)。

① 割引現在価値法（DCF）アプローチ
② 取得原価アプローチ
③ 市場原理アプローチ
④ 特許マネジメント・アプローチ
⑤ リアルオプション・アプローチ

上記のうち最も現実的手法とされる DCF 法では，金融，研究・技術，マーケティングの各分野の関係者が参加して評価することになる。

特許評価の具体例として，特許検索／Ultra-Patent サイトにおいて算出・表示される特許評価を簡単に紹介したい。この特許評価はすでに公開されている特許情報を用いて，8つの評価項目によりすべての同種技術分野の特許と相対比較して当該特許の順位を算出し，その等級基準により当該特許の評価等級（ランキング）を決めるものである。8つの評価項目とは以下の通りである。

①参加発明者水準　②技術影響力　③技術持続性　④市場性　⑤技術集中度　⑥新規性　⑦出願人の権利獲得努力値　⑧競合他社牽制レベル

　各評価項目の等級は評点に換算され，各項目の加重値を掛けた結果を合計して総合点を算出する。この総合点をすべての同種分野特許の分布から順位を算出して等級が付与される。評価等級は AA〜C の 8 段階によって順位比率（上位％）等級で表される（境，2011a）。

　一方，芸術作品・絵画（アート）の価格は基本的に相場で決定される。評価対象の絵画について，参考価格となる作品と比較し，価格を決めていく。素材や大きさで決めることも多く，サイズが大きければ高くなる。一般に，作品価格は高い順位に従って次のように等級づけられる。日本画は制作に最も手間がかかるようである。

版画＜デッサン＜水彩画＜アクリル画＜油絵＜日本画

　芸術家（アーティスト）にとって，初個展における価格がそのスタートラインであり，最低価格ということになる。個展を定期的に続けて行ったり，美術館での大きなグループ展に参加したり，ヴェネチアビエンナーレなど大規模国際展に選ばれ招待されれば，徐々に価格が上昇していく。また，オークションに出品され競り合いになると，価格は上昇する。オークション落札価格は大きな影響力を持つ。

　オークション会社が画家の市場価格を知っている。知名度の高い作家やベテラン作家の場合，市場価格・相場がある。一方，若い作家や発展途上の作家の場合，市場価格はない。

　芸術作品の価格は価値からいくらでも乖離する。芸術作品の製作過程は本来的な労働とは異なるのである。芸術家は誰かに直接雇用されてはおらず，巨大な機械設備を必要とするわけでもない。芸術作品に価値法則は適用できないのである。

9 | ブランドの価値基準と評価方法

(1) ブランドの価値基準

ブランディングの効果やブランドの価値を測る基準としては，下記4つの価値がある（アーカー，1994）。

❶ ブランド・ロイヤルティ

顧客の当ブランドに対する忠誠度。

❷ ブランド認知

当ブランドの名前が顧客に親しみや良い印象を持たれ認識されること。

❸ 知覚品質

顧客が思っている当ブランドの品質。

❹ ブランド連想

顧客が当ブランドに対して心に抱いた印象。

(2) ブランドの価値評価方法

また，ブランドの価値評価には様々な方法がある。第1に，ブランド投資額に対するリターンを評価する2つの方法がある。

❶ 顧客ベースブランドメトリクス

顧客の態度，意見，考え方や捉え方などに，ブランディングがどの程度影響したかを評価する方法で，広告代理店からリサーチ会社まで，広く使われている評価手法である。

データを基に統計的に態度変容を計測する定量的な方法やグループインタビューなどの定性的な調査がある。

❷ ブランド増分売上

過去数年の売上データなどをもとに，ブランドが売上に寄与したと予想される数字を定量的に評価する方法である。それには「マーケティングミックス・

モデル」と「予測式モデル」があり，前者は過去のマーケティング活動が売上や利益に貢献した程度，後者は今後のマーケティング活動が将来の売上や利益に貢献する程度を推測する方法である。

第2に，企業が保有するブランド資産（ブランド・エクイティ，brand equity）の経済価値を計測する方法であり，ブランドの事業価値評価ともいう。ブランド・エクイティはブランドに対する顧客の潜在的なイメージが，企業にとって重要な資産になるという考え方である。評価には3段階あり，まずロゴや名前など商標権を資産として評価する「商標権価値評価」，次に，色や香り，広告などの要素を含めて評価する「ブランド価値評価」，第3に，企業の組織文化，従業員や顧客への体験価値などを含めて評価する「ブランド事業価値評価」である。

10 感性価値

経済産業省は『2006年度版ものづくり白書』において，日本のものづくりやサービスを推進・展開する上で，技術的な強みに加えて，「感性価値」を高めることが他国製品との差異化になり得るとした。ここで感性価値とは「生活者の感性に働きかけ，感動や共感を得ることによって顕在化する価値」と定義されている（経済産業省，2007）。

同省では，国民の暮らしぶりの向上と経済の活性化のため，日本人の感性（五感やセンスなど）を活用したものづくり・サービス活動を推進するにあたって取り組むべき事項を検討し，その内容を「感性価値創造イニシアティブ」として取りまとめ，2008年度から2010年度までの3年間を「感性価値創造イヤー」として位置づけて施策を展開してきた（感性価値創造活動イニシアティブ，2007）。

感性価値実現の事例やシンポジウムの情報は，「感性価値創造フェア」「KANSEIカフェ」に集約された。まず「感性価値創造フェア」は，「感性価値」を実際に体感する契機として開催される国内外で展示会を中心とするイベント

である。一方,「KANSEI カフェ」は感性価値創造の実践に向けた人材育成・意見交換ができる場であり,来場者全員参加の対話形式でケーススタディを行い,感性価値の"作り方""伝え方""育ち方"を学ぶ場である。

「よい商品」「よいサービス」は,創り手のこだわり,趣向,遊び,美意識,コンセプトなどが,技術,デザイン,信頼,機能,コスト等によって裏打ちされ,ストーリーやメッセージをもって「可視化」し「物語化」することによって生活者に「感動」「共感」をもって受け止められるものと考えられる。創り手の感性に基づく「こだわり」や「精神」が,ものやサービスに息づき,「もの語り」として生活者の感性に訴えて,感動,共感,共鳴を得たとき,それは特別の経済価値を生み出すのである。

感性価値に関連して村田智明氏(京都造形芸術大学教授)は「行為のデザイン」というユーザー心理行動分析法によるワークショップ型商品開発,「デザイン資産価値概念」,「感性価値ヘキサゴングラフ」など定性化しにくいデザインを論理化し,企業や地域の地域創生,大学や企業の先端技術の事業化をサポート,プロデュースしている(村田,2014)。また,村田氏は初等教育の段階から,問題解決の手段のひとつとしてデザインを取り入れる必要を訴えている。問題解決のためのプレゼンテーションを,他人の評価を受け入れて,調査を踏まえてプレゼンテーションを繰り返す能力が必要となると述べている。

企業のデザインプロデュースを行う際,20社以上の企業が参加しているコンソーシアムブランド「METAPHYS」を立ち上げ,参加する企業にはものづくりをしてもらい,その企業に独自の競争力(コア・コンピタンス)から,デザイン化(可視化)の力によって長期間にわたる新しいスタンダードをつくり出す作業である。休眠特許を掘り起こして企業の「強み」をつくり出し,新たな商品を生み出す。

また村田氏は感性価値に言及しており,それによると感性は直接感性と間接感性の2つに区分される。第1に,直接感性は五感に訴える領域で感覚感性が代表である。第2に,間接感性は背景に物語があり,背景感性である。そして第3に,直接感性と間接感性の共有する感性として創造感性(新たな提案や発

想の転換），技術感性（感性に訴える独自技術），啓発感性（自分や社会を変えるメッセージ），文化感性（文化・美学・哲学の要素）があるとする。私見では，分類の根拠について異論なしとはしない。ただ，感性価値の確認，共有することには意義があり，デザインに大きな影響を与えることは明らかである。「行為のデザイン」はそれを促進する場となるのであろう（村田，2015）。

　なお，感性工学の世界では，心理解析（心理状態の変化をアンケート等で解析）と生理解析（脳波の変化を科学的に解析）を組み合わせた感性価値の数値化「感性指標化技術」を開発しものづくりに生かす長田典子氏（関西学院大学教授）の研究などが進められている（長田，2014）。「感性価値」の概念が，日本の製造業を救い，生活者を豊かにするものと期待されている。

第6章 創造と変革の原点

　豊かさに対する価値観が物資から心の問題へ移行している現代において，個人が自己の存在意義を認識し，自分らしい人生を送るための重要な要素が，アイデンティティ（identity）としての創造性であり独創性であるといえる。その意味で，創造の原点が重要となるのである。また個人の生き方の問題だけでなく，教育や産業の領域においても価格や機能性だけでなく，斬新なデザインや独創的なアイデアなど，無形の知的財産が企業の業績を左右する傾向が高まっている。アーティストまたはクリエーターは，自らの創作物である作品によって評価される存在なのである。小原啓渡氏による問い「創造とは何か」に対するクリエーターの回答は興味深い（小原，2005）。その一部を次に記載する。

　高松伸氏（建築家）「古さの理由をずらし，撓め，歪めていく」
　江村耕市氏（デザイナー）「シンプルで分かりやすく，なおかつ良く出来たもの」
　伊藤キム氏（振付家，ダンサー）「創造というのは"発見"と"確認"の作業」
　麿赤児氏（舞踏家）「ある意味，身体というものが一番大変な作品じゃないかと」
　やなぎみわ氏（現代美術家）「人がした事が無いことをしてみたい」
　ウルフルケイスケ氏（ミュージシャン）「何も考えてない時にふと"おっ！"ってひらめく時が」
　近藤良平氏（振付家，ダンサー）「創造する中に心をいたく振るわす夢があればそれがいい」
　上田誠氏（脚本，演出家）「観る側にガイダンスや能書きというような事を

提供するのもまた必要なんじゃないかな」

池田扶美代氏（ダンサー）「自分を裸にすること。失うこと。それをするために信頼をおける人，仲間を見つけること」

小暮宣雄氏（芸術環境研究者）「変な形容詞を使わないと言葉では表現できない作品が創造的だと思うんです」

佐東範一氏（アート・プロデューサー）「塩なりコショウなりというスパイスの作用になりたい」

桜井圭介氏（作曲家）「ダンスならダンスに対する愛　音楽なら音楽に対する愛」

今井雅之氏（俳優，脚本，演出家）「オリジナルっていうのは自分が創ってるから壊せるもんなんです」

　これらは表現こそ異なるものの，相互に関連したり，重なり合ったりしていることがわかる。産業界では，毎年大量の新商品，新サービスが登場するが，そのうち多数は市場から消え，市場に受け入れられ高い評価を得るのはわずかである。数少ないヒットの理由は，開発概念，技術，過程等において，何らかの変革（イノベーション，innovation）が実現されていたからである。野中郁次郎氏らは，ヒット商品を生み出した背景に，「知識創造の過程」や「知の作法」（型，クリエイティブ・ルーティン）が存在すると説く（野中・勝見, 2004；境, 2015b）。

　アートとビジネスが相互浸透する今日の状況を踏まえると，感動と価値，その両者を創造する新たな技法と成果について考察してみることには少なからぬ意義があると考えられる。感動創造ならびに価値創造（以下，感動・価値創造と表記する）を担うアーティスト，ビジネスの世界における経営者，クリエーター，プロデューサー，職人，研究者らの行為，過程（推移），構造（感性と論理，因果関係）に注目するのである。そして，彼らの専門分野と技法，時代を創り，かつ，変えていく行為と作品，能力開発と後継者育成，仕事における意思決定，

作品・商品などを通した課題の提起と解決，物事の可視化から多様な知見を学ぶことを目指したいところである。

　真の伝統は抱えざるイノベーション，チャレンジがなければ継承，展開できないことに留意する必要がある。

第Ⅱ部

アート・プロデュースの枠組み

―プロデュース，プロデューサー，アート・プロデュース

　第Ⅱ部では，本書の中核となるプロデュース，プロデューサー，アート・プロデュースなどの理論とその枠組みを述べる。人の特徴とその分類，プロデューサーの位置づけ，プロデューサーの特徴と役割，プロデューサーの種類と能力，プロデュースとマネジメントの相違点，アート・マネジメントとアート・プロデュース，プロデューサーの価値創造の過程，五感，プロデューサーの到達点をとりあげる。特に第9章では，プロデューサーが行う感動・価値創造の過程で必要となる要件としてネットワーク構築，デザイン思考，そして戦略情報の抽出と意思決定，ブランドをとりあげて論ずる。最終的には7つの要件に総括される。

第7章 人の特徴とプロデューサーの位置づけ

1 「ソーシャルスタイル」による人の分類

1970年代に社会学者，D. W. メリル（David W. Merrill）とR. H. レイド（Roger H. Reid）は外部から人の行動様式，態度を観察し，「パーソナルスタイル」（Personal Style）および「ソーシャルスタイル」（Social Style）の基礎を提唱した（Merrill and Reid, 1999）。その後，R. ボルトン（Robert Bolton）もこれを展開して「ソーシャルスタイル」を総括的に提唱した（Bolton, 1984）。ソーシャルスタイルでは，その人を自己主張の強弱と，感情表出の強弱の縦横2軸により，Driving, Expressive, Amiable, Analytical の4つの型に分類する（**図表7-1**）。もちろん，それは人が，4つの型のいずれかに単純に分類できるものではないことは明らかである。ここではその意味ではなく，例えば2つの型がつながり，多く現れる特性の順に第1，第2と順位づけし，Driving & Expressive, Driving & Amiable, Driving & Expressive & Analytical とすると，全部で16通りの型に分けることも可能となることを示唆する。コミュニケーション力を向上させるためには，自分を知ることから始める必要がある。具体的には以下の通りである（境，2016a）。

(1) Driving（自己主張：高／感情表出：低）

現実派であり，リーダー気質である。戦略，勝負を好み，指示されるのを嫌う。自分の道は自分で決める。褒められなくても平気である。基本的に自分が相手をコントロールしたいドライビング型は，指示命令など一方的なコミュニ

[図表7−1] ソーシャルスタイルの4分類

	高い感情表出 High Responsiveness	
低い自己主張 Low Assertiveness	好意的 Amiable	感情豊か Expressive
	分析的 Analytical	管理・制御 Driving
	Low Responsiveness 低い感情表出	

（出所）Merrill and Reid, *Personal styles and effective performance*, 1999. をもとに独自に作成。

ケーションを取りがちである。話を真摯に聞くのは苦手であり、相手の話を遮りがちである。相手と意見を戦わせることを恐れず、明確に言うことが多いため、衝突も多いが、上昇志向から出世していく人も多い。仕事は仕事と割り切り、人間関係のもつれなど、感情の関わる話題を好まない。

(2) Expressive（自己主張：高／感情表出：高）

人を驚かせることが好きで、感覚派であり、楽観的である。仕事も勉強も楽しくなければいけない。細かいことを気にせず、実行してから考える。話も好きで、沈黙が苦手なエクスプレッシブ型である。様々な場所で盛り上げ役であり、ムードメーカーである。基本的によく話し、よく笑い、柔軟さを持っている。

(3) Amiable（自己主張：低／感情表出：高）

人間関係に波風を立てず、協調派であり、穏やかで良い人である。課題や期待されることを探り、皆のために貢献する型である。優柔不断な点もあり、周囲からの依頼を断れず、引き受けて仕事は常に手一杯となりがちである。共感上手、聞き上手なのである。ただ、人間関係の問題に巻き込まれやすい。

(4) Analytical（自己主張：低／感情表出：低）

最初に計画，事前準備を行う思考派である。自分の専門を大切に，ミスは少なく確実に行う。通常通りにきちんと実行する。継続してこそ価値があると考える。周囲から見ると，マイペースで，空気を読まずに淡々と仕事をこなすアナリティカル型な職人気質である。決められた仕事を一つひとつ終えていくことを好む。人に振り回されることを嫌うため，一人でできる仕事を選ぶ。他の人と対話せず黙々と作業することも苦にならない。

自分の感情に関係なく，相手や場面に合わせながら，その場で態度を変えていく。個性を出さずに淡々と物事を処理していく組織の人に多い。

各人の型の長所・短所が問題ではない。自分自身の傾向を知り，陥りやすいパターンを知っておくことにより，思考とネットワークを構築する対応力につなげる。ソーシャルスタイルはそのための理論として評価されよう。

2 　鈴木義幸氏「ビジネスチームの4分類」

メリルとレイドによる人の行動様式は，さらに Controllers（コントローラー），Promoters（プロモーター），Supporters（サポーター），Analyzers（アナライザー）とも分類され，CAPS モデルと名付けられている。

コントローラーは，人から指図されることを嫌うトップダウン型のリーダーである。行動的で野心的な起業家型である。弱みをみせたり甘えたりするのは苦手である。

プロモーターは，注目がやる気の源であり，エネルギッシュなアイデアマンである。新しいことに挑戦するが，持続性に乏しい。社交的で人気者だが人の話を聞かない。

サポーターは，ビジネスよりも人を優先し和を重視する。気配りが上手である。協調性があり，温かく穏やかだが，リスクを冒すことは避ける。人の期待

に応えようとする一方で，人からの承認を求める。

　アナライザーは，客観的な視点で課題解決を行う完全主義者である。行動より計画分析で理論派であるが，変化や混乱に弱い。感情表現が苦手で大人数も苦手であるが，孤立しても気にならない。

　日本では，鈴木義幸氏がこれを用いたコーチング手法を開発し，ビジネスチームの創造にも応用している（鈴木，2002；2006）。経営者型は「コントローラー」，創造者型は「プロモーター」，調整者型は「サポーター」，分析者型は「アナライザー」とおよそ分けることができる。そして，上記のメリル＆レイド，鈴木らのいずれの考え方によっても，Expressive，プロモーターが，本稿でとりあげるプロデューサーにほぼ一致することは明らかである（境，2016a）。

第 8 章 プロデューサーの特徴と役割

1 プロデューサーの仕事と創造および戦略

　プロデュース（produce）とは，pro(forward) すなわち，語源として「前に導く」に由来し，製作することを意味する。実務面ではイベントや事業の趣旨，目的，内容等について確認し（コンサルティング，consulting），イベントや事業の実現に最適な出演者，スタッフを選び（コーディネート，coordinate），イベントや事業の予算および支払いの管理（マネジメント，management）を行うことである。

　まず，コンサルティングとは，イベントや事業の趣旨，目的，内容等について，顧客のニーズ，夢，課題を確認することである。顧客の求めるものは，課題解決，夢実現，資産活用，目的探求である。次に，コーディネートとは，イベントや事業の実現に最適な出演者，スタッフを決定することである。顧客の問題，要望などを取りまとめ，最適なイベントや事業を実現できる出演者，スタッフを調整・選定するのである。最後に，マネジメントとは，イベントや事業のために複数の見積りを取り，比較検討し予算調整を行うことである。また現場打ち合わせに立会い，効果的かつ徹底した予算管理を行うことでもある。

　本来，プロデューサー（producer）とは，プロデュースを行う者であり，作品の企画から完成までの一切を統轄する最高責任者である。プロデューサーの行う仕事がプロデュースである。本来，プロデューサーは，経費，予算を握っている人である。仕事の内容としては，①企画　②予算組み　③実行計画作成（schedule）　④責任者，担当者の決定および配置（staffing）　⑤出演者の決定

および配置（casting）があげられる（境，2010）。

(1) 企　画

イベントや事業の企画を立て，それに対して資金を提供してくれる主体を探し営業する場合，主体から資金を提供する代わりに作品を制作してほしい旨，依頼される場合がある。

(2) 予算組み

スポンサーが決まり，企画が決定すると，次に予算組みを行う。与えられた予算内でスタッフに対する出演料や経費などを振り分ける。

(3) 実行計画作成（schedule）

どのようなスケジュールで制作を行い，いつ納品するかなどを決定する。その際，脚本，内容の概略を作る。

(4) 責任者，担当者の決定および配置（staffing）

作品の中核となるスタッフの任命を行う。

(5) 出演者の決定および配置（casting）

出演者の決定および配置は，監督またはプロデューサーが決める。一方，ディレクター（director）は，プロデューサーに任命される現場監督，演出家であり，プロデューサーの信頼と権限委譲により，イベントや事業実施に向けて強力に計画を進め，イベントや事業を成功に導く推進者である。両者は相互に協力する。プロデューサー，ディレクターと同様に，デザイナー（designer）も現場では重要な役割を果たす。

イベントや事業の企画は，発想から準備，制作，評価まで，一般に経営の領域で使用されているPDCAサイクル，plan（計画），do（実行），check（評価），

[図表 8 − 1] PDCA サイクル

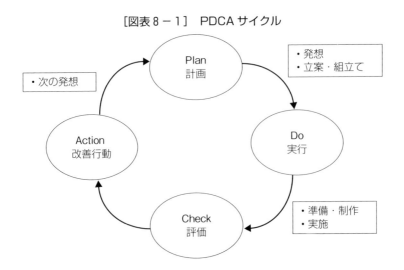

[図表 8 − 2] QPMI サイクル

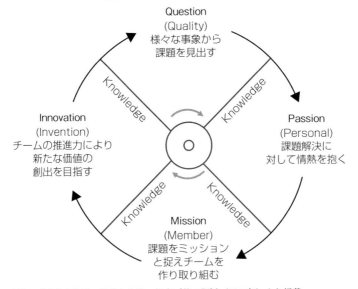

(出所) 境新一『現代企業論−経営と法律の視点〔第 5 版〕』(2015年) より掲載。

action（改善行動）の循環形式にそって以下の項目による手順で進行する。ただ，PDCA サイクルは課題や目標が当初から明確な場合に有効である。これに対して，課題自体の発見から始める必要がある場合は，それを担う個人の情熱が不可欠となる。それに代わる独自の仕組みとして，丸幸弘氏は QPMI サイクルを提唱した（丸，2014）。質（Quality）の高い課題（Question）に対して，個人（Personal）が情熱（Passion）を傾け，信頼できる仲間たち（Member）と共有できる目的（Mission）に変え，試行錯誤を繰り返していけば，革新（Innovation）や発明（Invention）を起こすことができる。個人の情熱を交わし合うことにより，組織は活性化するとする（境，2010；2015c；2015d **図表8－1，図表8－2**）。

　プロデューサーは，イベントなどの企画や起業あるいは事業の開発を行う場合に，その原点を発想する必要がある。その際には，次の6W2H の構成要素を満たすことによって明確になる。

Why	企画を行う趣旨・理由
What	企画の内容（具体的な企画，イベント等の中身）
Where	対象となる業界，市場
Whom	対象となる顧客
How to	宣伝・広報の方法（競争優位性や独自性）
When	人，物，金の準備および投入時期
Who	能力・経験をもつ人材の確保（出演者，スタッフ，キャスト等）
How Much	必要資金額

　なお，イベント事業の場合，集客の視点も重要となるため How many（入場者数，来場者数）を加えて6W3H ということもある。

　事業計画書（business plan）は，この6W2H の構成要素を以下の10項目の内容にそって複数組み合わせて作成されたものである。

　①事業の概要　②ターゲット市場の規模　③市場の参入採算性
　④自社技術の競争優位性・知的財産　⑤販売戦略　⑥販売予測

⑦他社との競合の状況　⑧経営チームの紹介　⑨リスクと解決策
⑩財務・資金繰り（損益計算書，貸借対照表，キャッシュ・フローの予測），資本政策

　ここで事業計画書の基礎となる戦略について述べる。まず，戦略には手順，順序がある。戦術の順序が異なると戦略の結果に違いが生じる。この点には留意が必要である。また，先に技術ありき，シーズありきで商品やサービスを開発することは危険である。最初に，作ったあとでどのように販売していくのか，営業を想定した仮説を立てるべきである。すなわち，仮説に基づいた販売戦略，いわゆる出口戦略を確立しなければならない。これまで，商品開発を見直したり，商品改良を実施したりすることにより，リスクや失敗を回避してその後の販路開拓を円滑に進めることができるケースが多い。また，事業計画書には「儲けを生み出すビジネスのしくみ」であるビジネスモデル（business model）が記載される必要がある。根来龍之によれば，ビジネスモデルの吟味・検討には，戦略・オペレーション・収益の3つが必要であり，特に戦略がビジネスモデルと顧客との接点を吟味する上で最も重要となる（根来，2005，境，2013a）。

2　企画書の作成

　イベントの企画は，発想から準備，制作，評価まで，一般に経営の領域で使用されているPDCAサイクル，plan（計画），do（実行），check（評価），action（改善行動）の循環形式にそって以下の項目による手順で進行するのがわかりやすい（境，2009b）。

(1) 企画の主催

　プロフェッショナルの場合は，民間，新聞社，放送局，自治体などである。一方，アマチュアの場合は，ボランティア団体，個人などである。

(2) 企画の目的

目的としては，(a)人を集めて感動を与える・喜ばせる・価値・刺激を与える (b)名声をあげる (c)自分の所属ホールや組織の宣伝効果をあげる (d)金を儲ける など多様である。

(3) 資金の対応

文化事業は一般に赤字体質である。その際，イベントを行うために資金調達することをファンド・レイジング（fund raising）という。具体的には，事業実施のために必要な資金を会費，寄付，助成金（財団等から），企業協賛，公的補助金などの手段によって調達することである。文化事業においては，事業収入（事業の対価）によってすべての経費がまかなわれるものはごく少数である。文化は社会にとって有益であるため，文化事業に対して社会的支援が必要となる。文化事業はそれ自体として収支バランスが成立しにくい。利益が赤字（持ち出し），黒字により対応が異なる。赤字の場合は，協賛金，寄付，補助金を得る努力をする。チケット売上，協賛金いずれも後から支払われるため，当面の現金が必要になる。留意すべきことは，公的補助金の特徴として，①赤字補填 ②対象費目の限定（費目指定）③事後払い，すなわち公平性重視と形式性重視の補助金の弊害もある点である。これまで企業もメセナを展開してきたが，新たなパトロンとして見返りのない文化支援の視点から，企業の広報戦略（いわゆる corporate identity : CI を含む）の視点から，そして企業市民の社会的責任として社会貢献の視点から，パトロンからパートナーへ（市民社会の創造へ）転換してきている。企業は，戦略的投資の対象として社会的責任投資（social responsible investiment : SRI）ととらえるようになり，新たな企業戦略として芸術文化支援の内容を見直す時期に来ている。資金の対応も，さらに工夫が求められる。

(4) 企画書の項目

　企画書の構成は，表紙，概要，企画趣旨，企画内容，予算書である。そのうち，特に重要なのは予算書である。内訳としては，収入：チケット売上，支出：出演料，ホール代，保険料（展覧会などでは売上の0.3%）等である。イベントには客を集める必要がある。ただし，出演者にすべてを一任することは避けたい。

(5) プロデューサーの役割

　プロデューサーの役割のひとつには，協賛金を集めることがある。地方公共団体の補助金は，来年度分なら今年の9～10月が締め切りである。

(6) 実行主体

　実行主体は，会社などの団体が一般的であるが，組織がない場合には，実行委員会がなることも多い。

(7) プロデューサーとマネジャーの関係

　一般にプロデューサーが資金を集め，マネジャーが資金を使用する。ただ，この両者は同一人が行う，一緒にやる場合が多い。経営資源（ヒト・モノ・カネ・情報・技術）が必要であり，ネットワークが必要である。

(8) 評　価

　企画の評価は，アンケートを実施することによって得る。しかし，すべての聴衆がアンケートに回答してくれるわけではなく，公演に不満のため無回答で帰る場合もあり，彼らの真の評価を正確に得ることは難しい。批評家による評価の内容には気にしない方がよい。一般に批評家は7割ほめ，3割けなすのがよいとされる。これに反すると，後が続かない。しかし，最大の評価者は，来場者であり，彼らがよかったと評価すれば，イベントは成功と評価される。

(9) 次回の発想・改善行動

今回の企画内容について，課題や改善点を明らかにし，次回のイベント構築のための発想，具体的な企画内容を検討する。

3　情報発信の方法

藪田益資氏（インターネット「クラシック・ニュース」主宰，元梶本音楽事務所副社長）は，最初の40年間はアーティスト・マネジメントとそれに関連した種々の業務に取り組み，その後の10年は，インターネット「クラシック・ニュース」を通してクラシック界と大きな関わりを持ってきた。藪田氏による，インターネットを通した音楽ビジネスについての考え方を整理し，紹介する。音楽ビジネスは，ビジネスとして採算に合うかどうかが問われていることが多い。確かにそれは大切な要素である。しかし，ただ単に事業としての成功だけが重要視されているのではない。アーティスティックな要求をどこまで入れて，採算を合わせていくか，そのバランスの取り方が大切なのである。

そのためにも，アーティストとの心のつながりも大切である。芸術家としての要求をどのように受け入れるか等の課題を解決するには，心の通った関係が重要である。その信頼関係なしには音楽ビジネスを進めることは難しい。次に，音楽ビジネスにおける広報の重要性を考える。広報用文章作成については，経営トップまでが目を通して，内容に関する注意を払う必要がある。しかし実際には，経営トップが忙しさに追われて充分目を通さず，現場任せになっている例も見受けられる。広報用文章では，主体，日時，場所，目的（誰が，いつ，どこで，何を行うか）を正確に表現する。説明的に文章に，長々と装飾的な言葉を入れる必要はない。装飾過剰な文章表現を避け，説明的な内容は，受け手によって選択できるようにオプションとして表現する。ドラッグ＆コピーの手法でデータを生かす。テキスト・ファイルで生かすことが大事である。PDFファイルでデータを送る場合でも，テキスト・ファイルをつけることが必要で

ある。コンサートの会場でのチラシ散布に関して，機械的に散布している例がある。しかし，反復して撒いて顧客を洗脳できるだろうか。チラシを撒いているという安心感に頼って，広報，宣伝担当者が他に有効な方法を考えないという弊害が見られる。憂うべくは，音楽がビジネス化してしまっていることである。本来，もっと小さいサークルで，その規模によって気軽にコンサートが開かれるべきである。また音楽家には演奏の場が必要である。そのための窓口として，Web を用いた音楽情報の発信，特に発信方法と技術展開とが注目される（境，2009b）。

4 プロデューサーの種類と能力

　プロデューサーの領域は大きく 2 つに分けられる。それはアート・プロデューサーとビジネス・プロデューサーである。両者の特徴を簡潔に述べたい（小島，1999；境，2010）。

　まず，アート・プロデューサーは基本的にはイベント，アート・プロジェクトを扱う。アート・プロジェクトの例としては，音楽会，展覧会，博覧会，テーマパーク，映像，芸術祭，スポーツ祭，メディアコンテンツ，上演芸術（演劇，オペラなど），大学祭，市民祭，企画出版などがあげられる。

　一方，ビジネス・プロデューサーは基本的にビジネス・プロジェクトを扱う。ビジネス・プロジェクトの例としては，新規事業，新製品・商品開発，企業買収・提携，起業，地域開発，商店街活性化，商業施設，文化施設，福祉施設，見本市・展示会，経営システム改革（各経営資源別の改革），新規市場開拓・導入などがあげられる。最近は，新たな「市場創造」と「顧客創造」を実現し，新規ビジネスを創造するビジネス・プロデューサーが求められている。また起業家，ベンチャー・中小企業経営者はもちろん，企業での新規事業担当者，商品開発担当者も，皆，ビジネス・プロデューサーである。彼らは新しい価値創造（value creation）を担う演出家である。イベント・プロデュースの手法の他分野への適用が期待でき，行政や企業活動においてはもちろん，一国の大統

領，首相，企業経営の責任者，行政の首長，いずれも優れたプロデューサーとしての資質が問われている。

　アート・プロデューサーとビジネス・プロデューサーは，内容と過程において相違がある。第1に，アート・プロジェクトは，プロジェクトのビジョン（夢）が抽象的であり，夢想的な計画が設定されることも多い。自由度が高く，創造性も要求される。一方，ビジネス・プロジェクトはビジョンが現実的であり，プロデューサーへのミッション（使命）が鮮明である。第2に，ビジネス・プロジェクトはプロジェクトの目標を数値化して設定することができる。新事業や新製品の開発では目標収益などの数値目標がある。一方，アート・プロジェクトでは事業収益に優先して，アートを媒介した主張の浸透や作品・出演者に与えられる名誉や賞賛を目的にすることが多いため数値化しにくい。第3に，コストの制約の点では，ビジネス・プロジェクトでは収支と投資の見込みがたてやすく，途中で修正が可能であるのに対して，アート・プロジェクトでは開発コストと見込まれる収入が結びついておらず，初期に設定した予算を途中で柔軟に修正することも困難である。ただ，この両者は資質や能力の点では共通する部分の方が多い。

　次に，プロデューサーを役割・機能から見れば，総合プロデューサーと専門プロデューサーに分けられる。総合プロデューサーは，最初にビジョン・目標を自分で創造して提示する。目標が決まればそこに行き着く道筋，構想を示す。次にプロジェクトの作業内容を必要とする人の能力の側面から分け，作業内容別に主要なメンバーの選定を行う。彼らにビジョンへの理解と共感を得る。主要なメンバーが選定できればプロジェクトの組織を計画する。そして資金づくりの構想を示す。プロジェクトのゴール日を設定し作業スケジュールの大枠を作る。専門プロデューサーと連絡を密にとり構想が順調に進んでいるかを確認しながら各パートの専門家に一任する。

　専門プロデューサーは，総合プロデューサーが描いたプロジェクトの構想設計に従い，それを具現化する。リーダーシップを発揮する一方，利害関係者の調整を伴うことが多い。専門プロデューサーは総合プロデューサーと一体と

[図表8-3] プロジェクトの種類と役割・機能

プロデューサーの種類	対象プロジェクト	総合プロデューサー	専門プロデューサー
アート・プロデューサー	アート・プロジェクト 音楽会 展覧会 博覧会 テーマパーク 映像 芸術祭 スポーツ祭 メディアコンテンツ 大学祭 市民祭 企画出版	事業責任者 学芸監督 総合プロデューサー 事業責任者 事業責任者 芸術監督 主催団体代表 総合プロデューサー 実行委員会 実行委員会 編集会議	施設担当,空間開発 分野別プロデューサー パビリオン担当,空間開発 施設担当,空間開発 映画,映像・番組制作 分野別プロデューサー 祭典推進責任者 映像,音楽,出版 参加団体プロデューサー 分野別プロデューサー 編集長
ビジネス・プロデューサー	ビジネス・プロジェクト 新規事業開発 新製品・商品開発 企業買収・提携 起業 地域開発 商店街活性化 商業施設 文化施設 福祉施設 見本市・展示会 経営システム改革 新規市場開拓・導入	最高経営責任者,執行役 最高経営責任者,執行役 最高経営責任者,執行役 起業家 地域首長,議会 地域開発プロデューサー 事業代表,委員会,会議 芸術監督,財団代表 法人代表 主催団体代表 最高経営責任者,執行役 最高経営責任者,執行役	プロジェクトリーダー プロジェクトリーダー プロジェクトリーダー ベンチャービジネスプロデューサー 都市開発,地域開発 地域・店舗開発,販促 商業施設開発 舞台芸術,音楽,美術 環境,医療,空間設計 展示担当,空間開発 プロジェクトリーダー マーケティングマネジャー

(出所) 小島史彦『プロデューサーの仕事』(1999年)を参考に,独自に再編したものである。

なって総合プロデューサーを補佐し,仕事を円滑に進めるために支援を受ける。

　プロデューサーは,性格の上で相反する立場,思想,体質を併せ持つ。それは創造者と経営者,言い換えると,クリエーターとマネジャーである。起業家に求められる資質は熱い情熱やカリスマ性,独創性,ある種の楽天主義である。一方,経営者には冷静な判断力,管理能力,合理性,緻密な戦術が要求される。それぞれに求められる資質は異なるのである。一方,イベント制作に関わるプロデューサーには,事を起こし,実際にそれを運営することであるため,起業と経営の両面を併せ持つことが要求される。プロデューサーは創造者と経営者の狭間におり,創造者と経営者という二重の人格に折り合いをつけることには困難を伴う。

次に，プロデューサーは，取り扱うプロジェクトに対して高い専門知識，能力をもつ必要があることはもちろんであるが，それだけでなく，プロデューサー自身の専門知識，能力をもつ必要がある。さらには，自ら知識を集め，新たな知の枠組みを創り出し，機能や価値を加えていく能力が求められる。プロデューサーに求められる能力には，分析力，企画力，概念創造力，表現力，シナリオ・物語（scenario, story）構成力，統率力，演出力などがあげられる。しかし，プロデューサーが当該能力をすべて備えることは容易ではない。常に学び続け，経験から吸収し自ら解を出すことが必要であろう。

特に，イベントをプロデュースするプロデューサーに重要な能力としては，**図表8－4**の内容があげられる。その前提として，直観力（兆しを察する力）や洞察力（時を見極める力）が求められることはいうまでもないが，最終的には，プロデューサーとして中核となる資質は，シナリオ構成力（特に予測力）と演出力（特に調整力）であろう。そしてプロデューサー・マインドである夢

[図表8－4] プロデューサーの能力

能　力	内　　容
分析力	予測，分類する能力。因果関係を解析する能力。 数値を解釈する能力。数値に意味を与える能力。
企画力	問題点を発見する能力。独自の視点で図表を制作する能力。アイデアを開発・発想する能力。企画書・計画書を作る能力。
概念創造力	具象と抽象を相互に変換できる能力。 独創性のあるアイデアを持続的に創出する能力。 概念を平易な言葉で表現する能力。
表現力	コミュニケーションを支える機器を運用できる能力。 自分の言葉で聞き手を説得できる能力。 感動を与える言動を表せる能力。
シナリオ構成力	変化を予測・推理する能力。構成要素から物語・話の筋を組み立てられる能力。チャンスの拡大，リスクの抑制を可能にするアイデアを創造する能力。
統率力	総合的に経営・管理する能力。リーダーシップ能力。 PDCA（計画・実行・評価・改善行動）を管理・実行できる能力。法律・規則を遵守させる能力。
演出力	スタッフィング，キャスティングを想定できる能力。 全体の調和・バランスを調整できる能力。 人や話題をファシリテート（仲介・媒介）できる能力。

（出所）　小島・前掲書を参考に，独自に作成したものである。

を実現する「引き寄せ」と人脈をつくる「巻き込み」が不可欠である（ロオジェ，2007）。道がないところに道をつくり，リーダーシップを発揮する人がプロデューサーである。プロデューサーはプロデュースとマネジメントを一体的に行うことを求められ，現場（地域）で発想しながら実践し，そして分析（思考）枠組みを帰納的に創り出した上で，再び現場で調整しながら実践するのである。

　我が国においてイベントの世界でプロデューサー・システム（第8章6参照）が導入されたのは，1970年の大阪万国博覧会が最初と考えられ，それまでにプロデューサーという職能はなかった（小島，1999；境，2010）。

　今日，前世紀と今世紀とでは，仕事の仕方に変化が生まれている。丸幸弘氏によれば，20世紀の仕事は「事に仕える」ことであったのに対して，21世紀の仕事は「事を仕掛ける」，言い換えると，自ら思考し主体的に企て，知識を創り出すことが必要となる（丸，2014）。思考せずに与えられた作業をこなすだけでは，何も生まれない。正解のない課題に自ら答えを出していくことが重要となる。これこそ，まさにプロデューサーが待望される理由といえるのではないだろうか。

5 ｜ プロデュースとマネジメントの相違点

　プロデュースとマネジメントの相違点は何か，論じたい。プロデュースは異質の機能をもつ組織・個人や関係者，例えば，アーティスト，クリエーターと調整して，過去にない新たな感動・価値創造を実現する。これは0から1を創る過程である。当然ながら，異質な関係者との調整には摩擦が生じることも避けられない。しかし，その際，これらの人々に敬意と理解をもってプロデュースするため，摩擦を回避することが可能となる。プロデューサーは，異質なものを結びつける意味で，対境担当者（boundary personal），インターフェイス・マネジャー（interface manager），ゲートキーパー（gatekeeper）と呼ばれる所以である。

　これに対して，マネジメントは同質の組織，個人や関係者を相手に，部門の

目標にそって摩擦をできるだけ回避しながら既存の組織，物事を運営するのであり，価値の提供に力点がある。これは1を10に広げる過程である。プロデュースは，個々のマネジメントを総括し，それはブランディングにも結びつく。資金面ではプロデュースは調達，マネジメントは運用と区別をする場合もある。ただ，両者には共通点も存在し，例えば価値および顧客の創造などをともに目指す点である。

　なお，プロデュースを，リーダーシップに基づいてビジョンを示して目標へ誘うマネジメント（プロジェクト・マネジメント）ととらえることも可能であるが，本稿ではこの考え方をとらず，プロデュースとマネジメントには共通点と相違点があり，これを対置する構造で捉えている。

6 │ プロデューサー・システムと映画産業におけるプロデュース体制

　プロデューサーを中心にイベントや事業を進めていくシステムを，プロデューサー・システムという。今日，プロデューサー単位で仕事が遂行され評価されることが多くなり，プロデューサーの存在を明確にして事業を進めることが模索されるようになった。例えば，コンテンツ産業の組織では，プロデューサー・ディレクター・出資者の3者の関係によって構成されるプロデューサー・システムがある。プロデューサー・システムは単なる実務上の呼称ではなく，コンテンツ産業の実際の組織でありモデルである。プロデューサー・システムの特徴はメッセージの明瞭さ，責任の明確さである。稟議書や合議制を踏まえて展開してきた日本の組織には，受け入れにくいシステムであろう。しかし，現在の日本社会を覆う閉塞感を考えると，プロデューサー・システムは遂行する事業を活性化する有効な手段となろう。様々な分野で，プロデューサー・システムの積極的な導入が図られるべきである。

　これに関連して，映画産業を例としてとりあげたい。山下勝氏と山田仁一郎氏によれば，プロデューサーが組織に属しキャリアを形成する過程で創造性を作り上げるのであり，プロデューサーのステップアップこそが映画製作に重要

第Ⅱ部　アート・プロデュースの枠組み

[図表8-5]　従来の映画製作体制〜製作委員会

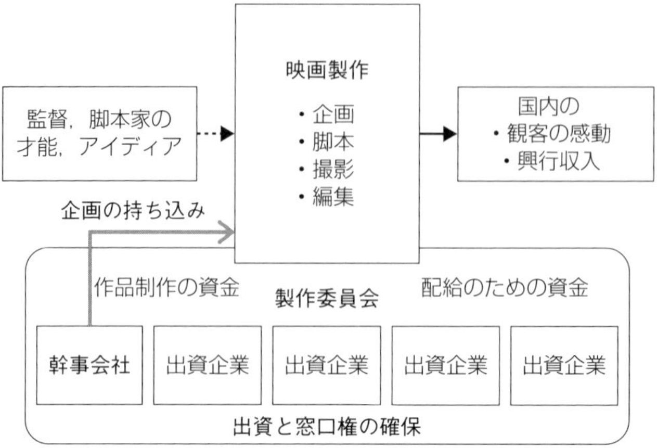

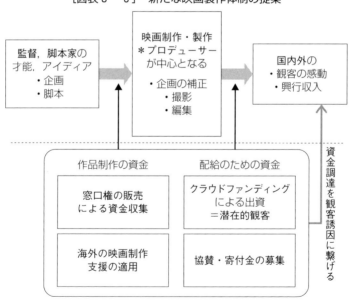

（出所）　大島絹衣（2014）「日本映画の製作体制の再考と提案」『社会・経済システム』第35号。

[図表8-6]　新たな映画製作体制の提案

（出所）　大島絹衣（2014）前掲。

であるとした（山下・山田，2010）。また，川嶋啓右氏は，映画産業における経営教育と資質・能力について，プロデューサーは映画制作にあたっての統括的な責任者であり，企業の最高責任者（CEO）と同様の要素を持つこと，映画制作では観客に最高のサービスを与え，制作にあたって対費用効果（効率性，生産性，コスト意識）を考慮する点がマネジメントに相当することを指摘している（川嶋，2010）。

大島絹衣氏によれば，今日の映画産業において，製作委員会方式による映画製作体制が一般的であるが，この体制は，幹事会社が持ち込んだ企画を，製作委員会参加企業が資金面で支え，監督，脚本家は委員会の提示した条件の中で創作活動をマネジメントする（**図表8－5**）。

製作委員会企業は各業界で映画公開に準じて利益を得るが，プロデューサーは出資比率の高い企業に属していない限り恩恵は得られないとする（大島，2014）。また国内市場を意識した企画が氾濫し，海外への発信力の低下も無視できない。さらに，複数社に権利が分散し，彼らが利害関係を持ち製作に影響を与えている（河井，2012）。権利の分散は，日本の産業として海外から利益獲得の機会損失にもなる。この結果，短絡的な出資参加を助長し，ノウハウを蓄積し得るプロデューサー個人が容易に排除され，映画産業の長期的発展を阻害することになる。

大島氏は，製作委員会方式に代わる，新たな映画製作・プロデュース体制を提示する（**図表8－6**）。この体制では，資金調達と作品製作を切り離し，プロデューサーが責任と権利を保持することによって，監督，脚本家の企画を実現することが容易になり，プロデューサーの判断により海外上映，リメイク権販売に向けた交渉もより円滑に行うことができる。さらにクラウドファンディングや協賛・寄付金の募集は，製作準備段階から潜在的観客，所謂固定ファンを生み出し，公開時に観客動員の助けになる。本体制による映画製作は，プロデューサーに負担となる反面，イベント興行や海外での上映活動等，彼らの裁量による奇抜な広報活動が可能となる。出資と製作を分離し，映画監督，脚本家の企画を基にプロデューサーが事業として管理していく点が重要となる。

優秀なクリエーターが世代交代をしつつノウハウを伝承するには，製作委員会による製作体制に限らず，新たな体制づくりやクリエーターが作品を積極的に製作できる環境が必要となる。今後も収益を上げ，芸術性も向上できれば，映画産業は日本を代表する産業になり得るのである。

7 セルフ・プロデュース

プロデュースという行為の対象は，アーティストやアーティストの作品であることがひとつの前提である。プロデューサーは基本的に，アーティストに向かって黒子の役割を担うのである。

しかし，プロデューサーがプロデュースする究極の対象は自分自身でもある。実はアーティストをプロデュースする前に，自分自身をプロデュースできていなければならないのである。その意味で，アート・プロデュース&マネジメントがセルフ・プロデュース（self produce）につながる。

総合的なセルフ・プロデュースは，自分の内面，外面，対話，表現力から生まれる。まず，希望する自分像を明確にし，現在の自分を認識する。次に自分の内面，外面を人（アーティストを含む）との対話によって，自分の本質や個性，自分が目指す物事を再認識し，その魅力を対外的に最大限に表現する。自分を生かしながらプロデュース（演出・存在主張・調和）し，聴衆にそれらの情報を伝えることにより，人やチャンスを引き寄せ，自分が望む状態，目標や夢の実現に近づくのである（小島，1999；境，2010）。

8 プロデューサーの感動・価値創造
－アート・マネジメントとアート・プロデュース

ここでは，プロデューサーが行う感動・価値創造について自らの見解を整理したい。まず，プロデューサーの感動・価値創造はアート・プロデュースという枠組みで捉えることが可能である。アート・プロデュースの考え方を導く背景として，従来から存在するアート・マネジメントの位置づけと新たなアー

ト・プロデュースの概念，その意義について述べる。

(1) アート・マネジメントの起源とその位置づけ

アート・マネジメント（arts management）の起源は，1960年代の米国に始まる。米国議会がNEA（National Endowments for Arts，米国芸術基金）を1965年に創立し，公的な芸術基金が制度化されるのに伴い，支援を受けた芸術機関に，社会に対する説明責任が求められた結果，アート・マネジメントの必要性が唱えられるようになった（ボウモル＆ボウエン，1996）。その定義については，林容子氏や小林真理氏，伊藤裕夫氏らによって様々な説明がなされてきたが，「社会（観客）」と「アート」があり，その2つを結びつけ社会にアートを循環させる役割を担うのがアート・マネジメントである（林，2004；小林監修・伊藤編，2009）。

従来，アート・マネジメントは，芸術学，社会学などで扱われてきたが，今日では，経営学で扱われる傾向にある。

日本の場合，1980年代の各地での公共ホール建設が契機となった。元々，地域住民の集会施設であったが，大都市への人口集中，地方の過疎化を受け，「魅力ある街づくり」の一環として芸術がクローズアップされ，「文化施設」の性格を持つようになった。

アート・マネジメントには文化政策や行政の役割が大きくなるものの，行政に依存しすぎる問題点が生じやすいことも否定できない。欧米では，行政による文化・芸術支援の理論，制度が先行して築かれる一方で，民間（市民，企業等）の文化支援に対する参画意識も高く，民間による文化支援の手法が成熟化しているといえる。これに対してようやく日本でも，文化・芸術に関する独自のマネジメント理論，手法が創られるべき段階に至っている。

(2) アート・マネジメントの変遷と課題

欧米の各国におけるアート・マネジメントの目的として主に4つの項目をあげることができる。

①　パトロンに代わる公的支援の理論
②　公正にアートを提供する方法
③　国家財政の危機に際し，意義を損なわずに効率を求める方法
④　独自文化のアイデンティティの保護

　これに対して，日本の場合，1980年代の各地での公共ホール建設が契機となった。元々，地域住民の集会施設であったが，大都市への人口集中，地方の過疎化を受け，「魅力ある街づくり」の一環として芸術がクローズアップされ，「文化施設」の性格を持つようになった。その目的は「公的施設にて効果的に文化事業を実施すること」であり，使命は「一般市民が主体の芸術の創造，享受のシステム」を作ることである。言い換えれば，日本におけるアート・マネジメントの目的としては，①日本の独自文化を守る　②日本のアーティストを守る　「欧米」文化だけでなく，日本の文化が重要である　③日本の社会に貢献する　などがあげられる。

　そして日本では，1990年代から，メセナや文化政策という言葉とともに，文化関係者の間でアート・マネジメントの用語が普及し，企業，教育機関での教養講座も増えている。しかし，アート・マネジメントには文化政策や行政の役割は大きくなるものの，文化政策や行政に依存しすぎる問題点が生じやすいことも否定できない。また，欧米とは思考の成熟度に違いがあり，日本において独自のマネジメント理論，手法が創られるべき段階にある。

　なかには「芸術経営学」という表現を用いる例もあるものの（村山ほか，2015），一般には文化政策学の印象が強く，字句通りの「芸術を経営する（アートをビジネスにする）」という理解がなされているとはいえない。元来，芸術家を育てること，芸術を経営することは，「学」になじみにくい。芸術を経営することに「論」の多様性，実践性を有することはありえても，「学」の定型性，体系性を有することが難しいからである。私見では，芸術経営論ならば成り立ちうると考える。

　なお，プロデューサー（producer）に関連して，ものごとを促進，媒介し，結びつけ，前進する方向に導く意味では，プロモーター（promoter），ファシ

リテーター（facilitator），カタライザー（catalyzer）／カタリスト（catalyst）という言葉も存在する。

(3) アート・プロデュースの意義

アート・マネジメントは，社会にアートを循環させることを促進する機能を果たす。アーティストと顧客を結びつけるだけでなく，アートが生まれる環境，アートを売る環境，置かれる環境を整え，芸術教育なども含めて社会の仕組み自体をデザインする。

ただし，日本では欧米のような企業，地域市民，政府の各層が担うアート・マネジメントはあまりみられず，国や行政による文化政策，文化支援や助成が中心である。

これに対して本稿では，実際に何か具体物をデザインし制作する，またはプロジェクトを遂行することに焦点を当てる。現場の創造行為と作品に注目するとき，政府として行政主導で文化・芸術を育てるのとは別の，民間主導で文化・芸術を育成する見方が可能となる余地が生まれる。プロデュースという行為，個々にプロデュースされる客体としての作品，そしてそれを担う主体としてのプロデューサーの存在を重視して，アート・プロデュースという概念を提起する。アート・プロデュース（arts production）という表現は欧米には見られないが，その意味するところは，実際に，アートを創造する行為は "produce arts"，その成果である作品は "arts production" と表現されることである。今日，知的財産を含むアートとビジネスの新たな組み合わせを探り，現場でプロデュースとマネジメントを一体的に行う感動・価値創造の在り方，アート・プロデュース＆マネジメントが目指される方向である（境，2012）。もし作品が市場原理にのるならば，作品は商品に転化することになる（Schiuma, 2011）。

課題は提起され，解決されるものであるが，解決すれば終了するわけではない。最後は再び課題提起に戻る，すなわち永遠に課題は残り，展開や進化を続ける過程であることに留意する必要があろう。アートを直接ビジネスに結びつけることは困難であるが，デザインという感動・価値創造の行為を通してビジ

ネスにつなげることはできる。逆にデザインを超える新たな感動・価値創造が必要になれば，デザインからアートに接近する。一連の行為は，アートから始まり，デザインを経てアートに戻るサイクルとなる。その意味でアートは課題提起であり，デザインは課題解決であるといえよう。

プロデューサーはアートとビジネスの対境担当者，媒介者としてアートをデザインやブランドを通してビジネスにつなげる。アートからビジネスへの転化は事業利益（私益）をつくる行為である。一方，ビジネスからアートへの転化は社会的利益（公益，社会貢献）をつくる行為である。プロデューサーは両行為にかかわるのである。

(4) アート・プロデュース論の枠組みとその展開

アート・プロデュース論の枠組みは，アート，知的財産，価値，価格，ビジネス，プロデュース，マネジメントなどを対置させた関係を構造化したものであり，図表8－7に示す通りである。アートとビジネス，プロデュースとマネジメントを2つずつ組み合わせることにより，アート・プロデュース，アート・マネジメント，ビジネス・プロデュース，ビジネス・マネジメントの4カテゴリーが中心的な構成である（境，2015a；2015f）。

これらは日本語では，芸術創造，芸術経営，事業創造，事業経営となる。一見ばらばらで個別の印象を与えるが，実は一体のものと考えられる。アート・プロデュースの裏に，他の3概念が実は表裏一体になっていることが重要であろう。このことを明記した研究はなかったと思われる。

しかし，アート・プロデュースの概念構成には，アートとビジネス，プロデュースとマネジメントの要素だけでなく，技術／テクノロジーが必要であり，その基礎となるのが様々な情報である。

さらには，芸術，歴史，文化，思想，社会，経済という人文・社会科学分野に加えて，自然科学分野である工学の知識をも包括する，感性と知性をあわせ持つ，総合的な創造性を探求する必要がある。

また，従来の分析主体の細分化，専門化した縦割り思考とは異なり，幅広い

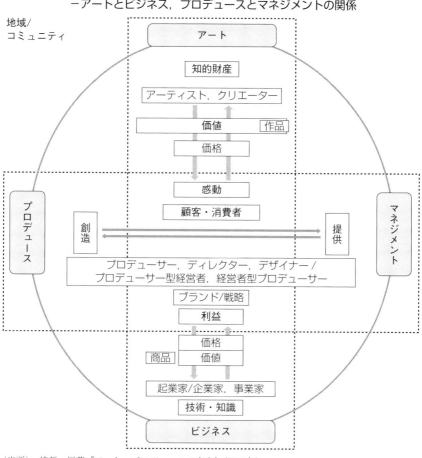

[図表8-7] アート・プロデュース論の枠組み
－アートとビジネス，プロデュースとマネジメントの関係

(出所) 境新一編著『アート・プロデュースの未来』(2015年)。

知識と個別技術を組み合わせながら，人間中心にシステムを構築する，総合・統合の思考が必要であり，そうした能力をもつ人材を育成することも求められよう。そのため，美的・機能的な側面を基本に，横断的な知識の融合と豊富な実習体験を通して，概念創造から個別の作品，商品の創造・管理まで，新しい価値を備えたシステムを創造する必要がある。

この感動・価値創造の過程をどのような分析枠組みから検討するか。ここでは構造（個人の行為や関係が規則・制度に規制される），過程（社会の変化，個人の状態と社会の状態が相互作用を通して変化する），行為（個人の行為は動機に基づいて決定される）から検討したい。プロデューサーの感動・価値創造と対応させるならば，ネットワーク構築，デザイン思考，そして戦略情報の抽出と意思決定，ブランドが考察の視点となろう。

9 アート・プロデュース論の展開
―アグリ・ベンチャーの分析枠組みへの応用

アート・プロデュース論の枠組みは，新たな産業の枠組みを構築する際にも有益である。今日，私たちに求められている産業とは，現在の産業レベルにおいて各産業の位置づけを新たにとらえなおすことであろう。例えば，一人ひとりの担い手が，工業・商業（商工業）に関する最新レベルでの情報・技術（IT）を伴った，生命に関わる総合産業としての，新たな農業を創造することこそが重要ではないだろうか。新しい農業ビジネス（アグリビジネス）のプロデュースである。昔からの農業生産の枠にとらわれずに新しい方法も取り入れる農業を総合産業の創造としてとらえれば，アグリ・ベンチャー・プロデュースと命名することが可能である。

最先端技術の導入を積極的に行うことによって，様々なビジネス分野が想定される。

このアグリ・ベンチャー（agri-venture）における農業，商工業，プロデュース，マネジメントなどを対置させた関係を構造化したものが，**図表8－8**である。これはアート・プロデュース論の枠組みを踏まえてアートを農業に，ビジネスを商工業に代えて提示するものである。

農業と商工業，プロデュースとマネジメントを2つずつ組み合わせると，4カテゴリーになることが理解できよう。これらの背景には地域・コミュニティ，自然・環境が存在し，最終的には一国，世界につながることになる。農業と商工業が相互浸透するなかで，すべての人を満足させる評価尺度は存在しないで

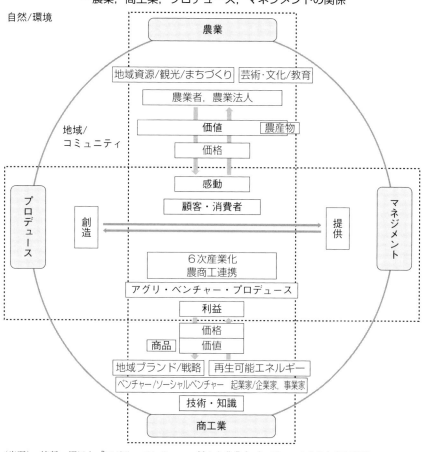

[図表8−8] アグリ・ベンチャー・プロデュースの位置づけ
−農業，商工業，プロデュース，マネジメントの関係

(出所) 境新一編ほか『アグリ・ベンチャー 新たな農業をプロデュースする』(2013年)。

あろうが，価値の多極性を包括して，価格と対置できる仕組み，システムを構築することが重要である（境ほか，2013）。

第9章 プロデューサーによる感動・価値創造の過程

1 ネットワーク構築

　プロデューサーは様々な個人，組織（企業）とのつながり，ネットワーク（network）と絶えざる創造を志向する発想，企画および実践を求める。このつながりは，経営学と社会学の観点から考察することが可能である（境，2016c）。

　まず，経営学の領域から整理する。山倉健嗣氏によれば，組織間関係とは，2つ以上の組織の何らかの形のつながりであり，資源交換，情報の流れ，共同行動，構造，パワー関係，価値共有として現れることであり，組織が他組織との相互関係のなかで存続・成長していかなければならず，組織間関係の形成理由として，他組織が組織の必要とする資源を持っている，とする（山倉，1993）。個人間，企業間のいずれにおいても，構築される関係は紐帯と表現することができる（境，2009a）。また，W. M. エヴァン（William M. Evan）によれば，組織セットにおいてタスク環境の境界間構成単位と同様の役割・機能を果たす対境担当者（boundary personal）が存在する（Evan, 1972）。対境担当者は組織間関係においては相互の組織の接点であり，組織の境界に位置することにより，他組織との連結機能を担うとともに，他組織の脅威から自らの組織を防衛する境界維持機能も担っている（山倉，1993）。対境担当者とは，組織間において情報収集・交換する組織間のコミュニケーションの重要な担い手である。組織を代表する観点からは，トップ・マネジメントもこれに該当すると考えられる。なお，対境担当者は，佐々木利廣氏によれば，インターフェイス・マネジャー（interface manager）とも表現されている（佐々木，1990）。

次に社会学の領域で整理する。企業には4つの資本が存在するといわれる。「人的資本」(人材)、「経済資本」(資金)、「文化資本」(風土)、「社会的資本」(人間関係) である。特に、この社会的資本が企業の大きなテーマとされ、ビジネス上の人脈、レピュテーション (reputation, 社会的信任、評価)、コミュニティなどの、従来数字では計上されなかった社会ネットワークの要素が重要な役割を果たす。この社会ネットワークの特性から明らかにすることが重要となる。社会ネットワークは、強い紐帯からなる「クリーク」と呼ばれる集合体が存在し、それ以外のつながりは弱い紐帯になる。M. グラノヴェター (Mark Granovetter) は、異なったクリーク間を結ぶ紐帯をブリッジと呼んだ。弱い紐帯は強いネットワーク同士をつなげるブリッジとして機能するからである。その際、このブリッジは他のクリークに対しても情報が広く伝播する上で非常に重要な役割をもつ。また、強い紐帯によって構成されるクリークは、強い紐帯ばかりを重視すると、求心力が働き、その結果、クリークの孤立化を招く。グラノヴェターはこの事象を「弱い紐帯の強さ」(The strength of weak ties) という仮説で示した (Granovetter, 1973)。そのためブリッジ機能をもつ構造体は、a) 他のクリークを含め、広く情報へのアクセスをもつ、もしくはb) クリーク間の相互関係を促すために、利害調整を行う可能性をもつ。

このようにブリッジ機能をもつ人材については、組織と組織の関係をマネジメントする機能をもっていることになる。

これに対して、R. S. バート (Ronald S. Burt) は、紐帯の弱さはブリッジの相対物にすぎず、重要な点はブリッジであるか否かであり、クリークが互いに分裂して、情報に隙間ができる「構造的すきま」を重要としている (Burt, 2001)。この構造的すきまは、クリーク間に新たな連結を産み出し、両クリークのメンバー間にもあらたなコンタクトをつくる可能性がある。すきまを埋める機会に恵まれるキーパーソンが重要になってくる。

以上のように社会ネットワークからみた場合、ネットワーク構築における要素は、ブリッジである。また弱い紐帯をはりめぐらせることにより、他のクリークを含めた広く情報へのアクセスをもち、クリーク間の相互理解を促すために

利害調整を行うことが重要となる。ブリッジ機能をもつキーパーソンは，組織間関係の対境担当者にあたると考えられる。

一方，組織研究における重要なキーコンセプトとして，ゲートキーパー（gatekeeper）がある。ゲートキーパーの概念を最初に提唱したK. レウィン（Kurt Lewin）は，「チャネル（チャネルは，食品のためのものでも，人間のコミュニケーションのためのものでも，ニュース記事のためのものでも構わない）内のある領域で機能するゲートは，ゲートキーパーによってコントロールされており，ゲートキーパーがゲートを通って流れこんでくるものを受け入れるか否かの決定権を握っている。」としている（Lewin, 1947）。

ゲートキーパーは，情報の探索，収集，取捨選択のみならず，不確実性を吸収する役割を果たしているのである。このことは，情報の受け手側にとっては，不確実性を吸収する人が誰かによって，状況が大きく変わることを意味し，その人を特定することが重要となる。いずれにせよ，対境担当者，インターフェイス・マネジャー，ゲートキーパーの意義と役割はプロデューサーのものであることが明らかとなる。

ただし，ネットワーク構築について留意すべきは，信頼に基づく人間関係を構築すること，言い換えると人脈を形成しなければ使命を果たし得ないことである。

なお，P. ラディン（Paul Radin），K. ケレーニイ（Karl Kerenyi），C. G. ユング（Carl Gustav Jung）によれば，トリックスター（trickster）とは，創造者にして破壊者，贈与者にして反対者，他を騙し自分が騙される存在である。神話や昔話の世界に登場し，既存社会の道徳，秩序を揺さぶる一方，文化を活性化する役割も果たす。その特徴は，①反秩序・無秩序　②詐欺師・ペテン師・いたずら者　③道化・道化師　④露骨な性欲・食欲の4つである。トリックスターは，元来，境界の存在でもある（ラディン・ケレーニイ＆ユング，1974）。境界とは，2つの領域の狭間の部分であり，2つの領域にかかる存在であるだけでなく，それは，領域の中心部から見た周縁部をも指す。周縁に住むトリックスターの役割は，周縁部から立ち上がり，秩序を破壊することによって中心部を揺さぶることである。中心と周縁とは，現代思想の普遍的な考

え方の1つであり，中心＝共同体の秩序はしばしば，周縁＝無秩序の混沌から刺激を受けることにより，硬直した状況を打ち破り，活性化を促される必要がある。共同体に秩序は，一度破壊され，その後新しく再生することによって健全な状態を保ち得る。破壊をもたらして再生を促す存在こそが，周縁＝混沌に属するトリックスターである。

プロデューサーは自ら表現者として聴衆の前に現れないものの，出演者を通して創造的破壊，挑発も起こし得る存在である。矛盾する，あるいは，対立する概念を統合し，その対立する双方の要素を解決する意味で，プロデューサーはトリックスターといえる。

最終的には必要となるのは，ネットワークを越えた人脈である。人脈は当事者の信頼と価値を共有しないと形成されないのであり，ネットワークのレベルにとどまらず，人脈の形成に至ることが大切である。そのためには，地道な成果の積み上げがすべてである（境，2010）。

2 デザインを中心とする多様な思考法による重要要素の抽出

(1) 分析と総合

思考法は実践的かつ創造的な問題解決もしくは解決の創造についての形式的方法であり，将来に得られる結果をより良くすることを目的としている。この点において解決志向の思考方法ということができ，特定の問題を解決することではなく，目標を起点に据えている。問題に関する現在と未来の条件とパラメータを考慮することにあり，代替となる複数の解決方法が同時に探求される。

分析と総合という言葉は（古代）ギリシャ語を語源としている。一般的には，分析とは概念的・実体的な全体を部分や構成要素に分解する手続きのことを指す。総合はそれとは反対の手続きであり，分離された要素や構成要素を一貫性のある全体にまとめることである。しかし，科学的方法としての分析と総合は常に並行関係にあり，互いに補完し合う。あらゆる総合は先行する分析結果か

ら出来上がるものであり，あらゆる分析は後続する総合によってその結果を確認・修正することを求められる（Ritchey, 1991）。

(2) 発想と論理

新しいアイデアを創造するための思考法は大きく「発想」と「論理」の2つに分けられる。飛躍したアイデアを得るための発想と，手堅く展開して決めるための論理である。そして各々のツールには役割と限界がある。

(3) 発散思考と収束思考

可能な限り多くの解決を拡げて探るためには，発散思考（divergent thinking）が必要である。その後でこれらの可能性を1つの最終案に絞り込んでいくためには，収束思考（convergent thinking）が求められる。発散思考とは1つのテーマについて通常とは異なるユニークで多様なアイデアをもたらす能力であり，収束思考とは与えられた問題に対して1つの「正しい」解決を見つけるための能力である。

(4) デザイン思考

科学における思考法としてデザイン（design）をとらえたのは，H. A. サイモン（Herbert A. Simon, 1916-2001）であり，その著書『システムの科学』に見られる（サイモン，1999）。またデザイン工学分野ではR. マッキム（Robert McKim）による『視察の経験』（"Experiences in Visual Thinking"）にも見出すことができる（McKim, 1973）。

一方，P. G. ロウ（Peter G. Rowe）の『デザインの思考過程』は建築家と都市計画者が用いる方法とアプローチを記述しており，デザイン研究において「デザイン思考」という言葉が用いられた初期の文献といえる（ロウ，1990）。さらにデザイン思考のビジネスへの応用は1991年に米国のデザインイノベーション会社，IDEO を創立した D. ケリー（David Kelley）によって開始された（Brown, 2009）。

デザイン思考が注目を集めたのは，2005年にスタンフォード大学に d.school が創設され，Business Week 誌が "design thinking" と題した特集号を発行したことを契機としているといわれている。さらに2008年，ハーバードビジネスレビューに IDEO の CEO，T.ブラウン（Tim Brown）が "IDEO Design Thinking" を発表したのを契機に，ビジネス領域での関心が高まった。

ブラウンによれば，デザイン思考は，デザイナーの感性と手法を用いて，実行可能なビジネス戦略を駆使しながら顧客価値と市場機会の創出を図るものと理解される（ブラウン，2014）。デザイン思考を行動に移すことのできる組織づくりも重要となる（ブラウン＆マーティン，2016）。

我が国でデザイン思考を実践，研究する奥出直人氏は，「デザイン思考は顧客を発見し，その顧客を満足させるために何を作ればいいか，つまりコンセプトを生み出し，そのコンセプトをどうやって作るのか，さらには顧客にどのように販売するのかまで考えるビジネス志向の方法である」とより具体的な定義を行っている（奥出，2012）。

(5) 思考法の分類

三谷宏治氏によれば，思考法とされるものは，およそ20の思考法に整理される。最初に，①発想　②論理　に分類し，さらに，③発散，拡げる　④収束，絞るという2つの観点からマトリクス化した結果，4つに分類できることになる。最後に，⑤デザイン思考を配置している。20の思考法は以下の通りである（三谷，2012）。

```
＊発想×拡げる
    ブレイン・ストーミング，逆ブレイン・ストーミング，オズボーンの
    73の質問
    マンダラート，類比，異視点，JAH
＊発想×絞る
    KJ，直感投票
```

> *論理×拡げる
>   ロジックツリー，プロセスフロー，ベンチマーキング，アンゾフ・マトリクス，TOWSマトリクス，トレード・オフマトリクス，重要思考
> *論理×絞る
>   演繹（帰納／仮説的推論）
> *デザイン思考
>   観察，デザイン思考　試作，デザイン思考　テスト

　思考とは，最終的に「拡げる」「絞る」こと，ならびにその繰り返しに尽きる。拡げるための技があり，絞るための型がある。先人は「思考法」（思考の技と型）を開発してきたのである。デザイン思考はアイデアの「積み上げ」によるプロセスであり，「ブレイン・ストーミング」の段階ではアイデアの幅に制限を設けることはほとんどない（Robson, 1988）。これにより，参加者の失敗に対する恐怖は小さくなり，アイデア出しの段階で広く多様な情報源を用いることができる。「箱の外に出て考える（out of the box thinking, outside the box）」というフレーズはブレイン・ストーミングの目標の1つを表現している。それにより，与えられた状況下における隠された要素と曖昧さを発見することが容易になり，誤った前提を発見する一助ともなる（ブラバンデール＆イニー，2013）。

(6) デザイン思考に関するステップと留意点

　サイモンによれば，デザイン思考には以下の7つの段階があるとする。それは，定義（define），研究（research），アイデア出し（ideate），プロトタイプ化（prototype），選択（choose），実行（implement），学習（learn）。この7段階を通じて，問題が定式化され，正しい問題が問われ，より多くのアイデアが生み出され，そして最高の答えが選ばれるのである（サイモン，1999）。これらの段階は線形的ではなく，同時に発生することもあれば繰り返されること

もあり得る。マッキムはプロセスをより簡素に表現し，「表現―テスト―サイクル（Express-Test-Cycle）」とした（McKim, 1973）。また，W. A. シュハート（Walter Andrew Shewhart）／W. E. デミング（William Edwards Deming）の PDCA サイクルや丸幸弘氏の QPMI サイクルもデザイン思考の一種といえる（丸，2014；境，2015d）。

　観察から洞察を得て，仮説を作り，原型／プロトタイプを作り，それを検証し，試行錯誤を繰り返して改善を重ねながらモノ（製品／サービス）を創り出す」創造的なプロセスだと理解できる。その際，「人」「現場」に注目し，観察を通じて，人々の行動や思考，コンテクストをありのままに理解することからスタートするところが特徴となる。

　本節では，H. A. サイモンの考え方（サイモン，1999）をさらに縮約した須藤順氏によるデザイン思考を以下，紹介したい（須藤，2015）。それは以下の5つのプロセスで展開されるとされる。

　　共感（Empathize）→問題定義（Define）→アイデア創出（Ideate）→原型／プロトタイピング（Prototyping）→検証（Test）

❶　共　感

　共感（Empathize）は，実在のユーザーを見つけ，観察するためにフィールドワークやインタビュー，参与観察を行い，ユーザーが抱える本当の課題や問題，求めているものは何かを見つけ出す段階となる。はじめから具体的な仮説構築を行うのではなく，ユーザーの日常生活や行動や思考の様式，置かれた状況を，五感を生かして理解し，気づきを獲得することを目指す。

　共感段階では，目に見える行動や言動だけではなく，その背景にある心情や価値観に近づくことが重要となる。実際には，異なる専門性を有する4～5名のチームを作り，想定されるユーザーのもとへフィールドワークを実施する。そして，観察を通じて得られたデータ（フィールドノート，写真，映像，音声など）をチーム内で整理，分類，解釈を繰り返し，ユーザーの体験や経験，主観を可視化し，新たな気づきを獲得する。

❷ 問題定義

　問題定義（Define）は，観察を通じて明らかになったユーザーの実態から，ユーザー自身も気づいていない本当の課題や目的を絞り込み，目指すべき方向性やコンセプトを定義する段階を指す。その際，できる限りユーザーの物語や背景にある価値観への深い洞察を行うことが求められる。

❸ アイデア創出

　アイデア創出（Ideate）は，定義された目的や方向性を実現するためのアイデアを量産する段階である。この段階では，ブレイン・ストーミングやアイデア創出技法が活用され，質よりも量を重視し，考えられ得る様々なアイデアを創造する。そして，できるだけ多くのアイデアスケッチを描き，シナリオ（scenario）や物語（story）を作り上げる。

❹ 原型／プロトタイピング

　原型／プロトタイピング（Prototyping）は，アイデア創出のステップで出されたアイデアの簡易なプロトタイプを作成する段階である。ここでは，コストをかけず，できるだけ安価で，かつラフなプロトタイプを作成する。

　その目的は，新たな学びを獲得するためである。この段階で重視されるのは完成品を作ることではなく，必要最低限の機能を有したものである。紙を使ったペーパープロトタイピングや，POP（Prototyping on Paper）などのアプリケーション，ストーリーボードや動画などが活用される。

❺ 検　証

　検証（Test）では，作成されたプロトタイプを実際のユーザーに使用してもらい，当初の目的が達成できているのか，想定している機能が有効に働いているのかなどを確認し，ユーザーの生の声を基にアイデアの検証やブラッシュアップにつなげていく。なおここでは，もし「当初の想定が機能していない」と判断されたとき，すぐに構築されたアイデアやプロトタイプを作り直す。

　デザイン思考では，この5つのプロセスを反復的に繰り返し，徐々に完成へと近づけていく非直線的なアプローチといえる。例えば，検証の段階で当初想定した機能が提供できないと分かれば，もう一度コンセプト設定のために，問

題定義の段階に戻ったりすることもある。

　プロデューサーは従来，半ば永続的な存在である組織・企業等のなかで役割を果たすことを求められた。しかし今日，官僚型組織のもつ継続性ゆえの固定性の限界を踏まえると，永続性を前提としない，ある意味で緩い関係性でつながるネットワーク型組織やプロジェクトごとに形成される組織におけるリーダーとして，また自由で柔軟な感動・価値創造者としてのプロデューサーの役割が重要となっている。そしてプロデューサーは，アート・プロデュースに関わる取り組むべき課題をデザイン思考のプロセスを通して実践することに留意する必要があろう。

　ただ，思考法を学ぶ上での注意点がある。それは，技の量ではなく，限られたものを選び，それを繰り返すべき点である。一方，各々のツールには目的があり，限界がある。思考法のツールは，目的と限界を知った上で，徹底的に使い込むことが重要となる。

　また，デザイン思考を実践する上では，社内や業界に目に見えない障害が存在する。障害とは，「常識」の存在である。特に，社内や業界の成功体験の中に無意識に常識が障害となって存在する状況に気がつかない場合もある。さらに管理者層にデザイン思考を理解できる人材がいなければ，イノベーティブな提案が現場から上がっても，具現化することは難しい。その意味で，管理者クラスがデザイン思考を体験する必要もある。

3　戦略情報の抽出と意思決定

(1) 戦略情報の必要性

　今日のビッグデータ時代にあって，個人や組織，企業の意思決定（decision-making）に必要となり直ちに実行に移せる戦略的に重要な情報をいかに機能的，合理的に抽出し，それら判断基準をもとに意思決定できるか。この問いはプロ

デューサーのものである。

　分析から重要度，有効性の高い戦略情報を導き出すためには，対象を何らかの尺度（基準）によって適切にグループ分け，セグメンテーション分けをする必要がある。まず，「知りたいこと」を決め，それを知るためにはどのような指標で対象をとらえればよいか，仮説を立てて実際に分析を行い，有意な結果が得られるまで検証のサイクルを繰り返す。以上の手法は，目標・目的を達成する上で，重要な（決定的な）影響を及ぼす要因，重要成功要因（KSF）または重要業績評価指標（KPI）を見つける過程であり，同時に戦略情報を抽出する過程ともなる（境，2016a；2016c）。

(2) actionable intelligence(AI) の意義

　シンガポール国立大学ビジネススクールのK. カーター（Keith Carter）はアクセンチュア（Accenture）のコンサルタント，米国化粧品大手のエスティ・ローダー社（ESTEE LAUDER）におけるSCM責任者などの経験から，戦略的マーケティングやビッグデータ分析の視点から，必要な情報が"actionable"，すぐに使える状態で担当者の手元にあったかどうかであると指摘する（Carter, 2014）。

　情報をビジネス上の成果へと結びつけるためには，単に情報を蓄積するだけでなく，適切な情報を適切なタイミングで適切な人に伝え，いわば，actionable intelligence(AI)，すなわち直ちに実行に移せる判断基準となる情報として活用されなければならない。企業においては経営陣や現場のスタッフが正しい判断を下せるよう，いかにデータを加工・伝達すべきかが課題となる。

　何らかの判断を求められる問題が発生したとき，そこにある余裕は数時間であり，IT部門にデータの加工を依頼し，必要な情報にアクセスするための許諾を得ている時間はない。

　ビジネス情報（business intelligence：BI）ツールを導入しても，具体的な成果が上がっていない企業の場合，情報が伝えられる過程で，その鮮度が失われており，正しい判断が下せていない。

日々，経済環境が変動する中，上記のようなスピード感で意思決定する必要があるものの，データ分析のレポートが，膨大なコストをかけて，1週間や数週間後に出るような状況では，役立たない。情報を瞬時に可視化・分析できるツールとして，Microsoft社のExcelが重宝されている理由も理解できる。そして実際に直ちに実行に移さなければならない。

プロデューサーは個々のアーティスト，クリエーター，経営者など様々な人から戦略情報（intelligence）を得るばかりでなく，当事者間の情報共有，協調，情報やデータを活用する気風，企業文化づくり，事後統制（事後検証）を行える環境づくりを積極的に図る必要があろう（クリックジャパン，2015）。それこそがAIの実現にほかならず，感動・価値創造に有益といえるのではないか。

(3) 情報抽出の事例ならびにその考察

アート・プロデュースにおいて，行為する主体は"producer"，アートを創造する行為は"produce arts"，その成果（客体，作品）は"arts production"と表現されることはすでに述べた。ここでは，アート・プロデュースにおいて，行為と作品に必要となる戦略情報（intelligence）をどのように抽出するか，その具体的な方法に関する考察を試みる。

すでに述べた発想法やデザイン思考のなかに戦略情報の抽出と具体的な課題の分析を行える技法がいくつかある。具体例としては，まず，ブレイン・ストーミングは，集団でアイデアを出し合うことによって相互交錯の連鎖反応や発想の誘発を期待する技法である。次にブレイン・マップは，知識・アイデアの分類や創造，イノベーションの手法として，6W2H（第8章1参照）による要件整理を行った後に8つの項目にあわせて課題解決の方策を検討する方法である。

❶ ブレイン・ストーミングの事例

ブレイン・ストーミングは，集団でアイデアを出し合うことによって，相互交錯の連鎖反応や発想の誘発を期待する技法である。進行上の原則は，結論厳禁，自由奔放，質より量，結合改善の4つである。

2015年6月，東京都に在住する経営者，実務家28名が筆者の担当する成城大

[図表9－1］ ブレイン・ストーミングの事例1

|課題A|：アートそのものを対象にビジネスを行う場合|
|課題B|：アート（感性）を駆使してビジネスを行う場合|

・アートの意味，提議の確認。　　・各要因の関係，要因の結びつき。
・結果を出せない原因。　・アートとビジネスをいかに結びつけるか。

Aグループ

直観＋積み上げ (H)	アートとは ①アートというものだけでなく ②人が感動するもの ③美しいもの ④物の価値を高めるもの ⑤伝統文化，生活芸術 (O)	無名の人がアートをプロデュース＆マネジメントするにはどうしたらよいか？ アートを提供する人の価値を高める？セルフプロデュース？ (O)	アートとは… 人を感動させる美 エクスペリエンス 競合という概念が存在しない (S)	アートの意味 　建築的観点から 物の価値を高める装置 機能美の追求 感動を呼ぶもの 美意識を持つこと 　西洋の美↔日本的な美 コラボレーション (T)
アート 　人が生み出すモノ，センス (H)	アートは その人それぞれ (M)	・新しい創造の方法にコラボレーション手法があるのでは。 そのヒントは感性にある。 (E)	アートがビジネスに変換すると，競合という概念が発生する (S)	
伊藤若冲が初めてアメリカで売れて，why 日本で売れるようになったのか？ (KK)	アート　なんでつくるか 　飾りでもよい ☆ケーキのデザイン：楽しいセンス，生活文化，伝統，芸術 感動商品　アート ツタヤ家電　空間 心地よさ 様式美 (KK)	審美眼を磨くこと 美にかかわる中で育つ 様式美→心地よさ ＋αの美→新鮮（刺激） (W)	① アートには終わりがない →創って壊しまた創るの繰り返し →新たな価値を生み出し続ける マリア・カラスの有名な言葉 "歌に関して言えば私たちは一生学生よ" (W)	② ・あくなき探究心 ・あきらめない ・自分らしさ (W)
アートをビジネスにするためにセルフプロデュースするできない言い訳はしない (KK)	アートって物だけではない つくりだす空間 生み出す工程 くらしそのもの くらし (KK)	アートをつくりだすビジネスを構築する 基本・基礎をしっかり学ぶこと 伝統 (KK)	新しい価値をつくりだす ⇒きちんとしたマーケティングに基づく ⇒創造 　ここちよさ ex. 他業種のコラボレーション (KK)	私は見るのが好きだけれど 何も考えたり働いたりする気のない人 全員働いたら世の中混み合う (O)

注："歌に関して言えば，私たちはみんな死ぬまで，学生なのよ"

（出所）　図表9－1～4については，いずれも木村圭子氏の整理による。

第9章　プロデューサーによる感動・価値創造の過程

[図表9－2]　ブレイン・ストーミングの事例2

|課題A|：アートそのものを対象にビジネスを行う場合
|課題B|：アート（感性）を駆使してビジネスを行う場合

・アートの意味，提議の確認。　・各要因の関係，要因の結びつき。
・結果を出せない原因。　・アートとビジネスをいかに結びつけるか。

|Bグループ|

			アート 狭義に芸術作品そのもの （美術・音楽・演劇など） 広義　感動を与えるもの全て ↓ 生活のすべてに感動するもの ↓ 生活そのもの ↓ 日常・非日常すべて ↓ ビジネス 　　　（MT）	どこにもないもの オリジナリティ だから　触れたい 　　　　観たい 　　　　欲しくなる 　　　　　（AN）
・アート＝クリエイティブ 　→作り出すこと ・人が喜ぶ物，心が感動する ・感動と価値の分岐点 　　　　　（TK）	経営は自分の会社を描く 商品で差別化 （おいしい） （安い） （新しい） サービスで差別化 （やさしい） （気付） （○○情報） 　　　　　（M）	アートは世界観 テーマパーク ピアニスト 　五感に訴える 建築家　コストと感動の分岐 アートの感性　感動 デザイナー　感動 映画監督　差別化，コスト 　　　　　（M）		芸術 ビジネスは同じではないでしょうか これにブランドも加わると思う 　　　　　（AN）
・ビジネス＝アートの認識 ・アート＝芸術 ・五感→技術が必要 ・現代アートは？の部分が ・民芸品は美術館寄り ・アートでないものって何？ 　　　　　（TK）	・アートとビジネス 　→仕込みの世界 ※何かを発見できる感動を体験 　　　　　（T）	アート －五感に訴える －創造すること －感動を与える 　　　　　（YN）	アート？ |非日常|＝|日常| つなげるものがマーケティング ↓ ビジネス 　　　　　（M）	五感を動かすもの ↓ しかし五感は人それぞれ… 　　　　　（M）
・アート 　：世界観と感動 　非日常と日常 　感動と感性のゆさぶり 　　　　　（K）	アートの定義 －五感に訴えるもの －感動 －世界観 －数値，定量では判断できないのがアート？ 　　　　　（KR）	アートとビジネスをいかに結びつけるか？ 非日常と日常を結びつける ↓ マーケティング ビジネス＝アート 人を集める力＝発信力 　　　　　（YN）	「アートは人間が喜ぶもの」とおっしゃった方がいますが同感です。 現代アートの名のもとに何でもあり（気味の悪いものを展示）というのはアートと言えるのでしょうか… 　　　　　（HO）	思想・哲学・世界観を形にしたものがアートなのでは 伝えたいことがある，ということが大切なのでは，と思います。 　　　　　（HO）

[図表 9 – 3] ブレイン

課題A：アートそのものを対象にビジネスを行う場合　課題B：アート（感性）を駆使し
　・アートの意味，提議の確認。　・各要因の関係，要因の結びつき。　・結果を出せない原因。

・アートの意味，提議の確認	・各要因の関係，要因の結びつき
アートは自然に発生するもの アートは，"もの"をつくりだすこと アートは，人のくらし，ひとの生き方，そのものかもしれない 例えば 　千利休　自由と個性 　柳宗悦　用の美，民芸の美， 例えば ・大地の芸術祭　越後妻有アートトリエンナーレ 　http://www.echigo-tsumari.jp/ ・ベネッセアートサイト直島 　http://www.benesse-artsite.jp/ ・横浜黄金町バザール 　http://www.koganecho.net/contents/koganecho-bazaar/ ・世界遺産 ・島根県石見銀山の熊谷家住宅復活事業 　http://kumagai.city.ohda.lg.jp/ アートって　楽しい，美しい，ここちよい，いろいろなことが嬉しくなる 　いろいろぜんぶつながっている	アートは，"もの"をつくりだすこと 例えば 　千利休の場合 　　自由と個性＝既成の概念を壊す 　　たどり着くまでの努力，学習 　　チャンスの掴み方 　　売り込む相手の見極め 　　　　　⇩ 　　　セルフプロデュース 　自分の価値を相手に認めさせる 　　　　　⇩ 　　新たな価値が生まれる ・文化が生まれ，伝統がうまれる ・プロダクト製品，ものづくり ・都市空間 ・観光 ・スポーツ ・食にまつわるもの 例えば ・大地の芸術祭　越後妻有アートトリエンナーレ 　http://www.echigo-tsumari.jp/ 　1．人間は自然に内包される 　2．アートを道しるべに里山を巡る旅 　3．世代，地域，ジャンルを超えた協働 　4．あるものを活かし，新しい価値をつくる 　5．ユニークな拠点施設 　6．生活芸術 　7．グローバル／ローカル

・ストーミングの事例3

てビジネスを行う場合
- アートとビジネスをいかに結びつけるか。

・結果を出せない原因	・アートとビジネスをいかに結びつけるか
アートあるいはビジネスに対して， おもいこみで押してしまう 「これは素晴らしいのだから，」 「あなたのためになるのだから」 きちんとしたマーケティングの不足 ・ターゲット， ・ポジショニング ・差別化の戦術， 市場調査不足， 　向かい合う相手が誰なのかを考えていない 流れ・将来の姿をを見通す目の不足 　企画，戦略，戦術，価値のフォロー	付加価値をつくり出すこと 付加価値の論理を構築する 　⇒理屈をつけて，相手の世界に入り込む 例えば　いい意味では 　　　　　　　人のためになること 例えば　悪い意味では 　　　　　　　幻惑させる，思い込ませる， ・アートとビジネスを結びつけるために必要なこと 基本の学習，基礎知識の習得， これらを踏まえた上で，新しい価値をつくり出す きちんとしたマーケティングに基づく創造 ・他業種とのコラボレーション 大きいものも，小さいものも 結びつくことで生まれる価値がある 　　　　　　　　　　　驚き＝人目を引く 　　　　　　↓ 結びつくものは大企業だけとは限らない 私たちのくらしから気づくこと 　人に伝えたいと思うこと でも，ほんとうは自分が楽しむこと 例：石見銀山「群言堂」の展開 http://www.gungendo.co.jp/?cat=24

[図表9－4］　ブレイン

課題Ａ：アートそのものを対象にビジネスを行う場合　　課題Ｂ：アート（感性）を駆使して
・アートの意味，定義の確認。　・各要因の関係，要因の結びつき。　・結果を出せない原因。

Ａ　アートの意味，定義の確認

アートは自然に発生するもの
アートは，"もの"をつくりだすこと

アートは，人のくらし，ひとの生き方，
そのものかもしれない

アートって　楽しい，美しい，ここちよい，
　　　　　　いろいろなことが嬉しくなる
　　　　　　いろいろぜんぶつながっている

・アート＝クリエイティブ
　　　→作り出すこと
・人が喜ぶ物，心が感動する
・感動と価値の分岐点

アートとは
①アートというものだけで
　なく
②人が感動するもの
③美しいもの
④物の価値を高めるもの
⑤伝統文化，生活芸術

アートとは…
人を感動させる美
エクスペリエンス
　競合という概念が
　存在しない

アートって物だけではない

　つくりだす空間
　生み出す工程
　くらしそのもの
　くらし

Ｂ　各要因の関係，要因の結びつき

アートは，"もの"をつくりだすこと
自由と個性＝既成の概念を壊す
たどり着くまでの努力，学習
チャンスの掴み方
売り込む相手の見極め
⇓
セルフプロデュース

自分の価値を相手に認めさせる
⇓
新たな価値が生まれる

思想・哲学・世界観を形にし
たものがアートなのでは

伝えたいことがある，という
ことが大切なのでは，と思い
ます。

アート
　狭義に芸術作品そのもの
　　　（美術・音楽・演劇など）
　広義　感動を与えるもの全て
　　　　↓
　生活のすべてに感動するもの
　　　　↓
　生活そのもの
　　　　↓
　日常・非日常すべて
　　　　↓
　ビジネス

第9章　プロデューサーによる感動・価値創造の過程

・ストーミングの事例4

ビジネスを行う場合
- アートとビジネスをいかに結びつけるか。

A 結果を出せない原因

> アートあるいはビジネスに対して，
>
> おもいこみで押してしまう
>
> 市場調査不足，
> 向かい合う相手が誰なのかを考えない

> 無名の人が
> アートをプロデュース＆マネジメントするにはどうしたらよいか？
> アートを提供する人の価値を高める？
> セルフプロデュース？

B アートとビジネスをいかに結びつけるか

> 付加価値をつくり出すこと
> 付加価値の論理を構築する
> ・アートとビジネスを結びつけるために必要なこと
> 基本の学習，基礎知識の習得，
> これらを踏まえたうえで，新しい価値をつくり出す
> きちんとしたマーケティングに基づく創造
>
> 大きいものも，小さいものも
> 結びつくことで生まれる価値がある
> 　　　　　　　　驚き＝人目を引く

> アートがビジネスに変換すると，競合という概念が発生する

> アートとビジネスをいかに結びつけるか？
> 非日常と日常を結びつける
> 　　　　↓
> 　　マーケティング
>
> ビジネス＝アート
> 　　　　人を集める力＝発信力

・つくり手の意識：プッシュとプル　差別化はどこから生まれるのか

A つくり手の意識

> ・アート：世界観と感動
> 　　　　非日常と日常
> 　　　　感動と感性のゆさぶり

> アート
> －五感に訴える
> －創造すること
> －感動を与える

B つくり手の意識

> アートは
>
> その人それぞれ

> ②
> ・あくなき探究心
> ・あきらめない
> ・自分らしさ

学「成城　学びの森」(コミュニティーカレッジ, 生涯学習講座) にてブレイン・ストーミングに参加した。28名を以下の問題意識に従って各14名の2グループに分けた（第20章3参照）。

- Aグループ：アートそのものを対象にビジネスを行う経営者，実務家
- Bグループ：アート（その感性）を駆使してビジネスを行う経営者，実務家

各グループで論じたテーマは以下の通りである。その過程が**図表9－1**から**図表9－4**までに集約されている（木村，2015）。

- アートの意味は何か。その定義を再度，確認する。
- アートとビジネス，各要因の関係，要因の結びつきは何か。
- 企業がイノベーションを志向しながら，結果を出せない原因は何か。
- アートとビジネスをいかに結びつけるか。
- ブランド（ブランドとしての力）を確立する／高める要素は何か。
- どのようにブランドを受け手(大衆・消費者・顧客)に伝達・説得するか。
- 価値創造をどのように行うか。

その結果，重要な情報として以下のアート情報（arts intelligence）とビジネス情報（business intelligence）が抽出された。

ビジネス，アート，不均質，ブランド，存在感，共感，均質，ブランディング，マーケティング，五感・脳，ビジョン，感動，価値，創造，感性，地域，日常，非日常，全体最適，部分最適，訴求，物語，技術，プロデュース，マネジメント

さらに，これらの情報は単独の形だけでなく，相互に組み合わされた形でも認識されていた。

❷　ブレイン・マップの事例

事業創造（事業計画）では投資家が投資の決定をする際の重要な判定要素とする。すでに述べたように，6W2H(Why, What, Where, Whom, When,

第9章　プロデューサーによる感動・価値創造の過程

[図表9－5]　ブレイン・マップの事例

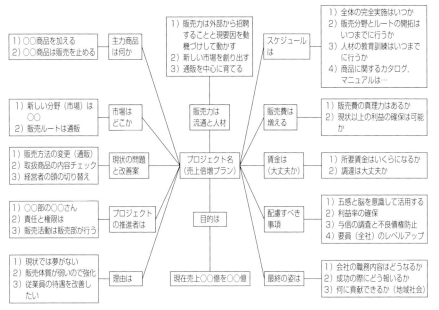

(出所)　中山進の配布資料（2014年）をもとに再構成。

Who, How to, How Much) が相当する。知識・アイデアの分類や創造, イノベーションの手法として, いくつかの手法が知られている。フィンランドのカルタ, 英国のマインドマップはその好例である。

　これに対して, 中山進氏は, 6W2Hによる要件整理を行った後に, 8つの項目にあわせて再編成していくブレイン・マップを考案した。事業やイベントなどの企画, イノベーションは「大自然の原則」, すなわち, 循環, 変化, 調和, 協調・愛の存在を基本とする, という考え方が中山氏の見解である（中山, 2015）。

　ここでは, 売上倍増プランを目標（ゴール）として設定し, 6W2Hの視点からそのために必要となる要素, 要因を抽出した。

4 ブランド構築ならびにブランディング手順

　ブランド (brand) やブランディング (branding) に対する意識をもち，それを構築する行為はプロデューサーに求められる資質であろう。改めて，顧客にとってのブランドの機能を整理すると，(1)購買までの時間や費用を節減する「識別」，(2)購買リスクの低減・回避に役立つ「品質保証」，(3)それを自己表現の手段にする「意味づけ」があるといわれる。一方，企業にとってブランドの機能には，(1)競争者との差別化，(2)顧客ロイヤルティによる長期的かつ安定的な収益の確保，(3)プレミアム (premium，割増金) 価格による利益増加　があると考えられる。いずれにせよ，ブランディングによって，企業は人材，販路，取引先，資金，情報，技術など経営資源の調達力を強化することが可能となる。

　そして実際のブランディングには以下の過程・手順が想定される。プロデューサーは自らそのすべてを行わなくても，その過程や手順を理解する必要がある。

(1) 対象顧客とポジショニング (positioning) の決定

　最初に行う環境分析では，3C分析，SWOT分析，PEST分析などのフレームワークを用いて，自社や競争者の強み・弱みや現在の環境，競争者との差異，顧客のニーズの明確化を行い，参入する市場，製品カテゴリーや対象顧客などの「競争する場」を決定する。

(2) ブランド・アイデンティティの決定

　環境分析をもとに「競争する場」を決定したあと，対象顧客がブランドに対していかなる印象や価値を保持させ提供できるか，などのブランド・アイデンティティを決定する。

(3) アイデンティティのコードとスタイルへの落とし込み

アイデンティティをもとに，可視的メディアの源泉となるコードとスタイルを決定する。

(4) アイデンティティの可視化

クリエイティブの作成とメディアの選定を行う。コードとスタイルをもとにクリエイティブを作成して，発信するメディアを選定する。宣伝広報などの動画メディア，雑誌の紙媒体などメディアによって消費者特性や予算が変わるため，コミュニケーションの方法も変わる。メディアの選定は，対象顧客に効果的にアプローチできるか否かを基準に行う。

第Ⅱ部　アート・プロデュースの枠組み

第10章　五　感

1　脳科学の知見

　人間にとって，知性や感性を含めた判断力を磨くために「感動」が重要な役割を果たしている（ムラヤマ感動創造研究所, 2012）。アーティスト，クリエーターが伝えようとする創造への情熱を受け止める媒体が「感動」に相当する。そして人にアートの価値と共感を提供することがアート・プロデュースであり，アート・プロデューサーが担う役割でもあると考えられる。

　当研究において，五感（five senses），感情，感動，感動・価値創造（inspiration creation and value creation）などの現象を取り扱う場合，自然科学，特に近年進展の著しい脳科学の貢献度は大きい。ただ，今後の解明が待たれる領域も少なくない。

　ダマシオ（Antonio R. Damasio），茂木健一郎氏によれば，一般的に人間の心的状態は，身体に感覚に関連した無意識な「情動」と意識的な「感情」に分類される。情動は，ある刺激を受けると生命維持装置としての身体の変化をいい，感情はその変化による思考につながる。情動には外部刺激（五感など）によるものと，体内からの内部刺激（内臓の痛み，熱）がある。また血液系の生体物質による刺激がある。また，刺激を受けた情動は瞬時（本能的）に「快・不快」の2つに判断反応する。「快」は安全と判別し，「不快」は生命維持の上で重要な装置であり，危険・拒否・防衛・警戒として反応する。そして，この段階で刺激（興奮）の程度により，表情等で表現することのある一次感情（ソマティック・マーカー説），次に感情機能に進み二次感情として，「快」は「喜

び，感動，素晴らしい，面白い，楽しい，美しい」と「不快」は「悲しみ，怒り，驚き，恐怖，嫌悪」などと表現され，思考につながる。脳科学では，感動とは「快」から発生する喜びの表現のひとつとされる。

またダマシオは，五感を刺激し，感動を引き起こす具体的な物語をつくる際に，「意外性」と「なつかしさ」をあげている。前者は，それまでの見方が新しい見方へ転換し，見方を変えて物事をとらえ，解決した際の解放感や感動体験を指すと考えられる。後者は「郷愁」というよりも，物事を自らの暮らしや人生に感情的に引き寄せたり，照らし合わせたりして起こる心の騒ぎ，引き寄せた結果の，森羅万象との一体感，自己体験との照応，「大きな物語」との連帯などにより起こされる深い感動体験を指すと考えられる（ダマシオ，2005；2010；茂木，2007）。

2 五感分析による事例

ここでは，榎本正氏の五感分析を用いて，パッケージ「クッキー菓子ケース」，「ラップ紙箱ケース」の考案の事例をとりあげる（榎本，2015）。五感はブランディングにも有効な視点である（博報堂ブランドデザイン，2006）。

①視覚：コンセプトを表現する印刷や形状（角箱，丸筒，変形）を検討する。
- ポップアップなど動きのある立体的な表現をとる。
- 触りたくなるよう楽しさ，飛び出す絵本のように表現する。
- 人気キャラクターの採用・アートシャルなデザインを採用する。

②聴覚：箱の開け閉めにより，音を出す。ロックされたときに発生する音に注目する。
- 開閉の確認，中身の保護が確認できる安心感を表現する。
- 触る位置によって異なる音が出る。仕掛けのある面白グッズの装いを創造する。

③触覚：表面の凹凸により，メッセージを伝える。視覚に頼らない伝え方，

弱視者にも対応する。
- 凹凸の位置と形状により「使い勝手」を知らせる。安全で使いやすい形状を採用する。
- 印刷面の凹凸で立体感を表す。

④臭覚，味覚：デザインの工夫により食欲を誘う。

　以上の創意工夫により，第1に，パッケージの細かな表現とメッセージは，無意識に商品への信頼と好感を得る。第2に，ブランドイメージを高め，新たなブランドを創る。

　五感はもちろんのこと，さらに第六感，言い換えると直観（インスピレーション）は感動・共感につながる。

[図表10－1] クッキー菓子ケース　　　[図表10－2] ラップ紙箱ケース

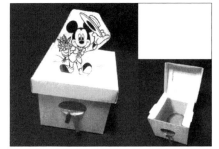

（出所）　榎本正氏の資料より掲載。2016年

　図表10－1のクッキー菓子ケースでは，ミッキーが蓋の上に付けられ，触りたくなる楽しさがある。パッケージはクッキー菓子の美味しさだけでなく，明るさ，楽しさ，製作者の思いを伝える。一方，**図表10－2**のラップ紙箱ケースでは，印刷だけでなく，表面の凹凸により細かなメッセージを安全で正確な使い方を伝える，弱視者に配慮している。

　この結果より，五感分析では，五感ごと企業から対象者・顧客への訴求点を整理することができることがわかる。

3 アート・プロデュースと五感の関係

　ダマシオの指摘する「感動」の果たす重要性を踏まえると，人間の五感の重要性も理解されるところである。アーティスト，クリエーター，経営者らは，五感を全面的に活用し，手触り，香り，味わい，色彩，音・響きに訴える価値を創造する。その事例は筆者による『アート・プロデュースの現場』『アート・プロデュースの仕事』『アート・プロデュースの未来』の事例に多数みられる（境，2010；2011c；2015a；2015c）。既発表の論文では，アート・プロデュース論の分析枠組みをアーティスト，クリエーター，経営者等のインタビュー調査を通して整理・考察し，感動創造をめぐり，アートとビジネスの新たな組み合わせを探り，プロデュースとマネジメントの方法論を検討した（境，2016a）。ここでは，アート・プロデュースと五感の関係を，五感の観点から分類した。この結果からわかることは，五感のなかでも視覚，聴覚に関わる情報がアーティスト，クリエーターらの創造テーマに大きな割合を占めていることである（博報堂ブランドデザイン，2006；リンストローム，2005）。

　なお，ある刺激に対して通常の感覚だけでなく異なる種類の感覚をも生じさせる特殊な知覚現象，共感覚（シナスタジア，synesthesia）が存在する。例えば，共感覚を持つ人には文字に色を感じたり，音に色を感じたり，形に味を感じたりする。共感覚の中でも，音楽や音を聞いて色を感じる知覚は「色聴」といわれる。似たような感覚として「音視」というものもある。これは色に形や音が聴こえるという色聴とは反対の感覚である。五感のなかで，共感覚が最も多く出現しているのは，まさに視覚，聴覚が該当する（サイトウィック＆イーグルマン，2010；シーバーグ，2012；ハリソン，2006）。

　また，特に「色と感性」を結びつけ，デザイン開発や商品開発，企業研修，教育など様々な分野において世界的に普及しているシステムとして，イメージスケール（the color image scale）がある。これは，小林重順氏ならびに日本カラーデザイン研究所（NCD）によって研究・開発され特許化もされており，

「心理軸上に感性語と配色を体系化したシステム」とも呼ばれている。当システムの特徴は，色が持つ意味（イメージ）を明らかにし，各色を相互に関連付けて比較判断できる単色イメージスケール，配色と感性語（形容詞）の研究によって開発された配色イメージスケール（特に3色配色が重要），そして3色配色のある中心点に感性語を配置して，その意味を体系化した言語（感性語・形容詞）イメージスケールが構築されている点にある（小林重順・日本カラーデザイン研究所，2001）。このうち言語イメージスケールは，イメージや人の好みに関する診断システムとしてプログラム化された。また，2012年に3D空間の中で感性と配色の関係を表示するシステム「新イメージスケール3D版」が開発され，国際特許に出願されている。

第10章 五感

[図表10－3] アート・プロデュースの事例と五感1

氏名	タイトル	職業・専門	視覚	聴覚	嗅覚	味覚	触覚
山本　冬彦	鑑るアートから買うアートへ	経営者・美術コレクター	1				
奥山　緑	演劇をプロデュースすること－公共劇場から考えること	演劇プロデューサー	1	1			
西原　梨恵	聴く衣裳，効く衣裳	衣裳デザイナー	1				1
阿部　勘一	大衆を創る－テレビにおける「プロデュース」論	社会学・研究者	1	1			
小林　義武	演奏様式と社会	音楽学・研究者	1	1			
梅若　靖記	能の勧進今昔	能楽師・プロデューサー	1	1			1
六世　杵家　弥七	伝承と発展	長唄・師範	1	1			1
千足　伸行	名画と戦闘機，または，モノとしてのアート	西洋美術史・研究者	1				1
山本　豊津	モダン・銀座・画廊	画廊・経営者	1				1
海老原　光	指揮台に生きる	指揮者・音楽監督	1	1			
安部　憲昭	公益法人が創りだす新たな食の取組み	総料理長・プロデューサー	1	1	1	1	1
春風亭正朝	落語のマーケティング論	落語家	1	1			
吉田　純子	民俗芸能とアートマネジメント	文化庁・文部技官	1	1	1	1	1
岡崎　哲也	歌舞伎座の125年	松竹・経営者・プロデューサー	1	1			

（出所）「アート・プロデュースの現場」，「アート・プロデュースの仕事」，「アート・プロデュースの未来」

[図表10-3] アート・プロデュースの事例と五感2

氏名	タイトル	職業・専門	視覚	聴覚	嗅覚	味覚	触覚
山田　宏	ピアノ調律60年	調律師	1	1			1
田中　誠	映画におけるアートとビジネスの境界線	監督，脚本家	1	1			1
相田武文	建築家の思考	建築士・研究者	1	1	1		1
島村信之	息吹を吹き込む	画家	1		1		1
北山研二	挑発するアートから共存するアートへ	広域文化論・研究者	1	1			
淡路　真	来客アートのブランド価値：観客が主役のファッション感覚の行列	経営者	1				
加藤雅幸	アート・イベントによる価値創造：飲食業での食とアートブランディング	コンサルタント	1	1	1	1	1
榎本　正	パッケージによる価値創造	パッケージ企画・製作	1				1
林　厚見	空間と事業の同時デザイン＆プロデュース：設計と不動産のコラボレーション	経営者・不動産プロデューサー	1	1	1		1
丸　幸弘	QPMIサイクルによる価値創造	経営者・農業サイエンティスト	1	1	1	1	1
中山　進	ブレイン・マップによる発想法	経営者・教育・企業文化創造	1				
天野正昭	マニュアルに表せない「やさしさ」，現代シャンプー論による「おもてなし」	経営者・理美容師	1	1			1
大庭泰三	ヴァイオリンプロジェクト「千の音色でつなぐ絆」	経営者・プロデューサー	1	1			1
合計			27	19	9	4	17

(出所)「アート・プロデュースの現場」,「アート・プロデュースの仕事」,「アート・プロデュースの未来」

第11章

プロデューサーの到達点
－萩元晴彦氏の言葉と FNSDIDB の要件

　プロデューサーの能力，資質を考える上で萩元晴彦氏の名言が注目される。萩元晴彦氏（1930-2001）はテレビ業界に名を留める名プロデューサーであった。彼は早稲田大学文学部露文科を卒業後，ラジオ東京（現，TBS）に入社し，数多くの優れた作品を制作した。その後，彼は1970年に同社を退社し，日本初の独立系テレビ番組制作会社・テレビマンユニオンを創立し，初代社長に就任した。萩元氏は特にクラッシック音楽に関する番組を数多く制作し，「オーケストラがやって来た」（1972〜1983年），「カラヤンとベルリンフィルのすべて」（1981年）などを手掛けた。彼は音楽プロデューサーとして番組制作に活躍するだけでなく，長野オリンピック（1997年）の開会式・閉会式の総合プロデューサー，カザルスホール開館（1984年）のオープニングシリーズ総合プロデューサーなども務めた。

　萩元氏の遺作は，病身で勝負に打ち込む棋士を描いたテレビドラマ「聖の青春」（2001年）であり，彼は最後まで創造の現場に立った。

　萩元氏のプロデューサー観を端的に表現した言葉が「ホルショフスキーへの旅－プロデューサーは何をするか－」『婦人公論』（1994〜1995年）に掲載されている。これは彼がテレビマンユニオンの新入社員に対して行った訓話ともいわれている。それは以下の13項目である。

（1）恋する

　恋する。恋せぬ者はプロデューサーではない。けれども，恋する相手は真物であること。能力に応じ，熱中できれば，何人に恋してもよい。誠実であること。恋人Aに恋人Bの存在を知られてもよい。会わせてもよい。AとBが恋し合えば，さらによい。

(2) 天才を相手にする

　天才を相手にする。天才である必要はない。「天才プロデューサー」は存在しない。「天才音楽家」だけが存在する。天才は「檻に閉じこめると死滅する」猛獣である。プロデューサーは猛獣使いでなければならない。それも檻から出た猛獣の。拮抗する"something"がないと，喰い殺される。プロデューサーは天才を相手にする。

(3) 説得する

　説得する。プランニングし，演技し，演出し，資金も用意できれば説得しなくてもいい。命令すればよい。プロデューサーは命令しない。技術を練磨して説得する。説得力は企画に対する確信と情熱から生まれる。まず企画。最後は魅力ある人間になること。いるだけで説得したのと同じ結果を得る。それが最高だ。全身全霊で説得する。

(4) 信じる

　アーチストを信じる。プロデューサーの基本はそのこと以外にない。yesと言う。革命はナインということ，芸術はヤーということとはフルトヴェングラーの言葉である。我々は革命家ではない。だから徹頭徹尾yesと言う。信じられるアーチストを作る唯一の方法は…，信じること。

(5) 哲学をもつ

　哲学はそこに置いてあるものではないから，拾ってくるわけにはいかない。自分で考え出さなければならない。その結果が前人と同じであってもいいが，不思議なことに借り物では役に立たない。

　プロデューサーは哲学を金主にも雇主にも，芸術家にも，スタッフにも，そしてお客さまにも明快に説明できなければならない。他人が理解できなければ哲学をもったことにならない。

(6) 夢見る

　夢見る。「プロデューサーに必要なものぜんぶ取り上げる。ただし，ひとつだけ残してやろう」と神さまが言ったとする。私ならば躊躇なく「夢見ること」と答えよう。プロデューサーは夢見る。夢見る——。言葉を換えれば「やりたいこと」がある。それがプロデューサーの絶対的条件だ。意外にも「やりたいこと」を持つのは至難である。あなたは今やりたいことがありますか？

(7) 植える

　植える。温室にではなく，大地に。ときには荒野に。植える，水をそそぐ，肥をやる，草を取る…，そして祈る。農夫と同じである。その作業で農夫が大声を

出すだろうか。すべては静かな声で行われる。「我は植え，アポロは水そそげり。されど育てたるは神なり」。パウロの言葉である。植える——競争の場を与える。そして見守る。

(8) 需要を作り出す

表面的な需要がないから供給できないと考えない。ものの需要は潜在しているにすぎない。人々は具体的にどういうものを欲しているか示せない。極論すると受け手にニーズはない。供給だけが需要を作り出す。需要を人工的に刺激するのではない。正しい考えで根気よく供給を続ける。方法はそれだけだ。プロデューサーは供給することで需要を作り出す。

(9) 統率する

プロデューサーの仕事は複数の人間とするものだから，組織の成員を統率して，その能力を最大限に引きださなければならない。統率する方法はさまざまだが，全員が室内楽奏者のような自由さのなかでいきいきと自発性を発揮し，最後にはプロデューサーの意図が実現できていれば最高である。統率する。統率とは成員の自発性を統一することである。

(10) 集める

人，金，物のなかで最も重要なのは「人」だ。「播かれて良き地にあれば，三十倍，六十倍，百倍の実を結ぶなり」（マルコ伝第4章）

まず自らの場が「良き地」であること。そのもの－音楽なら音楽－に畏敬と愛情の念を持つ人間を「良き地」に集める。やがて集めるのではなく集まるようになる。

(11) 献身する

devote。無条件で，無償で，ひたむきに芸術家に献身する。devoteeは「熱愛者」である。devotionには「祈り」の意味がある。プロデューサーは「愛し祈る人」である。祈りは献身から生まれる。植え，育て，競争の場を作って舞台へ送り出す。そして祈る。

(12) 見えざる手に導かれる

説明不能の真実。68年，『カザルスとの対話』を読む。72年，プエルトリコでパブロ・カザルスの撮影に成功。86年，ロンドンでホルショフスキーの名を聞く。87年，ロンドンで演奏会を聴き来日を要請する。同年，カザルスホールオープン。88年，パブロ・カザルスの盟友シュナイダーと共演しカザルスホールにデビューした13歳の相沢吏江子が，カーチス音楽院に入学してホルショフスキーの生涯最後の弟子となる。プロデューサーは見えざる手に導かれる。

⑬　熱狂する

　熱狂できぬ者はプロデューサーたり得ない。けれども，人間は命じられて熱狂するだろうか。それは「血」である。熱狂する「血」が流れていない者はプロデューサーになるべきではない。あらゆる新しいこと，美しいこと，素晴らしいことは一人の人間の熱狂から始まる。

　萩元氏は「自立したテレビ制作者」とは何か，プロデューサーの存在価値は何か，を生涯追求し実践した。彼の多数の作品実績，そして上記13項目は，プロデューサーに求められる分析力，企画力，概念創造力，表現力，シナリオ（物語）構成力，統率力，演出力などに裏打ちされていることがわかる。プロデューサーには分析と統合の両方が必要となるし，若い能力・可能性を引き出し，育てるには種子や苗を大地に「植える」そして「育てる」ことをしなければならない。「植える」はまさに「藝術」「園藝」に共通する，「藝，うえる」にほかならない。

　ただ，彼は晩年，運営を手掛けてきたカザルスホールが経営不振に陥り，所有者が民間企業（主婦の友社）から学校法人（日本大学）へ移行することに直面した。これはアートとビジネスの資質や能力，そのすべてを兼ね備えたプロデューサーは少ないという現実を示すこととなった（萩元，1994；2002；境，2010；2011d；Schiuma，2011）。

　繰り返しとなるが，アート，ビジネス，プロデュース，マネジメントの4概念を組み合わせると，アート・プロデュース，アート・マネジメント，ビジネス・プロデュース，ビジネス・マネジメントとなる。これらは日本語では，芸術創造，芸術経営，事業創造，事業経営であろう。これらは一見ばらばらで個別の印象を与える。しかし，実は表裏一体のものと考えられる。

　私見では，プロデューサーはアートとビジネスの対境担当者，媒介者としてアートをデザインやブランドを通してビジネスにつなげる。アートからビジネスへの転化は事業利益（私益）をつくる行為である。一方，ビジネスからアートへの転化は社会的利益（公益，社会貢献）をつくる行為である。アートとビ

ジネスには，それぞれに様々な課題が存在する。アートは課題提起，デザインは課題解決であり，プロデューサーはその両行為にかかわる。ただ，課題は解決すれば終了するわけではない。解決する過程で新たな課題提起に戻る，すなわち永遠に課題は残り，展開や進化を続ける過程であることに留意する必要があろう。一連の行為は，アートから始まり，デザインを経て再びアートに戻るサイクルとなる。すべてはアートを基点とした問い，課題提起から始まることに留意する必要があろう。プロデューサーは常に文化創造に資する課題提起を，新たなプロデュース論を提起しなければならない。

なお，芸術家を育てること，芸術を経営することは，本来「学」になじみにくい。芸術を経営することに「論」の多様性，実践性を有することはありえても，「学」の定型性，体系性を有することが難しいからである。その意味で，芸術経営論は成り立つのである。

第9章・第10章を通してプロデュースの要件を整理すると，五感（five senses），ネットワーク（network），シナリオ・物語（scenario, story），デザイン（design），戦略情報（intelligence），意思決定（decision-making），ブランド（brand）の7つ，これらの英語の頭文字を並べるとFNSDIDBとなる。このFNSDIDBの要件を必要とされる状況で随時確実に備えることのできる者がプロデューサーではないだろうか。

最後に，筆者自身の目標としている道理，行動指針を掲げたい。

道理
- 一点突破，全面展開（孫子）

「ある一点に絞り特化し，突破口を開くことにより他方にも展開する。行動することにより変化を創り出す。」

- Out of the Box Thinking

「既存の考え方にとらわれずに，外部の様々な観点から物事を俯瞰して考える。」

- 放てば手に満てり。(曹洞宗の開祖・道元)

「座禅の修行をすることにより，思いを手放し執着を捨て，心を空にすれば，真理と一体となった豊かな境地が手に入る。」

- 一隅を照らす。(天台宗の開祖・最澄)

「一人ひとりがそれぞれの持ち場で全力を尽くすことによって，社会全体が明るく照らされていく。自分のためばかりでなく，人の幸せ，人類みなの幸せを求めていこう。」

- 所求第一義／求むるところ第一義。

(東北・京都帝国大学の総長，成城学園の創立者・澤柳政太郎)

「私たちは，究極の真理，至高の境地を求めなければならない。」

行動指針

- 目的意識，当事者意識，顧客意識をもつ。
- 知識は個々に単体で理解するのではなく，複合・連結して有機体で理解する。
- 様々な事実，事象，理論を組み合わせて考えることにより創造の可能性が高まる。
- アートとビジネス，プロデュースとマネジメントは一体的に行う。
- 毎日が実験，イノベーションである。現場で発想。
- 評論家でなく，実践家でありたい。
- 独自のネットワークを構築する。
- 新しいこと，おもしろいこと，矛盾することに注目し，実行する。
- 成果は100点ではなく，70点を目指す。周囲の人々の意見を踏まえて完成度を上げる努力をする。
- 直観力と洞察力を滋養する。
- 実学と学問の融合，調和を図る。

第Ⅲ部

イベントならびに教育に関する方法論

　第Ⅲ部では，イベントに関する方法論として，コンサート，展覧会，展示会・産業祭・商店街イベント，ファッション・ショー，学会の各分野から具体的に論じる。
　そして，プロデュースの教育に関する方法論を，アート・マネジメントと対照させて述べ，特にアート・プロデュースの教育について概略を記す。

第12章 コンサート

1 コンサート諸概念の定義

ここでは，諸概念の定義を行う（小野，2002；梶本，2001；境，2001；2002；2003；2008；2009b；永田，1991；バーンスタイン，2007；服部ほか，2001；皆川，2005；三好，2003；Barron，1993；Bjorkegren，1996；Blake，1992）。

(1) コンサートの定義

コンサート（concert）は音楽会，演奏会，催し物と訳される，いわゆるイベント（event）である。イベントとは，特定の目的，期間，場所で，対象者に，個別，直接に刺激を体感させる双方向のパーソナル・コミュニケーション・メディア（personal communication media）である（小坂，1991）。ここでメディアとは，人的・物的資源，情報の集積場，心の交流の場である。双方向のパーソナル・コミュニケーションとは，送り手（アーティスト）と受け手（聴衆）の双方で伝達しあうことである。送り手は意図をもってイベントを行い，これを通して体感情報を伝達する。一方，受け手の中心は一般大衆であり，参加者である。本書の対象とするコンサートは，有料のプロフェッショナル・アーティストによるものである。プロフェッショナルとは音楽を専門に学び，研究し，実演する職業人を特に指している。コンサート・プロデュース（concert produce）は，コンサートの企画制作（produce）と運営管理（management）との両者を指すものである。

(2) コンサートの構成員

コンサートの主要な構成員とは以下の通りである。

プロデューサー,アーティスト,舞台監督,ホール担当者,チケット委託業者,チラシ・デザイナー,印刷業者,チラシ配布業者,録音・録画業者,舞台衣裳・装置業者,ステージ・マネジャー,フロント・マネジャー,レセプショニスト(receptionist),新聞・雑誌担当者,評論家・研究家,協賛者(スポンサー),後援者,聴衆

(3) コンサートのプロセス

コンサートの決定から終了までのプロセスの概要は以下の通りである。

(4) コンサートの評価

コンサートの評価とは,コンサートが「アーティスト(送り手)と聴衆(受け手)に感動や満足を与えられるように企画制作されること」かつ「収益と費用とが均衡するように運営管理されること」の総合評価である。前者は精神的要件,後者は経営的要件である。これはコンサートを分析する上での,理論的枠組みでもある。コンサートは1回で完結するが,継続的に実施されることによって意味を生ずる。コンサートにおいてアーティストと聴衆に高い満足が得られても,恒常的に利益(収益と費用との差額)がマイナス(赤字)となるようでは継続していくこと自体,困難である。また,コンサートの収益と費用とが均衡しても,逆にアーティストと聴衆とに満足が得られなければ,やはり継続していくことは困難である。プロデューサーの役割は,この精神的要件と経営的要件との両者を満たすことなのである。

❶ コンサートの満足度

コンサートの評価における精神的要件として,満足度を設定する。これは,聴衆が記載したアンケートを通して測定することができ,コンサートにおける基本要因((5)コンサートの構成要因参照)である企画内容,出演者,会場,日

時・入場料からなる。満足度は，当該要因を記載したアンケートの5項目を各20点で得点化し，計100点で測定される。

[図表12-1] コンサートのプロセス概要

```
Ⅰ. 企画内容・仮プログラムの決定
Ⅱ. 出演者の決定：企画内容・日時・出演料・会場等の条件提示，合意及び契約
Ⅲ. 会場の決定
Ⅳ. 練習日程の調整
Ⅴ. 正式プログラムの決定
Ⅵ. 舞台道具の準備，JASRAC（日本音楽著作権協会）への申請
Ⅶ. 印刷物の作成
Ⅷ. チケットの委託
Ⅸ. 広告宣伝開始
Ⅹ. プログラム冊子の作成
Ⅺ. 事前打合せ，当日タイムテーブルの作成，ステージ表の作成
Ⅻ. ステージマネジャー，フロントマネジャー，レセプショニストの準備
ⅩⅢ. コンサート開催
ⅩⅣ. コンサートアンケートの回収
ⅩⅤ. コンサート入場者，関係者への挨拶
```

❷ コンサートの収益と費用との均衡

　コンサートの評価における経営的要件として，収益と費用との均衡を設定する。これは主催者が収益，費用の以下項目を加算し，その結果，差額として利益を把握するものである。コンサートの場合，コンサート開催前に費用支払いが先行かつ累積し，開催当日以降にチケット入場料をはじめとする収益が確定する。したがって，コンサートは資金効率の悪い，リスク付きプロジェクトといえよう。

　①収益項目…入場料，付帯的収益，企業助成，その他雑収益
　②費用項目…会場費，付帯設備費，調律費，印刷費，広告宣伝費，チケット委託費，通信費，録音録画撮影費，生花・贈物，衣裳・小道具，字幕・舞台装置，評論家・研究家謝礼，出演料，マネジメント料，レセプショニスト・協力者謝礼，JASRAC・著作権料，慰労会費

　収益項目では入場料が，費用項目では会場費，印刷費，広告宣伝費，出演料が重要である。

(5) コンサートの構成要因

❶ 構成要因

コンサートを企画制作・運営管理する場合，以下の要因が列挙される。

①企画内容
　コンサートのコンセプト（リサイタル，室内楽，オーケストラ，オペラ，季節もの，チャリティー等）を明確にする。魅力的な企画・内容になるように工夫する。編成・内容に関しても，楽器（弦楽器，管楽器，打楽器，鍵盤楽器），声楽，合唱，劇，オペラ，バレエ等のうち，どのようなものにするか，検討する。さらに，規模・出演者数，コンサートの適正規模をどの程度とするかも検討する。

②出演者
　プロフェッショナル・アーティストを前提とする（プロフェッショナルとは音楽を専門に学び，研究し，実演する職業人，またはそれと同等の能力を有する人を指す。）。主催者からの企画内容，日時，会場，出演料等の条件に対して，合意を得て契約を結ぶ。演奏の質を聴衆に保証するためには，アマチュアを避けるべきである。

③会場
　規模と立地が重要である。アクセスのよさ，公的ホール・会館，私的ホール，教会，サロン等，いずれを優先するかを検討する。

④日時
　年末年始・休日夜間等は可能な限り避け，妥当な日時を設定する。

⑤入場料
　プロフェッショナル・アーティストのコンサートにおける最低価格を＠3,000円とし，妥当な価格を設定する。ただし，出演者分類に従えば，熟達アーティストに近づく程，価格は上昇することになる。

⑥広告宣伝
　印刷物（チラシ）を作成し，集客の戦略を検討し，集客のための人繰り，

親族・交友・所属組織・友の会・大使館／文化協会などからの集客を検討する。CDなど制作物（アーティストにとって名刺代わり）による集客も考慮する。宣伝広告費は費用の中で大きな割合を占め，コンサートに与える影響は重要である。ただし広告宣伝は，あらかじめその効果を見込みにくく，集客という結果からしか測定できない。

⑦聴衆

　企画内容や出演者の支持客，不特定の一般客などを幅広く集める。

⑧演奏

　企画内容，出演者，会場，日時及び入場料，広告宣伝，聴衆等が総括されて当日の演奏を創る。まさに送り手と受け手との双方向のコミュニケーションが行われる。

⑨評価

　コンサートを，精神的要件である満足度と経営的要件である収益と費用との均衡と照合して評価する。前者は聴衆が，企画内容，出演者，会場，日時・入場料の5項目，各20点を得点化して評価する。一方，後者は主催者が収益，費用の各項目を加算し，その結果，差額金額として利益を把握する。

⑩音楽事務所

　アーティストの格付け（出演者分類に相当すると考えられる）によって所属事務所の規模が決まる場合が多い。大規模事務所の場合，芸歴・知名度・容姿などで著名人，外人アーティストを擁する。一方，小規模事務所の場合，著名でなくても実力者，若手・才能ある者を擁し，人材を発掘している。

⑪事後対応

　主催者，出演者は，コンサート入場者に対して，挨拶の手紙・電話等で挨拶する。

本書では上記①～⑨の要因に焦点を当てている。さらに，この中で，コンサートを構成する最も基本的な要因として，次のものが抽出される。当該要因は，

コンサートの評価に大きな影響を与える要因であり，本書では基本要因と呼ぶ。

- 企画内容　● 出演者（アーティスト）　● 会場（ホール）
- 日時及び入場料
---

❷　構成要因の相互関係

　コンサートにおいては，構成要因の間に，すなわち，基本要因と他の構成要因である広告宣伝，演奏，評価の間にフィードバックの構造がある。まず，構成要因の相互関係としては，①企画内容　②出演者（アーティスト）　③会場（ホール）　④日時・入場料の基本要因に関する相互関係である。

　次に，コンサート構成要因は広告宣伝，演奏を経て，コンサートの評価との間にフィードバックの関係がある。これらの関係はコンサートがシリーズ化（継続）することによって，より強固となり，コンサートの知名度，信用力が増大する結果となる。

(6) コンサート・プロデュースの留意点

　コンサート・プロデュースには，主催者の理念，戦略，組織等が必要である。以下，留意点を述べる。

① 　出演者アーティストは芸歴，すなわちコンクール歴，コンサート実績，レパートリー数，CD等録音物の実績から，新進から熟練まで類別しておくことが望ましい。また，その人数，構成比率等を検討する。

② 　コンサートの回数は，年間に適度の頻度であることが望ましい。2年に1回では少なすぎ，逆に年間10回を超えると，十分な準備が難しい。出演者，主催者の双方に負担にならない回数であり，かつ継続できることが重要である。

③ 　コンサート企画内容の決定には，出演アーティストの魅力が出せるように工夫するためにも，アーティスト自身も参画させることが必要である。また，企画内容は，演奏曲目の時代背景やジャンルを考慮し，バロック，古典，ロマン派，現代音楽，器楽作品と声楽作品など，多彩で特定分野に

[図表12-2] コンサート構成要因と評価のフィードバック構造

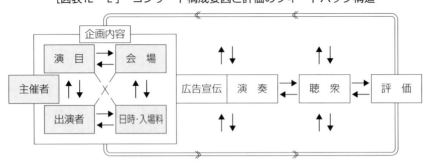

偏りを作らないように検討する。

④ コンサート会場は利便性の高いところを選択し，シリーズの中核となる会場を決定するにあたり，集客，情報発信に好適な場所を選定する。会場の立地条件は，最寄り駅からの到着所要時間が小さいほどよい。ただし，入場料は会場とその立地に関係しており，公的ホール，首都圏から遠隔となるホール，徒歩による所要時間が15分を超えるホールでは，入場料の水準が下げられる傾向にある。またコンサート会場は，企画内容と集客数とを考慮して，適度な収容数の場所を選ぶとリスクが少ない。そして，会場，入場料，出演料等は，収益と費用が均衡するように，決定されることが望ましい。

⑤ コンサートの存在を告知し，集客するために，十分な広告宣伝を行い，広告媒体を厳選する。広告効果を有する録音録画物も制作し，店頭販売する。

⑥ コンサートの趣旨に賛同する聴衆を「友の会」に組織化し，安定的に入場者を確保する。コンサート・シリーズのブランド力が形成され，シリーズ及び会員の双方にステータスがつくられる。

2 コンサートの企画・進行

(1) 企画の決定

❶ 協力者・理解者の必要性

公演は1人ではできない。良き理解者が必要である。関連施設の人々や個人的なつながり（人的ネットワーク）を利用して，協力者，理解者を獲得する。

❷ 基本認識

企画者が見たいもの，聞きたいもの，そして一般聴衆が見たいであろう内容を企画する。予算の制約があるため，必然的に「実現可能性の高いもの」を企画することになる。

❸ 施設の理念

一定の節度，バランス感覚が必要である。したがって，そのホール，施設の特徴から逸脱したものは避けるべきであろう。

(2) 企画・立案

公演の企画立案について，企画者は多様な引き出しをもつべきであろう。そのためには，日常生活の中で情報収集する姿勢が大切である。新聞や雑誌等の記事，ラジオやテレビ等の放送などで，自分の興味関心を引く資料を常に手もとにもつ。注目するアーティストのCDが出た場合，入手するのも一考である。

(3) 出演交渉

出演を希望するアーティストが決まれば，日程調整と出演交渉を行う。そのための連絡は，インターネット，電話，手紙，ファクシミリ等を併用する。手紙には出演依頼，催しの内容，出演料の金額，交通手段等についても明記しておく。また，過去に同種の公演を制作しているならば，当時のチラシやパンフレットなども同封する。確定後，出演者から写真を送ってもらうことを考える

と，公演の6か月から1年前には完了させておく方がよい。演奏会の出演料（金額が旅費や宿泊費を含むか否かも含む）については，誤解を招かないように注意する。

(4) 企画書の作成と後援申請

出演者の確約がとれれば，公演の当日までのスケジュールをたて，正式な企画書を作る。企画書には，趣旨・目的，催しのタイトル，日時，会場，出演者の名前，出演者のプロフィール，入場料，主催者，後援団体，問い合わせ先，予算などを記載する。必要に応じて，放送局，新聞社，大使館等に後援を依頼する。

(5) 宣伝材料の準備

公演が正式に決定すれば，宣伝を準備する。まず，チラシやポスターを作らなくてはならない。出演者に対して写真，プロフィール，過去の公演チラシなどの送付を依頼する。これらを宣伝材料と呼ぶ。写真を使用する場合は，チラシや当日のパンフレットに撮影者の名前のクレジット（credit）が必要か否か，また撮影者に対して写真使用料が必要か否か，も確認しておく。写真が届けば，スキャニング等により写真の電子データ化を行い，電子メール等で関係部署に送信する。複写の場合には適当な枚数を行い，裏面にはアーティスト名を書いておく。その複写写真をマスコミ各社に企画書と一括して送り，後日記事にされることが容易なように段取りする。また，写真は，公演前に配布する事前告知のためのチラシやポスター用に1回，公演当日のパンフレットに1回，計2回使用することになる。電子データでの場合は問題ないが，写真を現物で受け渡した場合は，写真が印刷所から戻り次第，すみやかに出演者に返却する。

(6) チラシ等の印刷

チラシは，公演の第一印象を決める極めて重要な情報である。チラシが公開された時点で，公演が始まっているといっても過言ではない。広報・宣伝を前

提とすれば，公演の最低2か月前には作成すべきである。また，当日パンフレットは，催しの前日には完成していなければならない。企画書に記載する内容と同じ，公演の趣旨・目的，タイトル，日時，会場，出演者の名前とプロフィール，入場料，主催者，後援，問い合わせ先などをワープロ等で作成し，電子化された写真とともにデザイナーに電子メール等により送付する。校正も電子メールでやりとりするのが最も効率的であろう。どちらも印刷に出す前に，出演者に版下コピーを送り，チェックを受ける。チラシやパンフレットは適当部数残す必要があるが，電子データで保存してもよい。今日，チラシは印刷するよりも電子ファイルでメール送信する場合が多くなっている。企画者にとっても，演奏家にとっても，コンサートが実績であるため，その記録の意味がある。そして，演奏家が他の施設から過去の公演歴を求められた時に，余分のチラシやパンフレットが活用できる。当日パンフレットなどは，客席数を多少上回る程度の枚数を作成する。

(7) 各種媒体への働きかけ

新聞社，放送局，タウン誌，ミニコミ紙誌，中央の雑誌など，PRしたい媒体を常にリストアップしておく。雑誌の場合，締め切りが当月号の2か月前に設定されているため，逆算してアプローチしなければならない。年末年始や5月の連休などは，通常と異なる締め切り設定になるので留意する。電子メールの添付ファイルで送付するほか，郵送での場合は，封筒に朱書きで「写真在中」と書く。本来は手渡しが確実である。各種媒体には過剰な期待はすべきではない。あくまで編集権は当該媒体にあるので，扱いの大小については問えない。ただ，記事にとりあげられやすい公演企画というものはあるため，企画書や案内の文章は，要点を要領よくまとめる工夫が必要である。

(8) 広報・宣伝

宣伝は，人を通した直接的な働きかけが最も有効である。チラシ，ポスターを適宜作り，チラシは広報紙，新聞，他公演のプログラムなどに挟みこみ，残

部を館内やプレイガイド，その他県内外の諸施設への備え付け，ダイレクト・メール，演奏会場での配布用などに活用する。チラシやポスターを置いてもらうためには，あらゆるネットワークを活用する。ホールに出入りしている書店や，楽器店，公開講座の出席者などにも送る。チラシやポスター類は常備するのもよい。

　コンサート会場でチラシを配布させてもらうときは，事前にその主催者に連絡を入れて，了解を取っておく必要がある。通常，当日のパンフレットに挟ませてもらうのであれば，作業時刻を確認することが大切である。この時，挟ませてもらう立場からは，先方に失礼のないよう十分留意する。また，ダイレクト・メールも活用する。公演が終了すれば「アンケート」をとり，来場した人の住所・氏名を記入していただく。シリーズ化した公演の場合，ダイレクト・メールは大きな効果を発揮する。当該出演アーティストについては，熱心なファンを1人でも多く見つけ，ネットワーク化しておくことが大切である。

(9)　チケットの委託

　入場券（チケット）が完成したら，Webサイトでの販売またはプレイガイドに持参し販売委託を行う。チラシにプレイガイドを記載するなら，事前にその旨を伝えておく必要がある。店内にチラシ，ポスターを掲示してもらわなければならないので，忘れずに持参する。手数料は5％程度である。

(10)　公演当日の準備

　公演当日は，制作とプロモート（promote，興行）とで流れが分かれる。

(a)　公演者との打ち合わせ

　出演者に対しては，会場までのルート，交通手段等を綿密に打ち合わせる必要がある。空港到着時刻，車での会場到着時刻などである。また公演が近づくと，頻繁に連絡をしなくてはならない。例えば，新聞に催しの紹介記事が掲載されたら，インターネット，電子メールで送信するか，ファクシミリで送り，現物か記事のコピーを別便で郵送する。その積み重ねによって，より緊密な信

頼関係が形成される。

(b) 日程表の作成等

　音響・照明関係の打ち合わせ，玄関前の立て看板，受付・駐車場係・ドア係等の役割分担，楽屋のポットや湯飲みの準備，弁当の手配，釣り銭の用意，送迎の体制，ロビーでのCD売り場の体制など，当日までに決めておくべきこと，やるべきことは多く，公演の前日・当日の日程表は分刻みで綿密に作ることが必要である。

[図表12-3]　コンサートの企画から公演当日までの実務進行

```
(1)  企画立案
(2)  コンサートの形態決定
(3)  ホール収容数検討
(4)  コンサート回数
(5)  宣伝計画
(6)  予算編成　～チケット料金設定，チケット販売方法，広告，協賛・後援など～
(7)  決定会議
(8)  発注
(9)  契約書締結
(10) 告知
(11) 媒体決定　～宣伝広告，口コミ，組織伝達，インターネット，DMなど～
(12) プロモーション　パブリシティ（放送番組，新聞記事，雑誌記事）
```

以下，制作とプロモートで流れが分かれる。

```
（制作）
(13) ホール入り
(14) 搬入
(15) 照明・音響・楽器などチェック
(16) ゲネプロ
(17) 舞台監督との最終打合せ
※（出演者入り，開場・開演，休憩，終演）
(18) 舞台解体，搬出
```

```
（プロモート）
(13) ホール入り
(14) ホール挨拶，打合
(15) 搬入
(16) 食事（軽食）準備
(17) 正面ロビー，受付，ポスター貼り，楽屋割り
(18) 販売物，宣伝物，釣銭，プログラム，チラシ挟み込み
(19) 客席調整（指定，自由，招待）
(20) 舞台監督との最終打合
(21) 出演者入り，客入り（開場）・開演，休憩，終演
(22) 客はね確認，楽屋点検
(23) 出演者送り，スタッフ送りだし，ホール挨拶
```

第13章 展覧会

1 博物館

(1) 企画・テーマの選定

展覧会はまず企画をたてるところから始まるが，その際に必要となるのは，以下の点である（小山，2008；野呂，2008；ディーン，2004；Robertson and Chang，1991）。

①テーマ　②タイトル（仮題でもよい）　③開催期間　④会場　⑤主催者　⑥実務担当者

①～⑥について，誰が，いつまでに，何を，どこに，どのように準備すればよいかが明確になっていなければならず，また，それに関する意思決定のシステムが確立していなければならない。今年はある作曲家の生誕250年にあたるためその記念の展覧会を行う，など漠然としたイメージから展覧会が始まることも多く，これらの漠然としたテーマに形をあたえ，展覧会の意図を明確にしてゆくことが企画である。その展覧会の主催，実質的な主体が誰であるかによって，また予算規模によって，その内容や意思決定のプロセスが異なる。

①他組織・機関と共催の場合
②ある人物の回顧展など，本人や遺族，研究者などが関与している場合
③ある特定分野（例えば，日本近代文学）に関する展覧会で，担当外学芸

員，館外の研究者が監修にあたっている場合
④陳列すべき資料が博物館所蔵のものでは足りず，他機関や個人の協力を必要とする場合
⑤博物館以外の会場（例えば，デパートの催事場など）を借りて行う場合

　テーマとスケジュールが決定した段階で，担当スタッフは企画概要を策定し，できればそれを企画書としてまとめ，関係者に周知しておくことが望ましい。また，その際，展示会場の詳細図（展示ケース，壁面などの実寸入り）を付しておくとよい。企画書に書くべき必要事項は次のようなものである。

　展覧会の名称，展覧会の目的・趣旨，スケジュール（会期），会場（詳細図），担当責任者，スタッフ，監修者，協力者，予算の見積り，主な出品資料，概数，必要となる印刷物（展示目録，ポスター，ハガキなど）

　これらの事項はスタッフ間で十分検討し，監修者・関係者とも協議の上で決定する。特に，その展示の目的・趣旨について，担当スタッフ全員が明確に認識していることが重要である。大規模な展覧会の場合には，事前に予算申請をしておくことが必要である。展示テーマ，趣旨・目的，会期，会場，担当スタッフ，予算額などの企画概要が決定されると，それに従って準備作業のスケジュールが組まれ，スタッフ各自の役割分担を決定し，準備に入る。準備作業において最も大切なことは，時間の管理である。特に担当責任者は，常に全体の進行度合を考慮しておかねばならない。スケジュールを確実に把握し，進行の度合をチェックするために，スケジュール管理表を作成した方がよい。ただし，大規模な展覧会になるほど，企画段階では想定できなかった問題や障害があらわれ，スケジュールを変更しなければならない事態が起こる。

(2) 出品資料の選択

　次に，展示する出品資料の検討である。展示の目的，趣旨に沿った資料を選定し，同時に，展示できる資料の数量を，会場に合わせてあらかじめ設定する

ことが肝要である。特に研究者や教員が監修する場合，あらかじめ展覧会場のイメージと，展示資料の許容量について，監修者に情報を与えておく必要がある。制作側は，展示空間に対応する資料の適量を把握しておかねばならない。そのためには，展示会場の構造と，展示可能空間の実寸（特に内寸）を最初に把握しておくことが必要である。一般に，展示の設備は，造りつけのガラスケースと移動式の覗きガラスケースとがその主なものである。前者は壁面に，50－80cm くらいの奥行きを持って造られ，壁面とその前の平台の上に展示物を飾ることができる。その上で，全面をガラス板で覆い，施錠できるようになっている。通常，壁面の上の縁には，額などを吊り下げるためのピクチャー・レールが取りつけられている。展示のレイアウトを考えるとき，常に，「壁面の処理」が問題となる。通常，壁面には額入りのものや掛軸などを飾るが，テーマによって，壁面を埋める資料がみあたらない場合は，写真パネルなどを作成して，空間を埋める工夫も必要となる。はじめに展覧会の企画を決定する際，主要な展示の流れを考える必要がある。どのような資料を原則に従って並べるか，そのイメージがある程度明確になっていることが望ましく，設定した条件を満たす資料を集めるのである。展示テーマに沿っていると思われる資料を順不同にあげ，そのなかから選択するのがよい。テーマに沿って，展示するべき資料を選定する作業は，展覧会の内容を決める最も重要な作業である。展示候補資料は，すべて事前に現物を調査し，以下の各項目について情報を把握しておかねばならない。

①資料のタイトル，著作者，年代などの書誌的事項　②形状（図書か，絵画・写真などの非図書資料か。図書の場合，冊子体か，巻物等か）　③特徴（彩色の有無など）　④寸法（縦×横×高さ，または奥行き cm，掛け軸の場合は，軸の長さ。展示する形にした上で実測する）　⑤飾る位置（壁面か，平台か）　⑥展示のテーマの上での資料の意味　⑦展示する場合の重要度　⑧資料の所在。所蔵が外部の場合，貸出条件など　⑨資料の一般的価値。保険をかける場合の評価額　⑩注意事項（劣化しているか，破

損はあるかなど）

　資料に関するデータは，一定の書式に従って記述されることが望ましいため，あらかじめ調査カードを作成しておき，それに書き込めるようにするとよい。担当スタッフ全員がこのカード情報を共有できるようにしておくことが重要である。監修者の意見を参考にして，会場の構成を考えながら，出品する資料を1つずつ確定する。他機関，個人などから資料を借用する場合，館長名，展示責任者名，借用期間・条件などを明記した借用証書を作成し，借用の際に先方へ預けておかなければならない。また，他からの資料借用に際しては，原則として保険をかけるが，その場合，個々の資料の評価額を示すことが必要になる。所蔵者にとっては貨幣に換算できない価値あるものであるから，借用，搬送等には十分注意し，信頼できる運送業者を選び，事故がないよう万全の注意を払うべきである。借用資料の搬送には，かならず担当スタッフが立ち会い，担当者が所蔵者の前で現物を確認し，借用証書を渡した上で梱包，搬送すべきである。出品候補資料が揃えば，会場のレイアウトを考えながら，最終的に展示する資料を選定する。出品する資料が確定すれば，一覧できる「出品資料リスト」を作成する。このときに資料番号が与えられ，またこのリストが，展示目録の原稿となる。

(3)　展示の配置

　配置（レイアウト，layout）とは，展示会場における資料の並べ方である。1つのテーマに沿った展示である以上，資料は単に置かれるのでなく，ある論理性のもとに順序立てて並べられなければならない。最初に，会場の入口から入って右回りに並べるか，左回りに並べるか，という問題である。和漢の資料は右から順に左へ並べてゆき，洋の資料は左から順に右に並べてゆくのが基本である。和漢の文字は右から左へ進み，洋書は左から右にページが進むので，この順序が自然である。字のない資料，例えば，絵画のみの展示の場合は右回りでも左回りでもよいが，その場合は，キャプション（caption，見出し）を

縦書きにした場合左回り,横書きにした場合右回りとすればよい。次に資料を並べる順序を決める。年代順が典型であるが,統一された原則に則って配列されることが望ましい。寸法入り展示会場の詳細図面の上に,展示資料を1つずつ,寸法を計算しながら当てはめる。資料と資料との間は約20〜50cm,最低限でも数cmは開けることが望ましい。外観上,展示はなるべく余裕をもったものでありたい。配置は全体の構成,展示の流れを常に考えながら行うことが肝要といえる。例えば全体を四部構成とした場合,会場全体をおおまかに4つに分け,それぞれの空間において,壁面と平台との関係にも留意しながら,最適と思われるディスプレイを考える。図面配置はあくまで指針にすぎず,変更が可能であるため,詳細に検討するべきである。どの資料をどこに置くかが一目でわかる図面資料を作成しておき,展示設営の際に使用する。実際に現物を並べてみて,机上で考えたときとイメージが変わる場合は,適宜変更しても構わない。出品する資料には展示番号をつける方がよい。目録をつくる場合には,できるだけ番号順に並べた方が見やすく,観覧者は目録に沿って見ることができる。

(4) 解題執筆・目録作成

展示資料の脇には,その内容について簡潔に説明するプレート(キャプション)を置くことが必要になる。これは,資料番号,資料名,著作者,成立年代など,いわゆる書誌的事項のほかに,簡単な解説を付す場合もある。キャプションは展示物を観覧者に示すために置かれる。なるべくわかりやすいものが望まれ,読みにくい字にはふりがなをふり,元号に西暦を付すことが必要である。キャプションの字体も,可読性を考慮して選ぶべきである。通常よりも暗い照明の展覧会場では,明朝体のような細い字は読み取りにくい。和文・欧文とも,ゴチック系の太い文字を選んだ方がよい。できあがったキャプションは発泡スチロールのパネルに貼り,カッターを用いて,上下左右1〜2cmの余白を残して切り,展示資料の脇に添える。展示目録は観覧者の手引きとなり,記録としても残るため,作成しておくべきである。通常の展覧会では,出品資料を列

記する目録の作成は不可欠であろう。規模の大きな展覧会の場合，図録を作成することもある。出品資料が確定し，リストができたら，それをもとに展示目録の割付けを考える。印刷の都合上，4の倍数が好ましいため，8，12，16ページで考える。次に判型（大きさ）を決める。国立公文書館や憲政記念館，宮内庁書陵部などで出す展示目録も，多くはA5判である。判型は展示の規模，資料の量，予算額などを勘案して決定する。内容については以下の通りである。

展示資料に解説を付す場合，目録，キャプションのどちらにも付することが可能である。

[図表13-1]　展示目録の内容　例示

1頁	表紙（展示タイトル，会期，会場，主催者名）
2頁	空白
3頁	開催のあいさつ（館長のあいさつ）
4頁	代表のあいさつ
5頁	刊行委員長のあいさつ
6～9頁	展示目録（二段）
10～11頁	刊行一覧
12頁	奥付（発行年月日，担当者名）

ただ，キャプションは字数が多くなるほど見にくくなる。上述のような8～12ページ程度の小冊子の目録であれば，原稿は開催の1か月前までに余裕を見て発注する方がよい。特に出品資料の多くを外部の借用に依存する場合，関係者の記憶違いなどが原因となって，目録に記載された資料が見当たらない事態も起きる。あらゆる危険に備えて，目録の末尾には「会場の都合により，一部，目録と異なる場合がございますのでご了承下さい。」という文言を加えておくとよい。

(5)　広　報

よい展覧会を企画しても，観覧者が来なければ意味がない。そこで展覧会の予定を，あらかじめ各方面に広報し，宣伝しておくことが重要になる。一般的に広報には次のものがある。

①ポスターを作成し，関係機関に頒布し，掲出を依頼する。
②案内ハガキを作成し，関係者にダイレクト・メールとして送る。
③広報紙に予告を掲載する。
④関係学会等の機関紙，広報紙に予告を掲載する。
⑤マスコミ等に宣伝する。

　通常は広報紙に予告を出すほか，直前には立て看板を要所に立てるのが効果的である。また，インターネットのWebサイトに展覧会の予告を載せるのも有効である。広報・宣伝はなるべく早い時期から行う方がよい。展覧会の企画概要がある程度固まり，承認を得た段階で，その内容を配信すべきである。ポスターおよび案内ハガキは，直接的な広報手段であるが，通常，予算では，ポスター・デザインをプロのデザイナーに依頼する余裕はない。したがってこれも展示担当スタッフの仕事となる。ポスターとハガキは同じ図柄にして，一度に印刷することが多い。できるだけ早い時期の納品が必要であり，遅くとも展覧会開催日の1か月程度前までに完成していなければならない。そこから逆算すれば，2か月前には発注していなければならない。

2　美術館・画廊

(1) 展示の進め方

　展示と教育プログラムは，美術館の心，すなわち収集品を見せるための表現形式である。どのようなプロジェクトについても，それを計画し，実践する場合の手続き要素には変わりはない。企業によってプロジェクトを管理するために用いられるPDCAサイクルを典型とする組織化されたマネジメント手法は，展示の進め方でも有効である。美術館は展示を行う際に，経営管理の方法論が用いられる。プロジェクトは，時間軸に沿った一連のイベントとして説明される。これはプロジェクト・モデルと呼ばれる。プロジェクト・モデルの進行性

や連続性は，美術館の展示の段取りに適合する。諸局面や諸段階を時系列的に配置することにより，活動や特定の仕事のタイプをより容易に識別できるようになる。段取りを通して，各局面において，3つの原則的な仕事領域がある。

①制作指向的な活動：収集品とその説明を中心とする作業
②経営指向的な活動：プロジェクトを遂行するのに必要な資源や人員を提供することに焦点を当てた仕事
③調整活動：制作指向的な活動と経営指向的な活動との同じ目標への統合

[図表13-2] 展覧会のPDCAサイクル

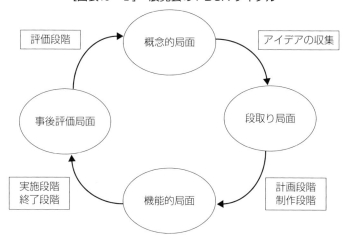

(2) 展示のデザイン

美術館での展示をデザインすることは，環境の視覚的，空間的，物質的な諸要素によって，来館者が展示の意図を構成できるようにあらかじめ準備しておく芸術であり，科学である。デザインには次の主要な6つの要素がある。①明暗度　②色　③質感　④均衡　⑤線　⑥形態そして，人間には行動上の傾向があるといわれている。それは以下のものである。

> ①右へ曲がる　②右の壁に沿って動く　③右側にある最初の展示で立ち止まる　④最後の展示より最初の展示で立ち止まる　⑤出口に最も近い展示はほとんど見られない　⑥見える出口を好む　⑦最短経路を好む　⑧空間の端に家具を並べる　⑨直角の角を好む　⑩左から右へ　⑪上から下へと読む　⑫暗がりを嫌う　⑬色彩を好む　⑭大きいものを好む　⑮光を好む　⑯展覧会疲れ　⑰30分が限界

展示をデザインするに際しては，明確な方法論とデザイン戦略とをもつことが必要である。

(3) 館内における人の流れの誘導方法

来館者が展示に近づく方法には，主に3つがある。

❶ 示唆的誘導方法

人の動きを単一の進路に制限するために物理的な障害物を置くことはせず，事前に選ばれた順路に沿って来館者を導くために，色，照明，順路標，見出し，目印となる展示物，作品が用いられる。コンテクスト文脈上の連続性を維持しながらも選択の自由を認めることによって，来館者に心地よい学習体験を積ませる誘導方法である。

❷ 非規制的誘導方法

基本的に，人の動きは方向づけられていない行き当たりばったりのものである。人は展示場に入ると，すぐ指示された順路以外に，自分自身の方法を選択するかもしれない。この方法はしばしば画廊にみられる。

❸ 規制的誘導方法

上記2つの方法より融通が利かず，制約的である。この方法では展示場は通常，すべての展示を見終わるまでは出口から出る機会がほとんどないように，一方通行の流れに基づいて配置される。

(4) 展示物の配置

　展示物の配置は，デザイナーにとって重要な課題である。展示物の観衆に与える印象を強化したり，展示物の重要性を強調したりするためには，展示物の配置を組織的に行うことが不可欠となる。そして展示物の配置は，観衆の注意を呼び起こし，保持し続けるように決定されることが望ましい。展示の対象物は，二次元の物と三次元の物である。二次元の物は，絵画，版画，デッサン，ポスター，織物などである。この視覚上の重要性は表裏の平面であり，一般的に壁に掛けられるか，斜面・床に置かれる。他方，三次元の物は，長さ，幅，奥行きの三次元すべての方向へと広がり，展示場内で人々が動き回るのに十分な空間を占有する。すべての物は，ある種の本来備わっている視覚上の特徴をもっており，それが各対象物の配置に影響を与える。

(5) 公募展と個展

❶ 公募展

a) 公募展の選定

　公募展は，大別してコンクール展，美術団体展の2つに分けられる。

(i) コンクール展

　コンクール展は，美術館や企業，自治体などが主催するものであり，入選者・受賞者の数は少ない。しかし，受賞者には高額な賞金が出され，作品が買い上げられることが多い。審査員は美術評論家，美術作家，学芸員，主催企業のトップなどである。

　学芸員（キュレーター，curator）とは，一般に美術館での展覧会の企画・運営，コレクションの購入や管理，専門領域の研究，美術の教育普及などを行う美術館員を指す。ただし，欧米ではキュレーターは，企画・運営に特化する総合ディレクターであり，美術館の方針・戦略を明示する館の「顔」でもある。最近では，美術館に所属しないインディペンデント・キュレーターも出現し，評論家やアーティストが展覧会の企画・運営を依頼されることも多い。入選作

品の展覧会や画集をみて，コンクール展の傾向・コンセプトを把握することが大事である。また審査員の顔ぶれも，コンクール展の傾向を判断する重要な材料である。審査員が変わると，入選作の傾向も変わることがある。具象，抽象，現代美術などのジャンルや作品素材をチェックして，自分の作風にあったコンクール展に出展する。

(ii) 美術団体展

美術団体展は，美術団体が主催する展覧会である。美術団体展は，会員，準会員，会友などの構成員と一般出展者とから構成される。一般出展者が会員になるためには，団体展で入賞したり，何回も入選したりすることが必要である。団体展の傾向・コンセプト，団体の年間活動，賞金活動の年間予算，団体の会則・雰囲気などが団体を選ぶ際の基準となろう。

b) 規定書（応募用紙）の入手

出展する公募展が決定したら，規定書を入手する。主催者にインターネット，電話，ファクシミリで，あるいは，返信用切手を同封して送付してもらう。最近はWebサイトからダウンロードできる場合も多い。規定書のうち，申込締切（事前申込の有無），応募資格（年齢制限，居住地による制限の有無），応募作品（作品ジャンル，素材，大きさ，出品点数，額縁装丁の有無）をチェックする。規定外の場合，作品を受け付けられない場合もある。搬入・搬出（作品の運び方。直接搬入・搬出，委託搬入・搬出，間接搬入・搬出），署名・捺印（著作権，作品の事故への免責のため必要），画歴（作家としての活動プロフィール，学歴，受賞歴，個展の開催歴など）を確認しておく。

c) 額縁の装着

作品には額縁を装着する必要がある。額をつける意味，額の付け方については，個展の場合，公募展の場合，水彩の場合などによって異なる。

d) 梱　包

梱包の仕方には以下の順序がある。

(i)茶紙（クラフト紙）を巻く→(ii)クッション材を巻く→(iii)段ボールで包む→(iv)補強する→(v)紐で結ぶ→(vi)配送

❷ 個　展

a）画廊の決定

（ⅰ）企画画廊

　画商が経営している場合が多く，その画廊が扱う作家の企画展や常設展で，コレクター向けに販売することによって成り立つ。

（ⅱ）貸画廊

　画廊のスペースを有料で貸し出すことによって成り立つ。

　企画画廊の中には，貸画廊を並行して行う場合もあるが，扱う作品の傾向が決まっている場合が多い。ここでは，自己責任で空間をレンタルして開く個展の場合における画廊の決定について述べる。第1に，発表したい作品を決める。画廊の会場設備や広さによって，展示できる作品が変わる。まず発表したい作品を想定する。もちろん，会場を決めてから発表する作品を決める場合もあろう。第2に，開催する場所を決める。どの地域で開催したいか，十分に調べて決定する。個展を見てもらいたい観衆，その目的を明確に決めて場所を選ぶ。貸画廊でも扱う作品の傾向があるので，画廊の傾向を把握して場所を選定する必要があろう。第3に，開催時期を決める。よい場所が見つかった際に，すぐに契約できるように，開催時期（見込み）を決めておく必要がある。作品が出来上がっていないのに会期が迫ることのないようにしなければならない。画廊の予約は，開催時期の約1年前が基本である。第4に，予算を組む。作品の製作費，会場費，額装費，宣伝用の案内状作成費，発送費，作品の運搬費のほか，パーティー費用（開く場合），会期中のお茶代などが必要となるので，予算の概算を組み立てておく必要がある。

b）案内状の作成

　案内状の作成は以下の順序で行う。

　　(ⅰ)案内状に使用する作品を撮影する→(ⅱ)展覧会名を決め，挿入する文章を作成，レイアウトを考える→(ⅲ)完成後，印刷業者に依頼し印刷する→(ⅳ)宛名書きする→(ⅴ)郵送する

❸ 展覧会の留意点

a）顧客の誘導

　個展を開催するにあたり，新規の顧客への対応は重要である。ギャラリー向けのフリーガイドに広告（5万円程度以上）を出稿するのが一案である。広告に費用をかけられれば，低予算の広告を掲載するのもよい。しかし，広告を掲載したことにより，ただちに買い上げになると期待しない方がよい。会期中，発表場所にどれだけの人が会場の前を通行するか，通行する人のうちアートを好む人が多いか，さらにアートを購入する人がいるかが重要となる。そのため，発表場所の立地条件が大きな新規顧客獲得の要因になる。できるだけ費用をかけずに発表場所，認知方法を考えることが重要であろう。

b）作品のインターネット販売

　インターネットとPCの普及および常時接続によって，アート・ビジネスは変化し，ネットで商品を購入する人が増えた。インターネットの特徴の1つである検索容易性の点から，インターネットで購入する場合は，自分で検索し，欲しいものを探し当てて購入している。

c）作品の創造と販売

　作品さえ良ければ売れる，と考えることは誤解である。ものを作ることと売ることとは別であり，作品を販売するためには，創造することとは異なる考え方，方法が必要となる。商品力，ブランド力，認知度が高ければ売れるであろうが，単純に店舗に並べれば売れるわけではない。まず，顧客を集め，見てもらい，評価してもらい，欲しいと思われた後で，価格の検討および顧客の購買判断を経て，初めて作品が購入される。この一連の流れを考えた上で，作品の発表，販売価格の決定を行わなければならない。売ることは，簡単ではなく，作家の人達がその能力を身につけるか，誰かにその部分を依頼するか，どちらかを選択することが賢明であろう。

d）アート業界の課題

　日本のバブル期，アート作品は投機の対象にされ，価格が高いものは価値のあるものと思われ，その作品性，作家性を検討されることはなかった。そのた

め，作品の質からかけ離れた価格設定のされたものも少なくない。現在のアート市場には多くの課題がある。作家は作品をつくることはできても，それを販売することは得意でない。そのため，ギャラリー，販売店等に販売をしてもらうことになるが，販売する能力が高い販売者は，アート性と価格とが釣り合う作品であれば，あらゆる手段を用いて販売しようとする。しかし，売れないから作品が悪い，価格が高いから売れない，という悪循環も生まれる。売れる作品が良い作品であるという発想は，正しいとはいえない。作家の作品性を育てることが，販売者やアート関係者が熟考すべき問題である。

e）作家の存在理由

作家の作品は，その作家でしか制作できないものを表現することによって，作品となる。作家とは，誰かの模倣，技術の模倣，コピーではなく，その人しか作れない，表現できない作品を生み出せる人のことをいう。作品が人に評価されるかどうかは，別問題であろう。

f）作品を発表する場所

アート作品を発表できる場所は限られる。例えば，貸し画廊やレンタル・スペース，企画画廊，公募展，百貨店等の小売販売店などである。作家が認知されるまで，作品を発表し続けることは非常に困難なことである。作品を創作しながら，画材，発表にかかる費用等を考慮すると，経済的な負担は大きい。実績のない無名の作家が，百貨店等で発表できることはほとんどない。彼らは公募展での発表も考えられるが，作品の発表という点ではよくても，多数の作家の一人であり，作家として認知されるには程遠い。アート市場が厳しくなっていることに伴い，閉鎖，移転をする画廊は増えている。より一層発表する場所が減少しており，作家にとっては厳しい時代である。

g）公募展での受賞と売上

公募展に入賞すれば，作品は売れることが多い。しかし，公募展で入賞したからといって，作品が売れるとは限らない。作家は，受賞と売上のために作品を創造するべきではない。

h）作品を自由に閲覧できる仕組み

アート作品を購入したい顧客が，アート作品を自由に閲覧でき，多くの作家，作品を選択したいと思う時，容易に探し出せるものは現在，あまり存在しない。インターネットが普及している時代にもかかわらず，著名な作家や画廊の取扱作家のみが多く，無名で，認知されていない作家，作品を見ることのできる仕組みはないといってよい。

(6) 美術商の概要

美術商（絵画を扱う美術商は画商），またはアート・ディーラー（art dealer）とは，美術家から美術品を仕入れ，それをコレクターなどの顧客に販売する業者である。また，他の業者やコレクター，オークションなどから美術品を買い取って，さらに他業者への転売を行う者もある。規模は，百貨店の美術部や商社系ギャラリーなど大規模なもの，古美術商，美術愛好家やビルオーナーなど個人が営業する小規模なギャラリーなど，様々である。また，美術商が自前の作品展示・販売スペース（ギャラリー）を持っている場合は画廊やギャラリー，あるいはギャラリスト（gallerist）などと呼ばれることもある。ギャラリスト（画廊主）の中には，「自分たちは自前のスペースを持ち，自ら見出した契約作家を育成し，ギャラリーで最高の状態で展示するというリスクを抱えることで，美術家をプロモートし，美術家と共に歩み，美術を育成する存在である」とする考え方をする人（椿原弘也氏）もあり，単に作品を安く買い，高く転売することを目的とするブローカーやディーラーとは，一線を画する場合もある。ギャラリストは，いい美術品を求める顧客と美術品を売りたい作家とを仲立ちし，結果，社会と美術界をともに発展させる仕事といえる。それぞれの美術商には分野や時代，地域などの専門分野があり，例えば古美術を扱う美術商や，現存作家や物故作家など比較的最近の作品を扱う美術商などがいる。茶道具と現代美術といった異なる分野を同時に扱う美術商は少ない。質や専門性，信頼性を保つためには，画廊としての専門分野や取扱い作家や見識を決め，それに沿った企画展示をすることで顧客に訴えることも重要である。

美術商は，価値を見抜くために美術の目利きであること，また，見る眼と資金を持つ顧客といった，良質の販売ルートを持つことが必要である。

❶ 作品の入手

ａ）古美術商・物故作家

古美術商の場合，古美術品を手に入れる機会は販売依頼，発掘，鑑定，転売などである。これは数千年前の発掘品から，数年前など比較的最近に亡くなった物故作家の作品の場合も同じである。美術品を手に入れる場合は，コレクターや名家などから伝来の品の売却を依頼され，真贋や価値を鑑定し値をつけ，売却できた場合，代金から手数料を受け取ることとなる。（また，鑑定自体にも手数料があり，美術商の重要な収入源である。）古美術品を手に入れる場合，美術品が本物かどうか，どの程度で売れるのかを鑑定することは死活的に重要である。このため，古美術商には作品の細部や良し悪しを判断する「眼」，美術品や美術史の知識，茶道ほか当該分野の美意識，美術市場の価格動向，美術品を持ち込んだ者の人物の判断（盗品や担保品を売りさばく人物もいる）が必要である。特に，本物を見抜く眼や良い作品を選ぶ感覚を養うため，美術の知識以前に，良い作品や本物をいかに多く見るかが重要だ，といったことが美術関係者の間ではいわれる。未知の作家の発掘なども，目利きとしての美術商の重要な役割である。

ｂ）ギャラリスト・現存作家

現存の作家を扱う美術商の場合，美術家と美術商との関係は専属契約が多い。美術商は，数ある美術家の中から，作品を販売したい作家や画廊の傾向・方針と合う作家を選び，その作家と契約を交わす。美術家は制作した作品を，契約した美術商（複数いる場合もある）に独占的に販売（または委託）する。美術商（ギャラリスト）は，美術家のマネジャーのような存在である。ギャラリストは，美術家を育成・指導し，彼らがより大きな発表機会に恵まれるよう美術館や学芸員に紹介して回り，また作品を購入してくれそうな顧客を回り，売上や制作に必要な資金を美術家に支払う。ギャラリストとの契約のきっかけは，

ⅰ）個展・グループ展や公募展，あるいは美術大学の卒業展などでの出展作を

見て作家に接触する場合　ii）美術家の方から画廊に持ち込む場合　iii）すでに契約している作家から別の作家（友人や教え子，注目している作家など）を紹介される場合などがある。ここでも，美術史や制作方法の知識や美術界の動向のほか，未知数の作家や作品から人や素質を見抜く力や直感が必要であり，そのためには多くの良質の作品に触れる体験が必要とされる。ギャラリストには，美術家の制作した作品の良し悪しを判断したり，制作の方向付けや指導をしたりするなど，作家育成の役割もある。この原動力になるのは，作家が大きく育つ喜びでもあるし，大きく育った作家の作品が高く売れることへの期待でもある。しかし一方，売れる作品づくりや流行している思想・傾向にあわせるような指導が行われることもあるため，作りたいものを作ろうとする作家と，売れるものを作らせたいギャラリストとが対立することもある。ギャラリストは自分と契約している美術家の資料を作成し，美術館や学芸員に紹介して，美術家が大規模な国際的展覧会など大きな発表の機会を得られるよう奔走するほか，自らの画廊で展覧会も開催する。手順としては，まず買い取ったり委託を受けたりした作品を運送・輸出入・通関する手配を行い，展覧会や作家の広告を行い，ギャラリーに作品の展示やインスタレーションの展覧会を開き，美術評論家や顧客から批評を受け，販売価格を決定した上で作品を美術館や得意先に販売して，一連の展覧会は完了する。この販売価格からギャラリストは手数料を取るが，こうして新作を売ることを一次流通（プライマリー・マーケット，primary market）という。ギャラリストは，その眼に対する顧客からの信頼やブランド，宣伝の方法や独自の顧客のルートを持っているため，優秀なギャラリストなしでは，美術家も十分に作品を売ることはできない。

c）美術ブローカー

　美術の振興や新しい作家育成といった目的にはあまり縁がなく，転売によって利益を手にすることのみを目的とする美術商を，ブローカー（broker）と呼ぶ。現に1980年代後半の日本のバブル経済時に暗躍したのも，多くはこのブローカー・タイプの美術商である。バブル期に彼らは，美術品を担保にさらに融資を受けて取引を増やしていったが，バブル崩壊に伴う美術市場の急激な収

縮に伴い，所有する美術品の時価が担保価格を下回ったため，ブローカーや銀行の多くが，不良債権や売るに売れない美術品（塩漬け美術品）を抱えることになった。

d）オークション会社

1か月前に制作したばかりの現存作家の作品であれ，物故作家や古美術であれ，一度作家から人の手に渡った物をもう一度流通させることを，二次流通（セカンダリー・マーケット，secondary market）という。美術商が個別の顧客から買い取って他へ販売することもあるが，大きな役割を果たすのが公開の場での透明性の高い売買であるオークションである。オークション会社は美術品を売りたい人から持込みを受け，専門家による鑑定委員会などで真贋や価格の鑑定を行った後，落札予想価格を決め，定期的に開くオークションに出品する。オークション前には専門家による詳しい解説つきのカタログが作成され，参加者はこれを見て落札に参加するかを決める。オークションにより落札された場合，オークション会社は出品者と落札者の双方から手数料を受け取る仕組みである。有名なオークション会社にはクリスティーズ（Christie's，1766年にスコットランド人・美術商ジェームス・クリスティー（James Christie）によって創立された老舗オークションハウス）やサザビーズ（Sotheby's，1744年にサミュエル・ベイカー（Samuel Baker）がロンドンに設立した書籍のオークションハウスを前身とする老舗オークションハウス）などがあり，これらの会社は，落札率の高さや全世界の富裕層の顧客を抱えているのが強みである。またこれらの会社の制作するカタログは，美術市場や美術研究の一級の資料でもある。オークション会社は，美術品に限らずあらゆる古道具や記念物を扱い，また大小の会社があるため一般人でも参加できる規模のオークションもある。若い作家，無名作家はキャリアの積上げによって，値段が上がる。オークション制度がなければ，文化が世の中に残らないのであり，受け継ぐことが重要なのである。オークションはその受け皿でもある。

e）アート・フェア

美術商が各地から1つの会場に集まって自分たちの扱う作品をブースに展示

し，観客が一度に多くの作品を見て直接購入できる機会が美術の見本市，アート・フェアである。これは美術作家の最新作発表の場であるほか，顧客同士や美術商同士による美術界動向の情報交換の場，美術商同士の売買の場にもなっている。こうしたものでは，スイス北西部の都市バーゼルにおけるアート・フェア，アート・バーゼル（Art Basel）は規模や来場客が巨大で，歴史も古く世界的にも名高い。各国の美術館や富裕なコレクターがここで作品を購入するほか，裕福でない老若男女も気軽に来場し，美術品を購買する。アート・バーゼルは近年マイアミでも開催されるようになったほか，ロンドン，ケルン，ボローニャ，ソウルや北京など，欧州やアジアの都市もアート・フェアを開催し，それを通じた自国美術市場の育成と自国美術のアピールに熱心である。しかし，日本では美術品を買う客層が薄い上，ギャラリー同士の取引には交換会があることから，アート・フェアが成功しているとはいいがたい。

f）交換会

　美術商同士が集まり，美術品を持ち寄り，競りにかけて売買する「交換会」がある。これは魚市場や青果市場など同業者同士の市場に相当する。美術商は協同組合（日本洋画商協同組合ほか，各地に扱う美術品の分野ごとの組合がある）を組み，そのメンバーに承認された者は出資金を出し，さらに交換会での売買の連帯保証人とならなければならない。しかし，交換会の意義は美術商に対する金融機能があることにある。売買が成立した場合，売れた美術商には即座に代金が支払われるが，買った美術商は数か月先まで支払いを延ばすことができる。この間の立て替えは会員の出資金で行われている。これはおそらく日本独自の形態であり，時に閉鎖性が指摘されるが，経営体質が不安定で銀行の融資が受けられない美術商が，かつて相互に助け合うことを目的に成立させたものと思われる。

g）営業形態

　美術商のほとんどは，オーナーの美術品に対する判断や嗜好，また顧客（ほとんどが個人である）に対するオーナーの個性という要素が大きくなるため，個人営業であることがほとんどである。規模を大きくして株式会社などに発展

しても，基本はオーナーの個性の色彩が濃い。もっとも日本の場合，版画を大量に販売する会社（絵画商法など悪徳商法と関連する会社もあり，ネットではエイリアンなどと俗称される）や，百貨店の美術部，商社系のギャラリーなど，例外も存在する。規模は，資本金・従業員・売上高ともに小規模な業者が多く，オーナー1人の場合も多い。この少ない人数で，作家との交渉，営業販売，展示作業，運送，経理，美術の調査などの業務を行っている。また自社不動産を持つ業者は少なく，大半が店舗やビルの一室を賃貸している。

h）古物営業

一次流通に関しては何の免許や許可も要らないが，一旦人手に渡った物を再度販売する二次流通を手がける場合には，日本では都道府県の公安委員会から古物商の許可を受けなければならない。この許可は，美術品だけでなく古本・中古CD・中古車・古道具なども取り扱える。

第14章 展示会・産業祭・商店街イベント

　展示会には，自社で開く自社展（個人展）と，複数の会社が参加する見本市タイプとがある。本来，展示会（exhibition）と見本市（trade fair：show）の目的は異なる。前者は一般顧客・業界関係者に対して自社製品（情報を含む）を広く披露，公開する場であるのに対して，後者は業界関係者に対象を絞り，自社製品の商談を行う場である。ここでは展示会の方法について考える（石積, 2007；小坂, 1991；小島, 1999；境, 2009b；2015a；辻井, 2013；真木・平野, 2002）。

1　展示会の制作プロセス

　展示会が成功するためには，展示会のコンセプトをあらゆる角度から総合的に検証し，点検しなければならない。この部分が展示会を成功に導くために最も重要である。いいかえれば，展示会を，商品，顧客，販促，カラー・イメージ（色彩），演出，ファサード・イメージ（正面外観），ディスプレイ・イメージ（陳列展示）の各戦略から考えるのである。展示会に関するすべての手配・業務は，プロデューサーが窓口となる。ブースの仕上がり，コストが条件を満たしても，出展者にビジネス上の成果がなければ，成功とはいえない。展示会を媒体とした販促活動という観点でブース・プランを考えなければならない。

(1)　プロデューサー

　出展の目的や，製品の表現方法などを明らかにする。外部に制作依頼する場合，デザイナー，プランナーとデザイン案，企画案の打ち合わせ後，見積書を

提出させる。発注後は，発注，製作，現場での施工，納品までの進行を管理させ，会期終了後の報告書を提出させる。

(2) デザイナー

営業との入念な打ち合わせから始まる。顧客の情報，考え，展開したいイメージを収集することは，デザインするにあたり大切なツールとなる。それら現場から得た情報，知識を基に，顧客の考えるものを形にし，新しい提案を行う。

(3) 製　作

営業，デザイナーと共に打ち合わせた図面にそって，造作物を製作する。各造作物にこだわりを持ち，各担当が現場管理までを行う。現場作業が円滑に進むように，常に効率的な仕事を目指す。1つのブースがオーダーメードされた作品となる。

2 展示会のタイプ

(1) 参加する展示会を選ぶ段階から任されたとき

展示会選びの要点は2つある。それは，来場者の「数」の問題と「質」の問題である。人数に関しては，一人でも多くの人が集まるイベントを選ぶのがよい。主催者が発表する来場者見込みや，前年の実績などから考えればよい。これに対して質を見極めるには，「誰が主催する展示会か」を考える必要がある。メーカーの主催か，メディアの主催か，プロデュース系会社の主催か。これによって事前の告知方法が異なるため，来場者の層も変わる。集めたい人（対象），伝えたい情報（内容）によって，参加すべき展示会が決定される。

(2) 参加する展示会が決まっている段階から任されたとき

「なぜその展示会が選ばれたのか」というその動機，目的を考えることが重

要である。類似のイベントは多数存在する。その違いを調べることにより，出展目的が明確になる。イベント設計は多くの工程を費やし，多数の人の参加を募るため，明確な目的がすべてにおいての判断の根拠となる。

3 「出展者説明会」「出展マニュアル」の意義

　展示会当日のトラブルは可能な限り避けたい。展示会に参加することになると，主催者から「出展者説明会」の案内がある。この説明会に参加することにより，実際の展示会を考えられるようになるため，可能な限り参加すべきである。また，「出展マニュアル」は重視すべきである。展示会のマニュアルは，一般に分量が多く，分厚い。しかし，展示会には様々な規則・制約があり，それを知らずに当日を迎えた結果，予定していたことができなくなる危険性もある。留意点としては，以下の3点があげられる。

（留意点1）
　イベントで試食を行うには，事前に保健所へ申請し，許可を取らなければならない。

（留意点2）
　パソコンでのプレゼンテーションを行うには，電気をブースへ引き込む申請をしなければならない。

（留意点3）
　インターネットに接続をして自社HPを見せるためには，会場のネット環境，PHSカードの接続可能の有無を調査しておく必要がある。水や電気，ネットワークなど，普段，オフィスでは当たり前にあるインフラストラクチャーが，会場では用意されていないことが少なくない。説明会に出席し，マニュアルを読めば，事前に判断できるため，必ず参加・確認しておく必要がある。

4 | 目的・時間・場所の決定

(1) 目的・場所の決定

　展示会の会場を設計するにあたり，最初に考えることは，この展示会で「何を」するのかということである。展示の方法は様々である。例えば，モノ（商品）を配置する方法もあれば，パネルを掲示する方法，人が加わってプレゼンテーションする方法などがある。展示会に参加する目的に合わせて，必要な内容，有効な内容を考えよう。内容が決まれば，次に，それを「どこで」行うかにも留意する必要がある。展示会で使える空間は限られているため，使える空間を分割する。簡素なスチール棚を手配する。小さな空間を縦に使う際の必需品である。このときの留意点は，空間を平面でとらえるのではなく，立面でも考えることである。商品を展示する際，平面で考えると展示したい品すべてを置くことができなくても，棚を利用して上下に商品を置けば，展示できる品数は増える。また，会場を設計する際に忘れてはならないのは，スタッフの荷物置き場である。貴重品や上着を置く場所，お弁当などが運び込まれた際の保管場所なども，自分たちが買った空間のなかで確保しなければならない。スタッフのための空間はできるだけ小さくしたいが，展示会を円滑に進めるには，絶対に必要である。こうした場所を，縦への広がりを上手に利用して，無駄なく必要な空間を確保する。

(2) 時間の決定

　多くの場合，展示会は朝から夕方まで長時間にわたり開催されるため，「時間の流れ」が存在する。この「時間」も，会場を設計する際の大きな要素である。会場は，朝から夕方までの間に途中で行う内容を変えてもよい。例えば，午前中，パネル展示の空間にしていたところを，人が集まる午後にはゲストを迎えてのディスカッション会場にしたり，商品展示の空間を使って1日に数回，

デモンストレーションを行ったりする空間にできる。最初からパネル展示とディスカッション空間，商品展示とデモンストレーション空間を分けて考えると，ディスカッションやデモンストレーションを行っていない時間，空間が不稼働なものとなる。しかし，同じ空間の使い方を変えることによって，開催時間中，その場所を十分に活用することができる。

(3) 計画の決定

デモンストレーションは，顧客が最も多いときに行うことが効果的である。また，展示会は，開催時間中にできるだけ多くの人に見てもらえることが重要である。そこで，タイム・スケジュールの概略を決めておき，会場の様子を見ながら，柔軟にプログラムを変更できるように設計しておくとよい。例えば，デモンストレーションの開始時刻を早めるなどの対応である。人の動きには必ず波があるため，そのチャンスを逃さないようにする。このときに重要となるのがスタッフの配置であり，会場の責任者以外，全員が休憩や食事に行っている間にチャンスが来た場合の対応である。チャンスを察知して次の行動を起こせるだけの人員が会場にいるように調整し，必要なスタッフとすぐに連絡を取れるようにしておくことが，会場設計計画の留意点である。

5 人的資源の活用

展示会の設計時，会場（ブース）をどのように作るか，どのようなイベントを盛り込むかに気持ちが行きがちである。しかし，運営するのは人である。人の手配や根回しも大きな比重を占める。展示会が成功するか否かは，当日の人の動きに左右される。そこで，誰に，何を，どのように依頼するか，が展示会成功のカギとなる。具体的には次の3つの点があげられる。第1に，具体的な指示を与えることである。社内の人に展示会当日の運営を手伝ってもらう場合に陥りやすい危険は，頭数だけそろえることである。しかし，これは失敗の原因となる。会場に自社の営業スタッフを配置したが，ただ商品の横に立ってい

るだけである。担当者としては，来場した人を積極的につかまえて営業してほしいにもかかわらず，期待どおりの動きをしてくれない。これは，営業スタッフに，自分たちが配置された目的が伝わっていないからである。つまり，営業スタッフは何をやってよいかわからないのである。

　この事例からもわかるように，協力してもらう人には，その目的を伝えなければならない。いかなるポストで，何をやって欲しいのか，現場でいかなる成果を出してほしいのかを，必ず事前に伝える必要がある。簡単なマニュアルを作り，やるべき仕事を視覚的に伝えられるとよい。また，情報を提供すると，モチベーションを高めることができる。第2に，「気遣い」の重要さを認識することである。協力スタッフに対しては，展示会当日に明確な説明をする時間をとった方がよい。多くの人の協力で成り立つ展示会では，事前の根回しと当日の気遣いが大事である。特に社内の人に協力を依頼する場合，「気遣い」が欠かせない。例えば，空間の都合でスタッフの控え室を用意できなかった場合，事前に控え室がないことを伝えておくだけでなく，スタッフ・バッジをはずせば来場者の休憩空間を利用できる旨，事前に話しておけばよい。さらに，休憩に行く人のためにペットボトルや缶入りの飲み物を用意したり，食券を用意したりという気遣いも有効である。気遣いによって，担当者の士気が高まれば成功である。

6　産業祭・商店街イベント

(1)　産業祭・商店街イベントの定義

　各地域の商店街が主催する農商工に関するイベントを商店街イベントという。商工会議所や行政・企業が主催する場合は，産業祭の名称も用いられる。実際には，スタンプ・ポイントカードの交換会や，盆踊り，夏祭り，朝市，夜店，展示会，発表会，さくらまつりと称する花見，七夕祭り，収穫祭，クリスマスのイルミネーションなど，多様な名目で行われている。商店街イベントの回数

は，多いものでは毎月1回，夏季の間のみ毎週末行われる場合，年に1回だけという場合もある。イベント主催は，自治会が主催するもの，町内会が主催するもの，婦人会の主催のもの，農協の主催のものなどがある。商店街が主催者となり実行・運営・管理するものだけが商店街イベントということではなく，何らかの形で商店街のメンバーが参加・協力・拠出しているのも，商店街イベントであるといえよう。ただ，商店街は，公園や会場と違い，通行人が通る道・車が通る道である。自動車通行量が多く，道幅も広くなく，危険と隣り合わせのところがある。モールなどを除き，一般に商店街は普通に車が出入りするため，人が集まりすぎると危険である。最近の警察署は安全を優先しており，歩行者天国を認めにくい傾向にある。その結果，本来の商店街のイベントの目的を考えると，商店街の中で開催された方が効果的であるが，神社の境内や大きめの公園などが利用されるケースも多い。商店街イベントの運営については，実行委員たちが自分のお店が営業終了したあと，会合を開く場合が多い。また，地域住民と一緒になってイベントを作る団体も相当数あり，定期的に会合がもたれ，商店街でも大いに歓迎されている。

(2) 商店街活性化のためのイベントの創造

商店街ソフト事業の中核は，イベント事業である。餅つき大会や中元・歳末，縁日，納涼盆踊り大会など，日常の販促面での効果はもちろんだが，地域の"ハレ"を演出するコミュニティ創出の期待も担う。商店街が担い手となった地域イベントが，昨今はマンネリ化や担い手不足のため問題を抱えている。こうした課題を乗り越え，イベント事業で活性化を図ろうと，新イベントの企画や地域との連携を模索している。

商店街は20世紀になって「発明」されたものであり，その担い手が「近代家族」であったためにその存続は必然的に厳しいものであった。20世紀前半に生じた最大の社会的変動は，農民層の減少と都市人口の急増であった。都市流入者の多くは，雇用層ではなく，「生業」と称される零細自営業に移り変わった。

そのなかで多かったのが，資本をそれほど必要としない小売業であった。当時の零細小売商は，貧相な店舗，屋台での商い，あるいは店舗がなく行商をする者が多かった。そのため，当時の日本社会は，零細規模の商売を営む人々を増やさないこと，そして，零細小売の人々を貧困化させないことが課題となった。こうした課題を克服するなかで生まれたのが「商店街」という理念であった（新，2012）。

この零細小売業者の「救済策」として打ち出されたのが「商店街」の理念である。商店街は戦後，価格を釣り上げる存在としての消費者側からの批判，前近代的な経営スタイルへの批判などを受けながら矛盾を抱えつつ成長した。地方の近隣型商店街が衰退した主な原因としては，第１に郊外大型店の進出，第２に住宅や学校，医療施設や行政サービスなどの都市機能の郊外移転による中心市街地の空洞化，第３に急速な高齢化と人口減少や流出による市場の縮小も影響し，客数が大きく減少したことにある。しかし，真の衰退の要因は，物理的な環境変化だけでなく，大型店やチェーンストアが企業努力を重ね，顧客に近づく間に，商店は自助努力を怠り，市場の変化を見過ごしてしまったことも見逃せない。

商店街が，自己資金・自己責任がビジネスの原則ではなく，補助金ありき，行政頼みの事業の企画をすることに問題なしとしない。商店街活性化事業で，自らの商売に成功した優れた商店街組合役員もいないではないが，ごく一部である。大半は商売では生活しておらず，年金や不動産賃貸など商店の売上以外から収入を得ている。つまり，「商人」ではない人が組合の役員として，加盟する商人を代表して事業を行っているという構図である。活性化したいという強い想いはなく，集客や売上を大きく伸ばすために積極的にリスクをとることをせず，補助金に従って活性化事業をする傾向が生まれてしまう（辻井，2013）。

国は商店街活性化の制度設計を堅実に行い，利益獲得に徹する必要がある。商店主は原点に立ち返り，商店街活性化に正面から挑み，土地・店舗を持つ地主は事業選択が迫られるであろう。商店主は自店の社会的価値を高めることに

努めるべきである(桑島, 2014)。

　地域再生が実現しない理由は,中小企業庁の「がんばる商店街77選(2006年)」のような成功事例を真似るためである。専門家がお墨付きをあたえた成功モデルの場所に閑散として人がいない場合も少なくない。成功事例を参考にするときは,真似るのではなく成功したエッセンスを見抜き,自社・自分向けにチューニングして取り入れていくことが重要であろう。

　従来,商店街が抱えている問題点の1つは,商店街が一種の共同体として成り立つことが困難になってきた点である。その背景には,減少する店舗数や各店舗の営業利益に格差がついているなかで,商店街の運営面での資金を各店舗から一律に集めることが難しくなりつつあること,また各店舗間の商店街という括りに対する考え方に徐々にズレが生じつつあること,などがあげられる。俯瞰して商店街を見ると,商店「街」は通りに対する商店の集合として一見成立しているように見えるが,単なる連続した店舗列でしかなく,さらに空き店舗の出現により,通りとしての序列すら維持できなくなってきた。その結果,目に見える形で商店街の衰退は浮き彫りにされ,通りとしての魅力は失われ,客足が遠のく悪循環を生んでいる。それが各店舗の営業にまで悪影響を及ぼしていた。しかし,この活動を通して,若いパワーや新しいエネルギーが起爆剤となり,アートという媒体を通して,商店街に活気が生まれることが期待され,地域住民,さらには商店街それ自身が,新しい「商店街」の姿や価値観を発見し,地域コミュニティとして新たな関係を構築する契機をつくることも可能である(境, 2009b)。

(3) 下北沢大学の事例

　東京都世田谷区下北沢周辺地区には,現在,5つの商店街が存在している。南口に3つ,北口に2つの商店街で構成されており,下北沢全体に共通しているのはファッションや雑貨に関する店舗,飲食店が大半を占めていることである。チェーンの店舗も多く存在するが,個性的な店舗がかなり多く,独自の商

品を販売しているところも少なくない。主な客層は20～30代女性である。近年では学生も多く，学生の街といったイメージもあるが，下北沢駅近辺には成徳高校があるのみで，小田急線沿線あるいは井の頭線沿線の学生が多く訪れている。

　ファッションや飲食以外にも下北沢の大きな特徴となっているのが劇場やライブハウスが数多く存在することである。特にライブハウスが多く点在することが，学生を集める1つの要因になっている。劇場の数は減りつつあるものの，本多劇場を筆頭に活発であり，役者やアーティストの活躍できる場所をつくっている。商店街としては7月には音楽祭，2月には演劇祭などを開催しており，アートのある街としてほかの商店街との差別化を図っている。さらに，2010年に発足した，しもきた商店街主催で行われる「下北沢大学」も毎年8月と10月に行われており，参加者は約300人のイベントで，アートを通してまちを活性化させるという企画である。2011年の取組みでは，駅前のワークショップ，アートイベント，キッズハロウィーン，起業支援セミナー，バンタンデザイン研究所とのポスターなどの共同制作，復興支援ライブなどである。下北沢の街自体を路上大学と称し，駅前や路上などまちの一角をキャンパスとし，下北沢大学の開催期間中には各場所でアーティストの作品を展示・販売する。その他にも講座や個展などの祭りなど様々なイベントを開催しており，地域活性化に努めている。「みんなの下北沢」という標語は，自分たちの商店街だけでなく，まち全体がよくなることを望む証左でもある。

　下北沢大学は2012年11月，東京都が優れた取組みを行う都内商店街を表彰する「東京商店街グランプリ・商店街の部」で29の商店街の中からグランプリを受賞した。自由で個性的な数々のイベントを，ひとつの枠組みの中で行った工夫性が高評価を受けたといえる。小田急線地下化と駅前開発によって仮囲い（工事現場を囲むフェンス）が増えてビジネスにも影響が出る。こうしたなか，個性的な作家や若い学生の力を借りて，アートに強い街という魅力を押し出して活性していくことが期待される（境，2014b）。

　下北沢の発展，活性化に伴い問題となるのが，下北沢に住む地元住民の声で

ある。映画やドラマの舞台となったこともあり，また観光ガイドなどにも多く掲載されることから地域の観光地化が進んでおり，長年の住人は，学生が溢れ活気がある反面，深夜でも雑多で常に賑やかである近年の傾向はあまり好ましく思われていない。

今後は，店舗同士で常に情報発信をすることにより，まち全体の連携を図り，コミュニティの把握を容易にすること，そして，防犯カメラの設置や防犯パトロールの強化をすることにより女性の個人経営の店舗でも安心して店を構えられるようにすることが挙げられている。商店街全体の展望としては，商店街の緑化を進め，バリアフリー化も促進することで観光客，住民ともに魅力を感じられる街へしていくこと，そして，下北沢独自のデザインの力で他の商店街との差別化を図ることが今後の目標として掲げられる。

［図表14－1］　下北沢大学構想　　　　［図表14－2］　下北沢大学のポスター

（出所）　境新一『東日本大震災後のコミュニティとその変革』報告書（2014年）。

(4) アート・イベントによる価値創造―飲食業における食とアートによる新たなブランディング

加藤雅幸氏は，長年にわたり上場企業で多くのプロジェクト参画や情報リテラシー教育等の企画に携わった後，メンズファッションブランド立ち上げ，ベンチャー新規事業企画室での経験等の多様なプロジェクトに参画し，インバウンド旅行を促進する活動や出版企画，フリーランスのブランディングプロ

デューサーとのプロジェクト，中小企業の事業支援に関わりながら，PR コンサルタントならびにインディペンデント・キュレーターとして活躍している。

ここでは，加藤氏のクライアントである飲食業と小売業の事業経営のなかで，25周年を迎えた米国料理レストラン＆バーの既存価値に加え，第2の創業をテーマとしたとサービス革新の一環として行っている食とアート・イベントによる，企業文化発信と新たな価値創造とブランディングの実践事例を紹介する（境，2015a）。

本格的な米国レストランと食文化を楽しめる，某レストラン（東京近郊）では，25周年を迎えて新たなブランディングを再考するなかで，このレストラン＆カフェが地域コミュニティの中核としてアートや音楽の社会接点の場も提供していることに着目し，食とレストランとアートの融合によりブランド・プレミアを確立させることを検討した。

経営者と加藤氏は，食と同様にアートも人に感動を与えるものであり，レストランとは異なる非日常空間を提供し，あわせて文化貢献ができる継続的な取組みを行うことを目指した。特に企業メセナとしての芸術文化支援に着目し，若手アーティストの活動を支援し，社会接点と価値交換の場を育むことにした。

具体的には，主催する当該レストランのイメージやサービスからアーティストとキュレーターがインスピレーションを得た作品構成によってインスタレーション（installation，展示空間を含めて全体を作品とみなす展示方法）を開催し，展示アートとの共通性を明確にさせた。レストランに適し，かつ，米国の多様な食文化同様に日本画・油画・版画・立体等を展示条件が満たされる多様なアート作品を選び，作品やZINE（自作の小冊子）等の販売，パーティー，朗読会，ライブ，スライドトークショーを融合した展示を行った。その結果，顧客，レストラン，アーティストの相互コミュニケーションが深化し，ホスピタリティーを提供できた。また，WebサイトやSNSを通して，芸術文化支援活動の企業文化を伝えた。このアート・イベントの持続が，レストランの既存価値と融合することにより，新たな価値提供が可能となった。

レストランはギャラリーとは異なり，多くの顧客が訪れる特徴をもち，アー

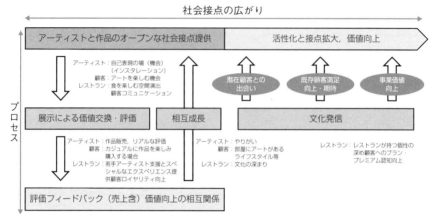

[図表14-3] アート・イベントによる飲食店の新たな価値創造

(出所) 境新一編著『アート・プロデュースの未来』(2015年)。

トの普及と理解に機会を与え、作品購入にも至っている。なお、集客は主にDM、フライヤー配布、WebサイトやSNS、口コミを活用しており、常連客の趣向にあわせてアートも受け入れられており、新たな展示企画ごとに顧客を増やす傾向にある（加藤、2014；境、2015a）。

(5) 谷中HAGISOを基点とする「まちの総合プロデュース」

東京都台東区谷中にある「萩荘」は築50年を超える木造アパートであり、2004年より東京藝術大学学生のシェアハウスおよびアトリエに使われていた。東日本大震災後、老朽化を理由に解体計画が持ち上がり、解体前最後のイベントとして、かつての住人を中心に建築全体を作品化する「ハギエンナーレ2012」（2012年2月〜3月）が開催されたところ、3週間の展示期間に約1,500人の来場者があり、大きな反響を呼んだ。その結果、建物の価値が見直され、2013年3月より最小文化複合施設「HAGISO」として再利用されることになった。

建築家・宮崎晃吉氏は同大学在学中からの住人であり、彼がHAGISOを設計・運営し、HAGISOの代表をつとめている。HAGISOは1階にカフェとギャ

ラリースペースがある。2階にホテルのフロントとショップ，事務所がある。1階のカフェは，宿泊客の朝食スペースであるが，宿泊客以外の人も利用でき，地元の人や外国人観光客で終始にぎわっている。そして，近所に宿泊所（HANARE）があり，大浴場はまちの銭湯である。ホテルの食堂は，谷中でも評判の食堂やレストランとなっている。土産物屋は商店街や路地に佇む雑貨屋である。文化体験はまちの稽古教室やお寺で可能であり，まちを散策するためのレンタルサイクルは自転車屋で借りることもできる。

宮崎氏は「萩荘」から「HAGISO」へ変わるプロセスを多くの人と共有しながら準備を進めた。現在もカフェの営業と共に，展示やアーティストによるトークイベント，ライブ，映画上映会，地域まちづくり団体の会合，海外建築留学生による公開講評会など，様々なイベントを実験的に行っている。

大企業によるまちのブランディングは，コンセプトを決め，統一のイメージでPR展開する結果，まち全体が消費され，飽きられたら終了してしまう。一方通行の開発では住民の理解と支持は得られない。HAGISOでは，谷中が潜在的にもつ本質的な良さを多く掘り起こし，顧客に合った魅力を紹介している。まちを歩き，新しい魅力を発掘し加えていくことが永続的なまちの発展につながる。現在，まち全体をトータルプロデュースする状況にある（東京藝術大学，2016）。

第15章 ファッション・ショー

1 ファッション・ショーの目的

　ファッション・ショー（fashion show）とは，従来にない新しい創造性と革新性とを伴った服装とそれに伴う化粧，髪型などをモデルに着装させてみせる（見せる，魅せる）催事である。しかし，華やかなファッション・ショーの舞台裏は秒刻みで進行するステージであり，各担当者のミスが許されない緊迫した状況で展開される催事でもあり，優雅で華やかな表舞台と戦場のような怒号飛び交う裏舞台との間には，大きな隔たりがある。それこそがファッション・ショーの魅力ともいえよう（岩崎ほか，2006；境，2009b）。

2 ファッション・ショーの構成要素

(1) 演出家

　演出家は，ファッション・ショーに関するすべてを担う仕事であり，衣装のイメージやブランドのコンセプトから，販売を目的とする営業上の効果的な見せ方を考え，舞台デザイン，音楽，照明，モデルイメージ，シーンの構成（ストーリー）やアクション（動き方）など，多岐にわたって演出プランを考える。デザイナーが演出のイメージを持っている場合は，演出家はデザイナーと議論しながら，演出を決定する。プレタポルテ（pret-a-porter，既製服）のショーやブライダル・ショー（模擬結婚式）は，メーカーやショップの担当者がいる

ため，担当者とともに演出の中身を決定していくことが多い。本番中は，モデル出しや音楽，照明の切り替わるタイミングを逐一各スタッフに指示を出す点で，演劇系の演出家とは異なる。

(2) フロア・ディレクター

フロア・ディレクター（floor director：FD）とは，舞台裏でインカムから聞こえる演出の指示どおりにモデルをステージに出して行く演出助手である。通常は Right Side（上手）と Left Side（下手）に1人ずつ，フィッティング・ルームに1人の計3人の FD が必要である。ショーの舞台裏は戦場のような慌ただしさであるため，機敏で柔軟な対応が求められる。フィッティング（着替え）が遅れる事態が発生した場合，急がせることが使命となる。FD から演出家になる人は少なくない。

(3) 照明担当者

照明担当者は，演出家のイメージを光にするのはもちろんのこと，衣装の素材や色味にも注意を払う。特にウェディング・ドレスなどの場合，繊細なレースやチュール（tulle，細糸を薄網状に織った布）の重なりが不明瞭になると，衣装が映えない。光が多すぎるとカットレースが十分には見えず，逆に少ないと色味が違って見える。微妙なライティング・ワークが求められるのはこの理由である。最近は演出照明もコンピュータで制御できる高機能のライトが登場している。以前ほどライトを吊ることはなくなったが，地灯り（基本的な灯り）は丁寧にしなければならない。観客は通常の舞台のように正面だけから見るわけではなく，ランウェイ（runway，花道）の左右，通り過ぎれば後ろからも見ることができるのである。

(4) 音響担当者

音響担当者の仕事は，演出家やサウンド・ディレクターの用意した音素材（MD や CD）を良い音で出すことである。実際には音質だけでなく，プレイ

ボタンを押すタイミング(タタキと呼ばれる)や,前の音とのツナギ方にセンスの善し悪しが現れる。演出家の好みや前後のリズム等にも気を配らなければならない。実際には,リハーサルでの修正,PCでの音づくり,音出しをする場合もある。

(5) 舞台美術担当者

舞台美術担当者は,演出のイメージを図面にし,それを立体セットにする。仕事はまず現場の図面を作り,そこに演出から出されたイメージを置いていく。ファッション・ショーの現場では,ランウェイ(runway,花道)を作り,パネルや柱,階段など次々とセットを組み立てる。非常にスピードが要求されるため,普通は美術会社の工場である程度作られたものを現場で組み立てていく作業が中心となる。この仕事は力作業であるため,男性が担うことは多い。

(6) スタイリスト

スタイリスト(stylist)とは,衣装に合わせて,アクセサリーや小物,バッグ,靴などをコーディネート(調整)していく仕事である。ファッション・センスの良さはもちろんであるが,これらを集めるには,ネットワークも必要であり,それを駆使して,ブティック,靴屋,アクセサリー・ショップ等の他,センスのある友達やモデルなどから借りる場合も少なくない。

(7) ヘア・メイク担当者

ショーのコンセプトとモデルに合わせてヘアメイク(hair make)のプランを考える。通常はヘアとメイクとは別々に行われる。実際のショーでは事前に行われる衣装合わせ(モデル合わせともいう)の日に演出家と一緒に立ち会い,ヘアやメイクの仕方を決める。アバンギャルド(avant-garde,前衛的)なメイクから,ブライダルのような美的なメイクまで幅広く対応できなければならないことはもちろん,現在流行しているメイクだけでなく,新しいイメージを作り出さなければならない場合もある。ショー当日は,担当者はバックヤード

でアシスタントに指示しながらモデルにメイクを施し，シーンごとにヘアを変える。ブライダル・ショーの場合は，ホテルの美容室が担当することが多い。

(8) ファッション・モデル

ファッション・モデル（fashion model）は，新作・流行の衣裳や服飾品を身につけ，観客に見せる人たちである。ショーの表舞台で活躍するモデルの仕事は厳しい。普段のレッスンはもちろん，食事や肌の状態，ボディ・メイクなど日常がその仕事の犠牲になる場合もある。モデルの身長は168cm〜175cm程度は必要となる。モデルになるための方法は，モデル事務所のオーデションに合格するか，スカウトされるかのいずれかとなろう。

(9) フィッター

現在の衣裳を脱がせ，次の衣裳を着せるのがフィッター（fitter）である。ファッション・ショーの本番中，優雅な表舞台の裏側は非常に慌ただしい。モデルは走り，服を脱がされ，スカートを下ろされ，身ぐるみ剝がされた状態から，再び次の衣装を着せられる。フィッターにはプロもいるが，服飾専門学校の生徒や学生アルバイトにお願いすることも多く，慣れが必要である。モデルたちに人気のフィッターとなれば，出演料（ギャランティ，ギャラ）も上がる。

(10) デザイナー

デザイナー（designer）の仕事は，服飾の専門学校を卒業後，アシスタントとして勉強したり，アパレル企業のデザイン部門に就職したりすることから始まることが多い。独立したデザイナーになると，作品の発表の場としてファッション・ショーや展示会を開催する。ショーができるデザイナーは，才能，金銭いずれにも恵まれている。個人のデザイナーがオンリー（自分一人の作品だけ）のショーを開くことは少ないが，NDC（日本デザイナーズクラブ）などの定期的なコンテストやショーで発表の機会はある。一方，水面下ではインディーズのショーも活発に行われている。ただ，ショーの費用は高額になるこ

とが多く，今後，それは改善されなければならない。

(11) キャスティング・マネジャー

キャスティング・マネジャー（casting manager）とは，ショーに出演するモデルを集めたり，イメージにあったモデルを探し出して紹介したりする責任者である。通常，この仕事はモデル事務所が行う場合がほとんどである。ショーの演出家やプロデューサーが，その地域でのネットワークへの接触方法がわからない場合，キャスティング・マネジャーに依頼して，イメージに合ったモデルを，各モデル事務所やタレント事務所からキャスティング・コーディネートしてもらう。キャスティング・マネジャーはネットワークの広さが特徴であり，モデルの情報量がカギとなろう。例えば，ファッション・ショーでも「マタニティー」「シニア」になると，通常のモデル事務所では探すことが難しく，その時に頼りになるのがキャスティング・マネジャーである。彼らのネットワークを駆使して，イメージにあったモデルを探し出してくれるのである。

3 ファッション・ショーの評価

ファッション・ショーが成功したか否か，は一般に営利目的の商業上，制作したドレスの売上実績により評価される。ただし，営利目的以外に，イベント自体への集客，産学公（企業・学校・行政）連携の強化などの個別実績により評価される場合もある。

4 ファッション・ショーの進行

学園祭，趣味のサークル，店の販売促進，という様々な目的，例えば店の販売促進，学園祭，趣味のサークルなどの目的で，ファッション・ショーを制作してみよう。まずショーに出品する「服」を決めることから開始する。「売りたい服」が「出したい服」であるが，服の内容には変化を持たせなければなら

ない。「カジュアル＆フォーマル」「スポーティ＆シック」「フェミニン＆ボーイッシュ」「高価＆廉価」など，タイプ別に幅を持たせることが大切である。「売りたい服」には高価な服を出品することも，ファッション・ショー開催の重要点のひとつである。出品する服を決めると同時に，ファッション・ショーを実施する時期，場所も決める。店舗のフロアで行うのもよいであろう。

以下は制作作業のステップである。

(1) 全体構成の決定

「遊・休・知・美」の概念で全体の構成を考えてみよう。一度作ってみて，実情に合わせて変更させていくのがよいであろう。時間は30分程度が適当である。いかに素敵なショーでも，テレビや映画と異なり，モデルによる実演のファッション・ショーは，観衆にとっては疲れるものである。

(2) モデル要員の決定

見せたい衣装の点数と，ショーの時間，モデルの人数により，1点当たり見せられる時間は決まる。これは，A分／（1人B点×C人）＝D秒で決定できる。例えば，衣裳50点，モデル5人，ショー時間30分とすれば，30分／（1人10点×5人）＝36秒となり，1点当たり見せる時間は平均36秒となる。

(3) モデルのキャスティング

もちろん，素人のモデルを使うのも一案である。特に子供服の場合は，プロよりも，募集して顧客の子息に出演してもらう方が，観衆に好感を持たれ，実際商品も売れるであろう。しかし，大人の服は，プロのモデルを使った方が成功の確率が一層増す。プロのモデルは，商品をより素晴らしく見せるためのテクニックを身につけている。ショー・モデルの出演料（ギャランティ）は，本番当日1日30分2回のショーの場合，中堅の者で5万円～10万円である。

(4) 招待状の印刷，発送

　顧客をリストアップし，会場の収容数に応じて，招待者の数を割り出す。歩留まりをみて，割増しして招待状を発送する。

(5) 会場の装飾，照明・音響

　会場には，バックパネルとステージ（張り出しステージ含む），ステージ脇に着替えのためのスペース（囲い付き）が必要である。店舗で行うフロア・ショーの場合は，照明に色は付けなくてもよいが，ステージを明るくすることは必要である。店舗で行う場合も，音響機材はプロ仕様の物を使いたい。司会者用のマイク1本と，音源を鳴らすためのMDもしくはCDデッキが必要である。音源がオリジナルでなく，著作権がある楽曲を使用する場合には，正式には楽曲使用料を支払う。詳しくは，日本音楽著作権協会（JASRAC）のWebサイトで確認されたい。プロに任せた方が華麗に，営業的にも成功する。例えば，プロの演出家を入れれば，モデルとの打合せ，ステージ上の振り付けや，ウォーキングでの動きの要求（意思疎通）が，円滑にいく。また，プロのスタイリストを参画させれば，初期の「洋服選び」の段階からアドバイスが受けられる上，通常の小売店にない小物（アクセサリー，等）の手配も可能となる。

第16章 起業・事業創造

1 イベントとしての起業・事業創造とベンチャー

　起業・事業創造は，ある意味でイベントの一種，それも継続性・持続性のあるイベントといえるのであり，ビジネスをプロデュースすることはアートをプロデュースすることと同様に文化創造である。『ベンチャー・ビジネス　頭脳を売る小さな大企業』に従えば，ベンチャーとは「研究開発集約的，又はデザイン開発集約的な能力発揮型の創造的新規開発企業」である（清成・中村・平尾，1971）。それは何らかのイノベーション・革新を伴うが，人の行動・思考に革新的な変化が生じているのであれば，技術革新を必要条件としなくてもよいと考えられる。ベンチャーの担い手は起業家（企業家）である。起業家の概念定義と研究を積極的に行ったのはJ. A. シュンペーター（Joseph Alois Schumpeter, 1883–1950）である。『経済発展の理論』，『企業家とは何か』において起業家とは「革新者，新結合を遂行する者」である（シュンペーター，1977；1998）。ベンチャーにとって必要な人間，起業するに足る能力や素質とは何か。ベンチャーにおいて必須である「夢やロマン」は，成功への戦略であるといえる。「夢やロマン」に支えられた「努力と根性」が実践の原点である。

2 アグリ・ベンチャー

　起業は全産業を対象とするが，従来，暗黙に商工業を中心に展開されてきた。しかし，今日この中に農業，第一産業が重要な位置づけを占めるようになった。

農業は，環境，文化，ビジネス，教育，地域振興など広範囲に及ぶ課題である。商工業に関する最新レベルでの情報技術を伴った，生命に関わる総合産業としての新たな農業を創造することをアグリ・ベンチャー（agri-venture）と命名することができる。アグリ・ベンチャーの分野は，最先端技術の導入を積極的に行うことによって，農業，食品関係の全般，農業用の大型施設や装置，資材，農作物の育種など広範囲に及ぶ。それは環境，文化，ビジネス，教育，地域振興などの課題とも関わる。

　農産業を通して新しい価値創造を行えるベンチャーを追求していかなければならない。そのためには，進んでリスクと向かい合い，競争しながら前進し続けていく，型にはまらない企業でありたい。地域農業に活力を与え，農業を成長産業へと浮上させる新たな担い手として，経営感覚に優れた企業の農業参入への期待が高まっている（境ほか，2013）。

3　事業計画と行動計画ならびにビジネスモデルの役割

　起業，事業創造を行うにあたり，事業計画を立案し，事業計画（ビジネスプラン）を作成しなければならない。それは，小さな失敗を経ながら早期に有望か否かを見定め，仮説の構築と検証を繰り返し，絶えず実現可能なものに軌道修正されていくことが必要である（リース，2012）。このビジネスプランによって，投資家は投資の決定をする際の重要な判定要素とする。一方，戦略や改革の具体的な施策を行動計画（アクションプラン）という。一般に，3年程度の中期計画と数か月程度の短期実行計画の2種類を用意する。中期計画は，施策の優先順位をもとに，手順と内容の展開を設定した全体計画（マスタープラン）である。一方，短期実行計画は，当面数か月程度の具体的な作業レベルの行動を明示する。

　事業計画の基礎には戦略が必要である。事業をどのように進めるのかが明確に戦略的に物語（ストーリー）化，シナリオ化されていなければならない（境ほか，2013）。

事業計画には，a．事前準備としての戦略を戦術に落し込み，b．そのための実施項目を計画書に具体的に書き込む2つの段階がある。この作成過程を縦軸と横軸から考えてみる。縦軸では，事業計画作成にあたって考え方，戦略の構築と組立てを行う工程である。事業計画のストーリーづくりである。この段階では，戦略の組立てから実行項目の設定，数値目標まで具体的内容までを大局的視点から網羅して検討される。横軸はこの戦略内容を具体的に書き込む作業である。この作業を通してはじめて，縦軸の「戦略」と横軸の「戦術」がつながってストーリー化されることになる。

　企業が行っている事業活動，もしくはこれからの事業構想を表現するモデルをビジネスモデル（business model）という。端的に表現すると，儲けを生み出すビジネスの仕組みである。ビジネスモデルの3要素とは，「顧客」「価値」「経営資源（チャネル，ノウハウなど）」である。我が国において，ビジネスの方

[図表16-1] 事業計画書例

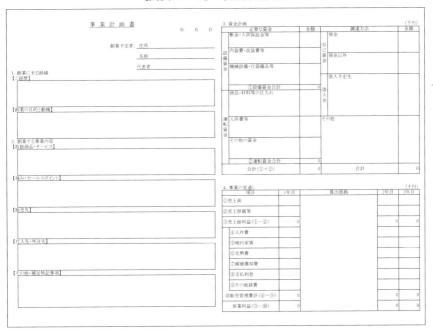

法そのものは特許の対象とされていない。しかしインターネットやコンピュータなどを用いたビジネス方法であれば、特許対象になり得る（境ほか，2013）。

4 競争優位，提携・外部委託・合併買収（M&A）および環境適応

　事業計画（ビジネスプラン）で最も重要なのは，自社の成長戦略である。一般的に，ベンチャーの戦略は，大企業に比べ乏しい経営資源のうち，どこにヒト，モノ，カネをどれだけ投入すべきか，資源配分の問題である。ベンチャーは，潜在的な成長の期待できる市場に参入すべきである。資源の乏しいベンチャーが大企業と正面から競争しても負けるのが自明の理であり，大企業との競争は回避するべきだからである。したがって，既存の成熟市場に参入するのではなく，成長が期待できる市場に参入すべきである。

　中小企業を経営する上で，特にオンリーワン，ナンバーワンを育てることが重要である。オンリーワンとナンバーワンは戦略のタイプが異なる。しかし，この両方が満たされれば最強となる。いかに小さくても1番を創ることに意義がある。それは地域，商品，顧客いずれでもよい。著名な学者やコンサルタントが主張する基本戦略をただ模倣することは危険である。他社と異なることに自社の存在価値を見出そうとしなければならない。選択できる戦略は無限にある。

　一方，ベンチャーは，勝ち残っていくために経営資源の優位性を高めなければならない。他企業に対して優位性をもつものに特化しなければ，市場で生き残っていくことが難しいからである。特許など法的に保護された権利を取得するか，簡単には模倣できない独自の技術，ノウハウがその中心となる。

　ベンチャーは，その経営資源を大企業のようにバランスよく分散させることができない。分散させることによって競争優位（competitiue advantage）の状態を維持することが困難になる場合，提携（alliance，アライアンス）・外部委託（outsourcing，アウトソーシング）・合併買収（M&A）によって調達することになる。また，環境の変化に対応していくために，ベンチャーは，スピー

ド経営を心掛け，市場に対して柔軟に対応し，あらゆる意思決定を短時間化する必要がある。

なお，企業戦略の中にあってファイナンス戦略は重要な位置をしめる。企業の成長過程においては，各段階の状況にあった形の資金調達が必要である。スタートアップ，アーリーステージ，ミドルステージ，公開直前期など，各段階において必要な資金の種類，その金額が違ってくる。また，ベンチャーの資金調達は，通常の公開企業はもちろん，一般の中小企業とも異なる（境ほか，2013）。

5 アート&ビジネス・プロデュース

プロデューサー，経営者に重要な能力としては，すでに述べた通り，直観力や洞察力が求められる上に，最終的には，プロデューサーとして中核となる資質は，シナリオ構成力（特に予測力）と演出力（特に調整力）であろう。道がないところに道をつけ，リーダーシップを発揮する人がプロデューサーである。さらに，プロデューサーはアートとビジネス，プロデュースとマネジメントの一体的な両立を求められる。利益創造にとどまらない，価値創造・感動創造が必要なのである。アート・プロデューサーは，現場（地域）で発想しながら実践し，そして分析（思考）枠組みを帰納的に創り出した上で，再び現場で実践するのである。

第17章 学会

　学会とは，各学問分野において，学術研究の進展・連絡，新たな学問知識の共有などを目的として，研究者を中心に運営される団体であり，その団体が主催する研究報告会である。学会の開催運営には準備が必要である（境，2009b）。

1 事前調査

　規模が大きな学会では，前年学会の視察は不可欠なステップである。可能であれば2年前から下見ができるとよい。会場設営のポイントとなる部分を写真撮影する。特に総合受付，演者受付，舞台懸垂サイン，式典，座長，粗品，PC発表などが重要項目である。また，事務局長や担当者にも挨拶を兼ねて取材し，裏側の苦労話も詳細に調査する。学会参加証，理事会，総会での当日配布資料なども漏れなく収集することも大事である。企業展示や昼食・セミナー（luncheon seminar）があれば，出展企業にも挨拶して来年の協力も依頼する。

2 事前準備

(1) イメージ・デザイン

　学会準備の活動に着手する時最初に必要となるのが，学会3点セットである。それは長3封筒，角2封筒，レターヘッドである。学会のロゴタイプやイメージ設定もあわせて行う。費用をかけなくても，デザインによって学会のイメージを作る事が大切である。これが学会準備活動の出発点となる。

(2) タイム・テーブル作成

1年以上前から学会当日までの具体的な進行のスケジュールを，準備項目ごとに時系列に並べて作成しておくことが，成功のための重要なポイントとなる。タイム・テーブルも Web 上で公開し，関係者間での情報共有をし，変更があれば随時更新する。エクセルで作ると便利である。準備項目は以下の通りである。

会告発行，事前登録，インターネット，演題公募，制作・印刷，事務局，旅行・宿泊，会場・運営

(3) 会告作成

事前準備の最大の難関が会告（サーキュラー，circular）の作成である。学会長が準備している特別企画が固まった段階で早めに着手する。主なチェック・ポイントは，演題募集システムとの整合性の確保である。できれば前年だけでなく，数年前までの会告を集めて分析する。可能であれば類似学会の会告も読むと参考になる。演題募集要項は，郵送からオンライン登録に変化してきた。

---

① 演題は原則としてオンライン登録とする。
② オンライン登録はインターネットに随時接続でき，本人が電子メールを常時利用できる人に限る。
③ 登録受付は電子メールで連絡する。
④ 受付番号とパスワードについては，セキュリティ保持のため事務局は回答できない。

---

(4) 学会公式 Web サイトおよびオンライン演題登録

演題のオンライン登録が主流になった現在，学会公式 Web サイトはその価値が特に大きくなった。Web サイトの善し悪しが，演題募集や参加者数にも

大きく影響する。演題募集終了後も，発表プログラムを事前に web で公開すること，発表形式を正確に伝えることがポイントである。抄録本文を一般公開している学会もある。

(5) 学会抄録集発刊

演題登録が終わったら，次は学会抄録集の刊行である。これは学会事前準備の最大の難関である。遅くとも1か月前までには刊行されていないと，事務局の手腕が問われる。

(6) 企業募集

スポンサー企業の募集数は，出展案内を作ることによって決まる。実際，医学関係の学会の場合，製薬メーカーには多数の学会から出展，広告の要請があり，選択になる場合がある。その際，出展要項が整理されているものが有利となる。

(7) 事前打ち合わせ

公的なホールを使用する場合には，会期の1か月前～2週間前に会場から呼び出しがある。これには必ず出席しなければならない。相手は舞台関係の技師である場合が多い。

❶ 準備開始時間を伝える

学会前日の事前借用，撤収時間も会場の借用料金に加算される。

❷ マイクの本数の確認

当日では対応できない場合があるため，事前に座長席のマイク，質問マイク，シンポジウム・マイクのチェックをしておく。会場にない場合は，出入り業者を紹介してもらう。

❸ 舞台技師は学会スタッフ

事前打ち合わせ時に抄録集は必ず必要部数を持参する。照明，音響スタッフなど舞台技師も学会スタッフであることから，彼らに最低2部は必要となる。

❹ PC 使用者の準備

　PC 発表がある学会では，PC 上映のサポートをする部門が重要となる。会場備え付けのプロジェクターを借りるのが最も費用を節約できるが，学会では次演者とのスイッチングを使用する必要があり，会場によっては使用できない。事前のテストが重要である。PC で起動するパワー・ポイント等の作成を専門業者に依頼した場合，高額となることが多い。小規模の学会では過重な負担を避けるために，演題数が多くなければ，学会担当者で対応する。

(8) 学会運営マニュアル作成

　学会ごとに多少は内容も異なるが，大半はどの学会でも同様である。事務局スタッフは運営マニュアルを作成することが望ましい。また，進行台本も作成すると，学会運営はさらに円滑に進む。これは各セッションごとに進行係（MC，司会）が読み上げるアナウンス台本に，演者名と発表形式（スライド使用の有無，PC 使用の場合は作成環境（Windows，Mac など）や作成ソフト（PowerPoint など））をリストアップしたものである。進行台本を各会場に準備しておくことにより，当日の運営が円滑になるのである。

3 　当日準備

　当日の学会の運営には，様々な文房具が必要である。例示すれば以下の通りとなる。
　　（例）ペン，押しピン，セロテープ，マジック，輪ゴム，はさみ，カッター，名札ケース，領収書，朱肉，文書ケース，電卓，封筒，予鈴ベル，クローク預かり券
　また，当日来場者全員に参加証を発行する。

第18章 大学における プロデュース・マネジメント教育

1 アート・マネジメントと文化政策研究

　一国の文化に関する定義，文化政策，機関・施設の監査の方法などを学ぶことは，アート・マネジメントの主要部分のひとつである。特に文化政策には，「国」だけでなく「地域」「人」に関する政策も含まれ，歴史的背景，政治と芸術との関係などを十分に理解する必要があろう。一方，文化政策の研究には，各国の文化政策の比較研究，一国の文化政策を基礎的な視点からの分析・研究，この2つの方向性が考えられる。

2 アート・マネジメントの役割と位置づけ

　アート・マネジメントの役割は，芸術と社会とをつなぐことであり，アート・マネジメントの指導者は，芸術の社会における重要性を説くと同時に，芸術は特別ではなく，社会の少数派にすぎない事実を，学生に客観的に認識させる必要がある。また，アート・マネジメントは，芸術を支える「経営学」であり，人文科学と社会科学との交差点に位置づけられるべきものである。総合的な視野で「芸術をマネジメントする」ことが必要であろう。アート・マネジメント教育の課程で，芸術はどのように位置づけられるか。アート・マネジメントに携わる者にとって，芸術を批判し，価値判断を行う能力は不可欠である。ただ，芸術と芸術のマネジメントとは区別されるべきである。現在の芸術活動を継続させるために，実戦的な技術の習得は必要であるが，将来に向けた知識

の蓄積も重要である。

3 アート・マネジメント教育

　アート・マネジメント教育の課題は，理論と実践とのバランスにある。一般に大学におけるアート・マネジメント教育においては，理論が実践より重視されている。教育とトレーニングの概念が明確に区分されていることも一因であろう。しかし，多くの教育機関が理論と実践とのバランスをとるために，芸術団体における実習，インターンシップをカリキュラムに組み込む。芸術団体等での実習は，芸術の運営を理解する最も有効な方法である。実習期間は1か月から2か月程度で，大学側は基本的には学生自らが芸術団体に接触し，実習生として受け入れ可能な団体を探さなければならない。実習では，大学側と受け入れ側の指導のあり方が重要であるが，実習時の大学側の事後支援は，十分であるとはいえない。また，受け入れ団体へ提案をまとめ，働きかけを行う学生は非常に限られており，どの芸術団体で実習を行うかによって成果も大きく異なることに留意する必要があろう。我が国では，いくつかの芸術系大学でアート・マネジメントの実習が行われている。例えば，昭和音楽大学の場合，履修生が「芸術運営実習報告書」を編集し，報告会を開催している。

　現在，我が国の音楽大学の中に，アート・マネジメントに関連する研究・教育を行う大学はいくつか存在している。首都圏の例では，東京藝術大学（音楽環境創造科），武蔵野音楽大学（音楽環境運営学科），尚美学園大学（音楽表現学科），昭和音楽大学（音楽芸術運営学科），玉川大学（パフォーミング・アーツ学科）などがあげられる。

4 ビジネス・スクールでのアート・マネジメント教育

　英国の高等教育機関の入学資格は，学生に対し当該分野における一定のキャリアを要求している。このため専門職の養成ではなく，管理職養成を目的とし

て設計され,「管理職」「総合職」として身につけるべき客観的な分析力,マネジメント理論や人材活用,文化政策研究が重視されている。つまり組織の管理職は,スペシャリストよりも,全体を把握したゼネラリストであることが求められる。英国のビジネス・スクールでのアート・マネジメント教育では,非営利の芸術団体の問題だけでなく,営利の音楽や映画産業,商業演劇等,エンターテイメント・ビジネスに対応する教育が,提供されている。その背景には,公的助成が十分でなく,生き残りのために実践的な芸術マネジメントに携わる専門職の養成が急務となったことがあげられる。芸術団体の経営・運営面の責任者(administrator)と芸術面での責任者(artistic director)との明確な役割分担,運営担当者のなかでの芸術とマネジメントとのバランスという,アート・マネジメントの基本的な問題が検討される。また営利と非営利との問題を基礎とした「産業としての芸術」「雇用」の問題も再考させる。また,ゲスト・スピーカー制度を導入して,現場の第一線で働く人々の意見を聞くことができる場を提供している。学生にとっては研究のための契機となり,直接就職につながる場合もある。一方,キャリアを持つ者には,情報交換,ネットワークづくりに有益である。芸術に対する愛情や理解だけで芸術を支えることは難しい。経営・運営面の責任者は,芸術監督と理事会との狭間で苦闘することも少なくない。総合的なマネジメント能力が不可欠である。

5 │ アート・プロデュース教育
-フィールドワークの活用とグローバル人材の育成

　将来,ディープ・ラーニングを踏まえて急速に発展してきたAI(人工知能)が,少なからず人間の仕事にとって代わる時代が来る。その結果,人間のみが可能となる仕事が残される。大学で学ぶ知識だけでは「知」そのものではない。私たちは知識や体験をもとに物事を多面的に見る力,考える力,ひらめき,それを育む感性をもたなければならない。それは単なる知識を超えた,ゆたかな「知」である。
　その解決手法として,アクティブ・ラーニングに代表される新たな手法が登

場している。いずれにせよ，討論，体験学習を通して「対話型の学び」「主体的で深い学び」を実現する必要があることに変わりはない。知識だけでなく，思考力・判断力・想像力の育成をはかる必要がある。柔軟な思考と感性で課題解決を行える人材の育成が進むことを期待したい。

　今，現場の創造行為と作品に注目するとき，政府として行政主導で文化・芸術を育てるのとは別の，民間主導で文化・芸術，広く文化創造を行う見方が可能となる余地が生まれる。プロデュースという行為，個々にプロデュースされる客体としての作品は，現場での実践と成果から生み出され，それを机上で総括することが重要である。すでに述べたように，アートは課題提起であり，デザインは課題解決であり，その両者を学ばなければならない。あらゆる現場をとらえてフィールドワークでの分析と机上での統合を繰り返す。

　いずれにせよ，アート・プロデュース教育はフィールドワークを中心に行うことが有益である。

　筆者のゼミナールでは，（1）フィールドワークとプロデュースを行う体験型ゼミナール，（2）産学公連携・創造ゼミナール　を目標にかかげている。

　学生は企業や行政などの活動に参加し，フィールドワークを通して体験的に学ぶ。内容も事業・政策の提案からものづくりまで多種多様である。実際に自分たちが社会と接点をもつことにより，学生には，目的意識，当事者意識，顧客意識をもってプロデュースする面白さを知ってもらい，一方，教員は具体的な目標をもって学生らに主体的に取り組ませるように環境づくりを行う。様々なイベントやフォーラム等に参加して場づくりを行うことも，その典型例である。また，必ず成果を形（報告書，論文，書籍，写真動画など制作物，データベース等）にさせることによって，学生には価値創造の意義を理解してもらう。その結果，学生にとって1つの成功体験が自らの無限の可能性を信じて取り組む契機となる。

　最後に，アート・プロデュース教育には，真のグルーバル人材の養成も含まれることに留意する必要がある。グローバル人材に確たる定義はないものの，私見では，日本を起点にするのではなく，広く地球規模の各地点でグローバル

に物事を考え世界に通用する人間であると同時に，日本について客観的な目を持ち，自分とは違う物の見方や考え方をする人が存在するという多様性（diversity）を常に意識することができる，グローバルリーダーたる人材を指すものと考える。

　グローバル人材に期待される能力としては，大きく2点，異文化を理解する能力，ならびに，異文化とコミュニケーションして影響力を及ぼす能力があげられよう。つまり，グローバルな人材は，出身国や文化的背景などが異なる環境の中で，相手と自分との違いを理解して受け入れ，自らの能力でときには対峙し，ときには協力して仕事を成し遂げる力をもつことである。これはまさにプロデューサーの能力（第8章4［**図表8－4**］参照）にほかならない。

　グローバルな舞台に立つためには，技術として語学力が求められ，自ら課題を提起し，課題を解決する努力をしなければならない。異文化の相手に論理的に思考過程を組み立て，最初に自分の答え提示し，その考えを文字や図表に可視化することが有益である。筆者のゼミナール学生には在学中の海外留学を推奨している。

ant
第IV部

事 例

―産学公ならびに地域との
連携，事業創造，文化創造

　第IV部では，第III部と対照させる形式でフィールドワークを踏まえたプロデュースの事例を，イベント，教育，学会，産学公ならびに地域との連携の大きく3つの領域から整理する。イベントでは，ハートフェルトコンサート・LUCISレーベルほか，展示会，展覧会，産業祭，ファッション・ショー，学会をとりあげる。次に，教育では総合講座・成城学びの森・ベンチャービジネス論（成城大学），情報処理・プロデュース論（桐朋学園大学）をとりあげる。最後に，産学公ならびに地域との連携では，商店街活性化（世田谷まちなか研究会，成城・街なか写真館／Webサイト更新，墨田区など），企業ブランディング（jiji by WORTH WHILE，はらじゅく畑），産学公からの講師招聘とネットワークづくりの事例を紹介する。

第19章 イベント

1 ハートフェルトコンサート

　筆者が自ら企画制作，運営管理を兼務してきた「ハートフェルトコンサート®」のコンサート・プロデュース事例をとりあげる（境，2009b；2013a）（本書口絵《コンサート1》《コンサート2》参照）。

(1) ハートフェルトコンサートの主宰

❶ 主催者

　筆者は，文化，社会貢献活動を行うべく，1996年9月に境企画（http://www.heartfelt-concert.jp/）を設立した。常勤スタッフは置かず，コンサートプロジェクトごとに，随時2，3名をスタッフに指名して企画制作及び運営管理を展開してきた。実体は非営利の，「権利能力なき社団」である。事業としては，主要事業：プロデュース（コンサートの企画制作，アーティストの育成等），マネジメント（コンサートの運営管理），付帯事業：録音録画物（CD，VTR）の制作販売である。

❷ 理　念

　本シリーズは，文字通り"Heartfelt Concert"＝心のこもった，人に感動を与えるコンサートであることを目指している。その理念は「人を感動させる価値の創造と提供」である。ジャンルは声楽，器楽，アンサンブル，室内楽，幕間劇，小オペラなど，中小規模（収容人員500名程度）までのホールで行えるコンサートを中心に据えている。規模の大きさではなく，品質を追求する。経

済手頃な価格でアーティストと聴衆が演奏を通して対話できる距離の中でコンサートを行うことを基本理念とする。

❸　シリーズの開始

1997年3月15日，ハートフェルトコンサートに先立って行われた，松永知子リサイタルが最初の企画である。その後，1997年9月20日，ハートフェルトコンサート（第1回）がスタートし，その後コンサート・シリーズとして現在まで継続している。

❹　シリーズの成果

1997年9月以来，2016年10月末までの19年間に，98回のコンサートが開催されている。その間に付帯事業としてルーチス（LUCIS）レーベルを創設し，これまでに7枚のCDが制作されて，ラッツパックレコード（卸売）と契約し，銀座ヤマハとも直接契約を行っている。また会員組織として1997年12月，「友の会」が結成された。2009年6月には，当シリーズは日本語，英語の両表記で商標化された。表記はハートフェルトコンサート®，Heartfelt Concert®である。さらに音楽専門誌に掲載された度重なる批評から，当シリーズの知名度が高まり，定評が形成されているものと思われる。

[図表19-1・2]　公演風景

バロック音楽公演
ハートフェルトコンサート vol.29 2001年10月

現代・室内楽公演
ハートフェルトコンサート vol.96 2012年8月

［図表19－3・4］　公演バックステージの専門家

山田宏氏（右）と九谷敏裕氏

児島巌氏

❺　シリーズの告知

コンサートの広告宣伝媒体は朝日新聞，「音楽の友」，「ぶらあぼ」であり，これまでに出演アーティストの他公演，集客の期待される大規模公演などでチラシを配布した実績を有している。現在は，チラシのインターネット配信を行っている。

(2)　ハートフェルトコンサートの評価と課題

分析の結果，明らかになったハートフェルトコンサートの各要因に関する特徴を述べる。

第1に，ホールの立地については，中核となる会場は東京オペラシティ，東京文化会館等の都心のホールである。新宿，上野周辺の会場が大半であり，最寄駅からの到着所要時間が10分未満である。集客，情報発信に好適な地域を設定しているといえる。なお，当コンサート・シリーズの入場数は収容数のほぼ常時60％以上を占めている。集客の基礎は主催者とアーティスト各自によるマーケティング努力である。

第2に，出演者（アーティスト）についてである。コンサートの質，水準を維持するために，プロフェッショナルなアーティストが起用されている。出演者（アーティスト）の分類は芸歴，コンサート出演回数，レパートリー数，

CD等録音物などの実績から新進，中堅，熟練の大雑把に3分類される。

　第3に，コンサートの企画内容については，アーティストに主導権を与え，演奏曲目の時代背景やジャンルに古典（バロック）及びロマン派時代と現代，器楽作品と声楽作品など，順番に内容が変化しており，多彩で特定分野に偏りがない。2003年から2013年まで継続的な後援者として，旭化成㈱がある。

　第4に，公演のバックステージを支えるマネジメント，技術については，専門家に一任している。ピアノ調律は山田宏氏（日本ピアノ調律師協会・特別会員），ステージ・マネジメントは九谷敏裕氏，録音は児島巖氏（トランスライブ）が担当している。次に，公演のチラシについては，様々なデザイナーに依頼しており，紙質とデザイン性に優れた蟹デザイン（田中丸純子氏ら）もそのひとつである。また，境企画Webサイトの運営については2016年より江頭建哉氏（アイリスピアノ）が担っている。

　第5に，コンサートの開催頻度は平均，年間4〜6か月に1回，計2〜3回程度である。また，入場料は最低＠3000円から最高＠4500円までである。

　第6に，コンサートの批評を新聞，音楽専門雑誌等に依頼し公開している。

　第7に，コンサートの評価をアンケートの形で毎回の来場者から収集している。

　第8として，コンサートの基本要因である企画内容と出演者，会場，日時・入場料の相関関係は強く，また，出演者数と収益，アンケート回収率と満足度，入場料と収益の間に比較的高い正の相関関係が存在することが判明した。

　最後に，当シリーズの問題点について述べる。当コンサート96回中，約7割の公演で利益がマイナス（赤字）となっている。当該組織が非営利団体であること，常勤スタッフの不在など，今後シリーズを安定的に継続する上で解決すべき課題がある。

[図表19-5a] ハートフェルトコンサート 公演概要（1997〜2013年）

回	開催時期	開催場所	テーマ	回	開催時期	開催場所	テーマ
プレ	1997.03.15	津田ホール	ソプラノリサイタル 歌曲アリア	24	2000.12.21	飯田橋アグネスH	クリスマスコンサート 管楽器
1	1997.09.20	東京FMホール	イタリアと日本のなつかしい調べ	25	2001.01.19	東京オペラシティR	ニューイヤーヴェルディアリア
2	1997.12.09	東京オペラシティR	クリスマスコンサート 歌ピアノ	26	2001.03.18	東京オペラシティR	チェロソナタ リサイタル
3	1998.01.31	東京オペラシティR	管楽器の魅力 クラリネット	27	2001.06.20	東京オペラシティR	ヴァイオリンソナタリサイタル
4	1998.02.28	東京オペラシティR	弦楽器の魅力 ピアノトリオ	28	2001.08.09	横浜みなとみらい小	モーツァルト室内楽 クラリネット
5	1998.06.20	東京オペラシティR	ソプラノリサイタル 日本歌曲	29	2001.10.16	四谷区民ホール	ヴィヴァルディ 協奏曲
6	1998.08.07	近江楽堂	サマーサロンI 木管楽器トリオ	30	2001.12.10	ルーテル市ヶ谷H	クリスマスコンサート 管楽器
7	1998.08.09	近江楽堂	サマーサロンII バロック音楽	31	2002.02.02	三鷹市芸術文化風	レクチャーコンサート バロック
8	1998.11.01	東京オペラシティR	ソプラノリサイタル アリア	32	2002.03.02	東京オペラシティR	マーラー 子供の不思議な角笛
*9	1998.11.14	東京オペラシティR	ペルゴレージ「奥様女中」	33	2002.04.09	横浜みなとみらい小	ブラームス室内楽 クラリネット
10	1998.12.05	北とぴあつつじH	クリスマスコンサート 歌と室内楽	34	2002.05.24	三鷹市芸術文化風	ヴァイオリンソナタリサイタル
11	1999.01.23	東京オペラシティR	ニューイヤーI オペラアリア	35①	2002.06.09	聖パウロ女子修道会	フランスバロック クープラン
12	1999.01.24	東京オペラシティR	ニューイヤーII 室内合奏団	35②	2002.06.15	横浜みなとみらい小	フランスバロック クープラン
13	1999.04.09	四谷区民ホール	ハイドン カルテット	36	2002.07.28	横浜みなとみらい小	グリンカ室内楽 ファゴット
14	1999.04.19	角筈区民ホール	スプリング 歌曲と器楽	37	2002.10.14	三鷹市芸術文化風	グレインジャー 歌曲&ピアノ
15	1999.06.11	東京オペラシティR	ヴァイオリン/ピアノデュオ	38	2002.11.21	三鷹市芸術文化風	マーラー 子供の不思議な角笛
16	1999.06.21	四谷区民ホール	ソプラノリサイタル 現代日本歌曲	39	2002.12.24	武蔵野市民文化小	クリスマス パイプオルガン
17	1999.08.08	近江楽堂	サマーサロンIII 17世紀の伊英	40	2003.02.01	聖パウロ女子修道会	フランスバロック ミュゼット
18	1999.10.04	野方区民ホール	管楽五重奏	41	2003.06.19	横浜みなとみらい小	フランスバロック ミュゼット
19	1999.12.17	近江楽堂	クリスマスコンサート オルガン	42	2003.09.06	東京文化会館	テレマン，バッハ作品
20	2000.03.05	津田ホール	J.S.バッハ コーヒーハウス	43	2003.11.02	東京オペラシティR	市坪ヴィオラリサイタル
21	2000.05.26	四谷区民ホール	「音楽の履歴書」I バリトン	44	2004.01.24	三鷹市芸術文化風	モーツァルトP協，交響曲
22	2000.07.16	飯田橋アグネスH	サマーサロンIV トラヴェルソ	45	2004.03.07	東京オペラシティR	鈴木ファゴットリサイタル
23	2000.10.24	飯田橋アグネスH	オータムコンサート 弦楽器と声楽	46①	2004.03.26	日本福音ルーテル	フランスバロック新旧1

回	開催時期	開催場所	テーマ	回	開催時期	開催場所	テーマ
47	2004.05.22	東京文化会館	蓼沼姉妹ピアノデュオ	48	2004.09.20	三鷹市芸術文化風	「音楽の履歴書」Ⅱバリトン
46②	2004.07.16	日本福音ルーテル	フランスバロック新旧2	49	2004.11.06	東京文化会館	伊藤クラリネットリサイタル

(2016年10月末現在)

(注1) プレとは当シリーズの先例として開催された公演である。
(注2) 開催場所欄の略記は，R：リサイタルホール，H：ホール，小：小ホール，風：風のホールを示す。
(注3) ＊は昼夜2回公演を示す。
(注4) 第35回①②は同一プログラムの2回公演を示す。

[図表19－5b] ハートフェルトコンサート　公演概要（1997年～2013年）

回	開催時期	開催場所	テーマ	回	開催時期	開催場所	テーマ
50	2004.12.12	片倉キリスト教会	50回記念公演1	67	2006.09.07	東京オペラシティR	バロック音楽史
50	2004.12.23	SDA立川キリスト	50回記念公演2	68	2006.10.28	聖パウロ女子修道会	モーツァルト古典シリーズ
51	2005.03.05	東京オペラシティR	木管とピアノ室内楽	69	2006.11.30	東京オペラシティR	砂原ピアノリサイタル
52	2005.04.17	東京オペラシティR	山崎ヴァイオリンリサイタル	70	2006.12.15	日本福音ルーテル	フォルテピアノ
53	2005.05.14	東京文化会館	重松夫妻ピアノデュオ	71	2007.03.26	東京オペラシティR	菅原ウィンドアンサンブル
54	2005.05.21	トッパンホール	オリジナルフォルテピアノ	72	2007.05.13	東京オペラシティR	山岡リコーダーリサイタル
55	2005.08.06	東京文化会館	G&A. マーラー声楽2	73	2007.06.23	東京オペラシティR	ピアノ五重奏
56	2005.09.17	東京文化会館	沼田他室内楽	74	2007.08.02	東京文化会館	木管五ピアノ室内楽
57	2005.09.23	三鷹市芸術文化風	新潟被災チャリティ	75	2007.09.09	東京オペラシティR	伊藤ピアノリサイタル
58	2005.10.11	東京オペラシティR	ベートーヴェン七重奏	76	2007.09.29	東京オペラシティR	倉澤ピアノリサイタル
59①	2005.10.21	三鷹市芸術文化風	斉藤コントラバス公演	77	2007.10.29	浜離宮朝日H	重松夫妻ピアノデュオ
59②	2005.10.30	東京オペラシティR	斉藤コントラバス公演	78	2007.11.15	東京オペラシティR	菊池フルートリサイタル
60	2005.11.26	東京オペラシティR	バロック・コンチェルト	79	2007.12.21	淀橋教会	10周年記念クリスマス
61	2005.12.08	東京オペラシティR	シサスク　ピアノ新作	80	2008.04.12	東京オペラシティR	ソプラノ木管五重奏
62	2005.12.16	日本福音ルーテル	藤枝パイプオルガン	81	2008.04.27	東京オペラシティR	冨田ソプラノリサイタル
63	2006.02.03	東京オペラシティR	梅津他室内楽	82	2008.05.27	東京オペラシティR	G&A. マーラー声楽3
64	2006.03.31	日本福音ルーテル	上尾チェンバロ公演	83	2008.10.07	東京オペラシティR	G&A. マーラー声楽4
65	2006.04.30	東京オペラシティR	C.E.P. バッハ公演	84	2008.10.20	東京文化会館	福川ホルンリサイタル
66	2006.06.08	東京オペラシティR	横山ピアノリサイタル	85	2008.11.07	ヴァーシティホール	音舞彩音楽&バレエ

回	開催時期	開催場所	テーマ	回	開催時期	開催場所	テーマ
86	2008.12.25	東京オペラシティR	ハートフェルトクリスマス公演	92	2011.03.03	東京文化会館	マーラー 大地の歌
87	2009.03.19	東京オペラシティR	鈴木クラリネット室内楽	93	2011.07.16	楠公レストハウス	チャリティーコンサート
88	2009.07.23	東京オペラシティR	猪間道明作品展	94	2011.09.04	楠公レストハウス	今井亨と仲間たち
特別	2009.11.20	松本記念迎賓館	チェンバロデュオコンサート	95	2011.12.17	楠公レストハウス	クリスマス 声楽／ヴァイオリン
89	2009.11.25	東京オペラシティR	木管アンサンブルの響き	96	2012.08.31	渋谷区文化総合大	マーラー 嘆きの歌・改訂版
90	2009.12.24	東京オペラシティR	クリスマスコンサート,サックス&P	97	2012.12.21	渋谷区文化総合小	クリスマスに名曲の調べ
91	2010.09.16	東京オペラシティR	シューベルト 冬の旅	98	2013.06.21	渋谷区文化総合大	マーラー 嘆きの歌・原典版

(2016年10月末現在)

(注1) 開催場所欄の略記は，R：リサイタルホール，H：ホール，小：小ホール，風：風のホールを示す。
(注2) 第59回①②は同一プログラムの2回公演を示す。

2 展覧会と画廊
―野村俊佐久遺作展とギャラリー椿を中心に

　ここでは，洋画家，野村俊佐久氏（1944－2007）の作品とその展覧会，および銀座で20余年にわたり経営されている椿原弘也氏の画廊について述べる（境，2009b）。

(1) 野村俊佐久氏の展覧会

　2003年11月12日～17日の東京都港区にある元麻布ギャラリーでの個展「シリーズ　星に願いを」，および2008年9月13日～15日の東京都中央区人形町にある好文画廊で開催された同氏の遺作展を取り上げる。野村氏は，筆者の拙著・装画のうち2冊を担当されており，筆者自身，生前に同氏の展覧会に足を運んだ（本書口絵《展覧会》参照）。

❶ 野村俊佐久氏の略歴

　野村俊佐久氏は，武蔵野美術大学で山口長男氏の薫陶を受け，卒業後の1970年，26歳でソルボンヌ大学に留学生として渡仏し，以後17年間の滞欧中にヨーロッパ各地で作品展を開催し，国際的な美術展で数々の賞を受賞した。茨城県

[図表19−6]「生と死の演出」野村俊佐久作

[図表19−7]「体験的霊視」野村俊佐久作

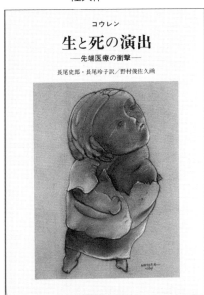

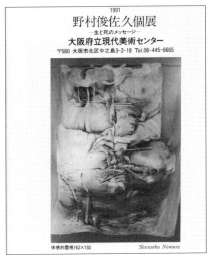

小美玉市でアトリエ「一，館」（いってんかん）を開き制作活動を行っていた。彼が探究し続けるテーマは重い。混沌とした灰色の時代を感じる現代，広島・長崎の原爆，第二次世界大戦下で人体実験が行われた収容所，崩壊されたベルリンの壁，水俣の水銀汚染の公害，チェルノブイリ原子力発電所事故，過去に人間が犯してきた愚かな罪がいまだに残している世界の傷跡である。欧米では，親子間や居合わせた誰とでも，社会問題を日常的な会話として話し合われている。野村氏が滞欧中に学んだことは，語学や美術の技法だけでなく，社会や人間の内面心理に対して真摯に向かい合う姿勢だと考えられる。野村氏は，人間の持つ不可解な内面性を探求し続けた。そして2007年３月，野村氏は病気のため惜しまれつつ死去した。

❷ 野村俊佐久氏の目指したもの

彼の絵画は，反戦や環境問題，社会の歪み，人間の心などを，個性的な画風で強烈に訴えている。多くの作品に，画面そのものがひび割れたかのように

様々な方向から線が引かれ、緊張感を高めている。傷ついた胴体や鳥、魚の頭など、繰り返し登場するモチーフは、人間の存在の意味を問いかけてくる。イラク戦争も同時多発テロもみな過ちとわかっていながら、戦争に突き進んでいく。芸術で過ちを訴えた。一方、彼は「人間の生きる条件」「生と死の演出」などをテーマに、人や社会の本質を問い続けてきた。野村氏は「ヒューマン桜島シリーズ」と題して、故郷の鹿児島のシンボルを通じて人々へのメッセージを託する作品も並べられている。桜島は故郷の象徴ということに留まらず、生と死のドラマを感じさせるものがある。海外にいたときも、桜島のことが常に断片的に頭の中にあったという。桜島が戦争などの人間の愚かな行いに苛立っている姿を描いている。桜島は、ただきれいというだけでなく、エネルギーがあり、素晴らしい魅力ある山である。また厳かさがあり、恐怖を与えられることもある。桜島は生きており、我々を見て戦争や環境問題について警告を発している。桜島の絵に出てくる人物は女性でも男性でもなく、性を超えた審判者

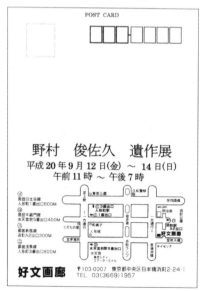

[図表19-8] 野村俊佐久 遺作展告知はがき（2008年）

[図表19-9] 野村俊佐久 遺作展（2008年）

のような存在である。桜島は今も生きていて，人間界の右往左往を見続けている。野村氏が一貫して絵に求めているテーマは「生と死」である。野村氏は，「なぜ生と死が多くの作品にみられるか」という自らの問いに対して，「生と死の色調」と題する手記・ノートのなかで以下のように記している。

　　①誕生と愛と勇気と死を真実の日常性に　②生ある者は歓喜と不安の日々　　③生死の象徴「戦争と平和」の色調　④東と西の生と死の表現方法その差異　⑤収容所，刑務所，養護学校の色調　⑥魂のぶつかり合い　最先端医療　⑦幼少期と老齢期をいかに描くか　⑧青年時代に特に「生と死」の芸術作品を　⑨大地と海と空は文化意識から「生と死」へ　⑩今日の病巣（公害，エイズ，自閉症など）　⑪上等品の色は君が創る　⑫出発と脱出は白色と赤色で

1987年に帰国したが，日本では彼のようなメッセージ性の強い絵画は，最初は容易に受け入れられなかった。しかし，今日，彼の先見性と示唆は改めて高く評価されるところとなっている。人間として，戦争，貧困，環境という問題に目を向けるのは当然のことである。絵もそこから出発しなければならない。

(2)　椿原弘也氏の画廊経営

　銀座界隈には，資生堂ギャラリー，東京画廊，ギャラリー小柳，奥野ビル内など多数の老舗画廊が存在する。筆者が担当する講義科目「総合講座Ⅱ」においても，これまでに画廊経営者が登壇している。銀座柳画廊（野呂好彦氏，洋子氏），東京画廊（山本豊津氏），ギャラリー椿（椿原弘也氏）などである。ここでは銀座にて画廊「ギャラリー椿」を経営する椿原弘也氏をとりあげたい。椿原氏は，20歳代で新しい画家と出会ってから，若い無名の作家と歩む決意をしたという。若い将来性のある作家に出会い，ともに歩む。作家を最後まで見届け，紹介するのである。画廊とアーティストとが寄り添ってやっていくしかない。アート作品をマネジメントすることは難しいが，人間・アーティストをプロデュースすることはできる。一人のアーティストに情熱を傾け，画商はアーティストを支えるのが役割である。画廊は敷居が高いといわれる。椿原氏

が考えることは,いかに常時画廊に人を呼ぶことができるかである。絵画と価格(値段)との関係は複雑である。作家も生活があるため,買ってもらわなければならない。ただ,留意すべきは,似非コレクター,ブローカーが金儲けの材料にアートを使っていることである。まだ発表していない若手作家の作品に高値をつける。投資マネー,ファンド・マネーに惑わされないようにしなければならない。価値,希少性こそが重要である。ギャラリストはアーティストを守り,長い目で育てなければならない(境,2009b)。

　日本のアート界は,2000年を境界に変化したといえる。村上隆氏,奈良美智氏,草間彌生氏らの新鋭が注目を集めたことが象徴的である。村上氏は自らマーケティングし,何が世界で評価されるのか,戦略的に考える必要を訴えている。模型,おもちゃ,コミック,アニメーションなど,いわゆる「おたく文化」を世界に発信すればよいという。クール・ジャパンとも呼ばれる。美術が私たちの日常に入ってきたと実感し,新しい時代が来たと思える。近代美術と現代美術との違いは,「社会性,メッセージ,コンテンポラリー,同時代性」である。アートの価値を高めるためにギャラリストが存在する。世界中の画廊が集まるアート・フェアでは,富裕層が集まる。アートフェア東京では,4日間で10万人の来場者があり,30億円の売上があった。横浜トリエンナーレ,バーゼル,ビエンナーレ,アジア市場(香港,シンガポール,タイペイ,ソウル),

[図表19-10] ギャラリー椿

シンガポールが影響力をもつと予想される。シンガポールは文化および金融立国を目指しているが，日本はシンガポールのようになれるかは，甚だ疑問がある。ただ，日本だけがグローバル社会から取り残されるとの危機感が拭えない。海外では都市，国が支援している。文化が人を呼び，資金を集められる。本来の評価は，海外ではオリジナリティ，社会性，メッセージ，ナショナリズムが，一方，日本では学歴，所属団体（交換会に入り，共通の評価がないと難しい）が重要である。ただ，草間彌生氏は2016年秋，絵画・彫刻等の芸術分野における長年にわたる貢献が高く評価され，文化勲章を受章した。彼女は「芸術が人生，命のすべて」といい，学歴にかかわらず卓越した才能と努力で旺盛な創作意欲で作品を創作し続け，世界の美術館で個展が開催されている。2016年には，米国タイム誌で「世界でもっとも影響力のある100人」にも選ばれた。

(3) GALLERY TAGA 2と㈱インターアート 7

田賀ひかる氏は，GALLERY TAGA 2（東京都世田谷区祖師谷，http://gallerytaga2.com）の代表をつとめている。彼女は大学卒業後に一般企業での社会経験を経て，改めて独力で学び直して，母親から継承したGALLERY TAGA（1990～2000年）をGALLERY TAGA2（2014年～）としてリニューアル・オープンし，ギャラリーと展覧会に関する事業・経営を展開している。

田賀氏は，アート作品は売れるか，という問いに対して，栃木県立美術館・山本和宏氏らの調査報告書「現代美術家の意識及び生活実態を探る」（研究代表者：山本和弘，研究課題：「厚生芸術の基礎研究」日本学術振興会科研費基盤研究（C）第二部）を踏まえて（山本，2012～2015），「企画展だけでアート作品はあまり売れず，それだけで生活していくことが難しいのは，作家のみならずギャラリーにもいえる」と結論付けている。そこで，田賀氏は，「アート作品と顧客をつなげる」ことを理念に意欲的に事業を展開している。現在の主な事業は以下の通りである。

(1) GALLERY TAGA 2（東京）での企画展開催
(2) ギャラリーグランエターナ（パリ）での共同企画展開催

(3) アートレンタルサービス「T＋」(テ・プリュス)
(4) 異業種店舗での展示やコラボレーション
(5) コミッションワーク(委託制作)やパブリックアートの推進
　美術館へコレクションの提案

　田賀氏は，さらにアートをビジネスにする過程で，「アートがまだ一部の人だけのもの，アートを買う人が少ない」という課題にも取り組んでいる。今後は，現在の事業継続，新たな販促方法やギャラリーの形態の模索，新しいプロジェクト(幼稚園生や小学生対象の対話型鑑賞，街ぐるみの取組み)の開始，アートに関連する様々な人との協働を目指している(田賀，2016)。

　一方，小林貴氏は，大学理工系学部を卒業してソニー㈱に入社した。在職中から多くの写真コンテストの企画，審査に携わり，本格的に会社員からアートビジネスへ参入を果たすべく，2013年に㈱インターアート7(東京都世田谷区砧，http://www.interart7.com)を設立した。2014年より，小林氏は，国内・海外でアートビジネスに携わり，ヨーロッパを中心に契約作家の作品をアートフェアなどで展示し，現地のギャラリー・コレクターへの紹介，海外作家の日本国内への紹介，作家のマネージメント，プロモーション，アート関連イベントの企画などの多様な事業を展開している。

　小林氏は当初はアートビジネス未経験であったが，「アートをビジネスへ」と変える方法として，日本と海外のアートマーケットの違い，リサーチとアクションの違いに注目した海外展開，作家と顧客の2つの側面に情報フィードバックを徹底するなど，他の事業者が行っていない方法に注目している。売れる作品とは「前代未聞の作品」であるという。小林氏はアートをビジネスに変え，新しいことを始めるときに「現場・現物・現実」主義，自分が面白いか・人の役に立つか・利益が出るか，を基準として意思決定を行っている(小林，2016)。

3 キラリ☆まちだ発見・町田市産業祭
（現　キラリ☆まちだ祭）

　地域の経済，産業の祭典として，展示会とパフォーマンスとで構成される産業祭というイベントが開催されることがある。ここでは東京都町田市で行われた町田市産業祭をとりあげる。町田商工会議所（東京都，中小企業相談所：井之上正司所長）は，2004年から町田ターミナルプラザ屋上，小田急百貨店町田店屋上などを会場に開催する「キラリ☆まちだ発見・町田市産業祭」を開催してきた。

　筆者は2006年，第3回産業祭での実行委員就任の要請，および「産学公連携」，「集客」に結び付く方策の協力依頼を受け，実行委員を応諾した（境，2009b）（本書口絵《産業祭》参照）。

(1) 主催ならびに後援

　主催：町田商工会議所，町田市産業祭実行委員会後援：東京都，町田市，近隣大学8校・高等専門学校2校，㈶東京都中小企業振興公社，町田市商店会連合会，町田市中央地区商業振興対策協議会，㈱町田まちづくり公社，国民生活金融公庫，中小企業金融公庫，東京都税理士会，東京都行政書士会，町田市経営診断協会

(2) 開催趣旨・目的

　産業祭は，町田市内の中小企業の販路拡大とオリジナル商品，製品の開発および産学公の連携による可能性を目指して，2004（平成16）年から開始された。市内の中小企業・大学・行政および公的機関・起業家・商店会などの参加により「つなげよう！産学公の連携」と称し，地域振興および活性化を図り，事業者がこだわりを持った，町田発の名産品・技術・情報などを一同に集め，広く市民や近隣住民にアピールすることを目的としていた。

(3) 開催日時

産業祭は，2006年10月21日（土），22日（日）両日の10：00～17：00（22日のみ16：30）に開催された。また，21日18：00～21：00には，異業種間交流会「まちだビジネス交流プラザ　産学公ネットワークづくり」が同時に開催された。

(4) 開催場所・会場区分・出展コマ数

今回の産業祭は，「キラリ☆まちだ発見　町田市産業祭」と題して，3つの会場で計66コマ（企業，団体，学校）が出店した。各会場は以下の通りである。

第1会場：ぽっぽ町田野外広場「ふれあい市」37団体　卸売業を中心としたオリジナル性の高い商品等の販売，展示

第2会場：街かどギャラリー・1階「オリジナル商品製品市」10社　2005年度「まちだ経営革新大賞受賞企業」「町田市オリジナル商品ゼミナール参加企業」を中心とする独自性のある企業の出店会場

第3会場：ぱるるプラザ町田5階「けやきの間」，小会議室「産業の創造と交流広場」19社および学校　第3会場の目的は，a) 大学・専門学校等の出展およびPR，イベントの実施　b) 大学セミナー，講演会，プレゼンテーション　c) 町田市名産品PR　d) 工業製品および建設関連，サービス業等の展示・PR　e) 創業支援セミナーの開催　f) 何でも無料個別相談会　であり，その催事事業には次の5つがあげられる。①「キーワードを探せ！まちだ発見Qラリー」（各会場への回遊性を高めるため，3会場にスタンプラリー・ポイントを設置し，第3会場に最終ゴールを置いた。そこで三角くじを1回引き，当落が決まる仕組みである。）　②町田市名産品披露／試食会　③地元大学生による「ファッション・ショー」開催　④市内事業者製作楽器による「マリンバ」演奏　⑤地元チームおよび学生による「よさこい」演舞披露　さらに，「Web版産業祭」を同時に行い，61社がインターネット上でWeb版町田市産業祭のホームページを公開し，リアルとネット世界の相乗効果により，新たな展開を

[図表19-11] "キラリ☆まちだ発見"～第3回町田市産業祭～（2006年）

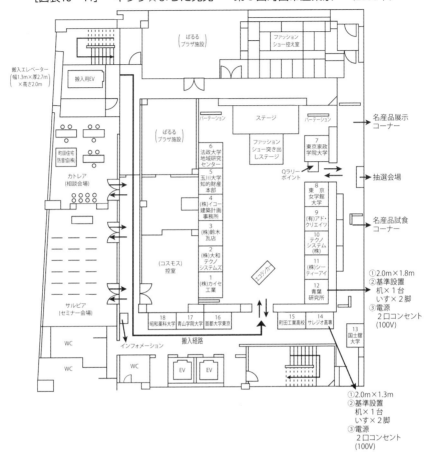

(出所) ぱるるプラザ町田5階（第3会場のみ）

図った。また，今回の Web 版町田市産業祭は，単に出展者の紹介する Web サイトにとどまらず，最新の IT 技術を活用したブログ，アクセシビリティに配慮するとともに，公開期間を1年間（2007年9月まで）とした。

(5) 成果と課題

町田市産業祭は，町田市内の中小企業の販路拡大とオリジナル商品の開発，

[図表19-12a] まちだ産業＆農業フェスティバル"キラリ☆まちだ祭"（2016年）

[図表19-12b] 第43回町田市農業祭（2016年）

地域振興と活性化を目指し，産学公の連携による様々な可能性を追求した。この結果，2006年度第3回産業祭への来場者数は2日間計19,573名となり，前年度の来場者数16,858名より約3,000名の増加となった。成果としては，インターネット，Web上での開示情報の充実および広報・宣伝の好印象，スタンプラリーによる来場者の周遊効果，異業種交流の実現などがあげられる。一方，課題としては，3会場によるイベント分散，会場容積の不足，事前説明会の不備，イベントと展示との混在による来場者の混乱助長などがあげられる。いずれも今後検討すべき課題となろう。

(6) その後の展開

「キラリ☆まちだ発見～町田市産業祭～」は2004年から2009年まで計6回開催された。しかし，今日，産業と農業，観光資源を融合することが求められてきたことから，2010年より「まちだ産業観光まつり」「町田市農業祭」「町田夢

舞生ッスイ祭」を同時に開催する「キラリ☆まちだ祭」に再編された（本書口絵《産業祭》参照）。

4 ファッション・ショー
－町田市産業祭での学生イベント－

ここでは，イベントの成功要因について，町田商工会議所が主催した産業祭において，衣裳を自ら制作しモデル・ウォークした大学生によるファッション・ショーを事例として，筆者がこの産業祭の実行委員兼プロデューサーの視点で分析・整理した（境，2009b）。

(1) ファッション・ショーの企画から制作・実施まで

今回の産業祭イベントに関する戦略は，他大学と差別化できる東京家政学院大学の魅力，中核となる強み（コア・コンピタンス），家政学部の「衣食住」分野をアピールし，加えて産業祭により大きな集客をするための「華」（華やかな魅力）となることが必要であった。その結果，大学の出展・催事として，第1に，衣「ファッション・ショー」という答えは必然であった。第2に，住「町づくり計画」，食「デザート試食」，これらによって大学として「衣食住」すべてを来場客に示すことが狙いであった。また，ファッション・ショーを対外的に初開催するにあたり，ショーとしてのレベルの高さをショーアップ＆アピールするために，演出家・中原由美子氏の起用を決定した。中原氏は，3歳より石井小波氏の門下でモダン・ダンスを始め，輿水三春，友井唯起子の各氏に師事し，法村・友井バレエ・スクールにてクラシック・バレエ，スパニッシュ・ダンスを学び，バレエ団公演に参加し，立教大学卒業後，ロンドン，パリにて研鑽を積んだ。多数のクラシック・バレエ公演，モダン・ダンス，地唄舞，創作，演出など幅広い舞台活動を続けている。1984年より中原由美子バレエ・アカデミーを主宰し，1994年にはバレエ・フレイグランス創作バレエ公演を旗揚げし，2006年に世界舞踏祭にて国際交流賞を受賞している。筆者は，中原氏と約10年前より公演を通して交友関係にあり，ファッション・ショーの直

前（2006年8月）に開催された同氏公演の鑑賞が，演出を依頼する直接の契機となった。

なお，中原氏の「バレエ・フレイグランス」の概念について言及する。中原氏の場合，アート，踊り，香り，制作をすべて一人で担当する。五感，特に視覚，聴覚に加えて，嗅覚・香りも重視する。人間の内面，関心，日本人の心に根差すものを踊るようにしている。絵画からもインスピレーションを得るのである。通常のバレエ公演の場合，スタッフは，舞台監督1名，装置5名，照明6名，音響1名，楽屋4名，受付スタッフ2名，劇場スタッフ10名，主催スタッフ10名，衣装2名と，合計41名に及ぶ。演出の中原氏は総括指示を行うが，中原氏と舞台監督とをつなぐ一切の雑務は，楽屋チーフに任せている。実際に舞台を作る時は自分自身で台本を作り，イメージを絵に書き，長い文章にせず，色・構図を描く。舞台製作の全員を集めることは難しいので，絵コンテを全員に配布する。ただし，映像を作る時は部分ごとに制作するので柔軟に対応でき，舞台監督，音響，照明には明確な内容を伝える必要がある。準備には一定の時間がかかる。ホール準備予約には一般に1年前，ダンサー準備には3～5か月，プログラムによっては，何年も構想を温める場合もある。あまり，物語を追いすぎないで，エッセンスを絞って動きをつける。

産業祭実行委員会の会議は，2006年7月から10月までに，計3回開催され，企画内容および実施に向けた各種の決定がなされ，産業祭当日における実行委員の役割分担も決められた。

産業祭の総予算996万円のうち，この催事には約30万円が割り当てられた。ファッション・ショーの演出・振付および舞台美術のアイデアは，中原由美子氏が担った。学生は，モデル，スタッフ等を中心に総勢40余名が協力した。中原氏の演出では，ドレスを見せるだけでなく，ショーとしての魅力を高める演出としてダンスが取り入れられ，ゲスト・ダンサーとして，中原由美子バレエ・アカデミーより若手舞踏家2名が出演し，重要な役割を果たした。フロア・ディレクター（FD），照明，音響，フィッターは学生スタッフが担当した。スタイリストは被服構成学研究室の教員が担当し，ヘア・メイクは山野美容芸

術短期大学の助手および学生が担当した。そして，ドレスのデザインは，教員の指導に負うところが大きく，実際のドレス制作およびファッション・モデルは，すべて学生が担当した。キャスティング・マネジャーは，教員および学生が担った。

(2) ファッション・ショーの概要

① テーマ："Fashion Show Gift Box"
② 開催日時：2006年10月21日（土），22日（日）両日とも11：30〜12：00／14：00〜14：30 各2回計4回
③ 開催場所：町田市・ぱるるプラザ5階「けやき」ステージ
④ 開催関係者：第3回町田市産業祭・実行委員（大学部会・催事部門）：境　新一　ファッション・ショー担当窓口：東京家政学院大学・家政学部家政学科衣環境コース・被服構成学研究室・教員2名，山村明子氏（現，現代生活学部教授），富田弘美氏（現，同准教授）
⑤ モデル：学生11名
⑥ スタッフ：フィッター，音響・照明の担当者など　10名　ヘア・メイク4名
⑦ 準備

  a）音響：会場に備え付けられたものを使用する。音響オペレーターは大学スタッフ

  b）照明機材：会場天井照明のほか，スポット照明2機を使用する。スポット・オペレーターは大学スタッフ

  c）MC：大学スタッフ

  d）ステージ（進行）：会場備え付け組立てステージを使用する。（高さ40cm×4台，高さ20cm×2台）

  e）客席用イス：会場のイスを用意する。30脚程度。

  f）姿見：4台

  g）プロジェクター：1台

h）着替え室：会場裏和室を用意する。

(3) ファッション・ショーの評価と成功要因および課題

　ファッション・ショーは両日とも，地元企業トップや商工会議所，一般入場者にも大きな反響を呼び，高い評価を受けた。東京家政学院大学は，異業種交流会に4名の教員で臨んだが，大学のアピール姿勢と今後に展開する人脈づくりのために有益であった。また，簡素でわかりやすい出展（町づくりモデルと試食など）も評価された。更に，アルバイト学生・延べ22名全員が当該大学の学生であり，高い評価を受けた。最終的には，大学の総意として産業祭を成功に終わらせられたといえよう。

　なお，当ショーに関する記事が，読売新聞（2006年10月23日付）に写真入りで報道された。そして当産業祭の終了後，出展者（66社）に対してアンケートが実施された（2006年11月発送，回収65社）。その結果からも，ファッション・ショーが評価された点が裏付けられた。ファッション・ショーの成功要因としては，以下の点があげられる。

① 前出の通り，第3回産業祭への来場者数が前年度に比べて増加した背景には，2日間計4回開催したファッション・ショーが，集客に寄与した点は小さくない。
② 筆者が演出・振付の中原氏を起用した結果，単にドレスを見せるだけでなく，バレエ・ダンスを機動的に活用して，演出効果の高いファッション・ショーとなり，ショーの価値，魅力を飛躍的に高めた。衣裳と音楽がともにリズムよく進行し，視覚的，聴覚的に融合したショーの効果が大きかった。また，回数を経ることにより，ショーの完成度が上昇した。
③ 学生が自ら制作した衣裳を身につけ，モデル・ウォークしたファッション・ショーであるため，新鮮さがあった。
④ ファッション・ショーに関わる女子大生（若い女性）がイベントに

「華」を添えた。

　最後に，今後の課題としては，大学の産学公連携に対する姿勢が，どこまで持続可能か，という問題である。少子化に伴う大学経営の優勝劣敗は，想像を遙かに超える格差を生んでおり，改革の余地をも奪っている。産学公の連携を持続し，学生のニーズを満たした，質の高いファッション研究・教育を創造していくことが望まれる。

第20章 教育

1 アート・マネジメントコース
（東京家政学院大学　2004〜2007年）

　これは東京家政学院大学（東京都町田市，家政学部を中核とする大学）において，筆者がデザインした副専攻コースである。「アート・マネジメントコース」は一般教養科目（受講を推奨する科目から30単位履修）と専門科目（4科目8単位履修）とから構成される。

(1) アート・マネジメントコースの趣旨

　アート（art, arts）とは，芸術，生活技術，商品開発技術，発明などの多様な意味を持つ。当コースは，学部の副専攻科目としてデザインされており，人文科学（アート）・社会科学（マネジメント）の交差領域を扱い，アート・マネジメント（社会貢献理念，組織，経営管理・意思決定，事業の計画・実施・評価，資金管理，人材育成，文化政策，関連法），アート・ビジネス（企業の経営戦略，マーケティング，商品開発プロセス）の知識を踏まえて，アート創造の現場（美術館，博物館，劇場・ホール，展示会場）の運営管理について学び，最後に当該施設で実習を行う。人を感動させる価値を創造・提供する意味を考え，アート・センスの修得を目指す（本書口絵《教育》参照）。

(2) 専門科目

❶　アート・マネジメント論（1年次）
　この講義は，アートの社会性を理解し，経営学の理論を基礎に，アートに関

する組織（芸術施設・団体，生活・観光関連の企業）・個人，理念・意思決定，事業（作品創造，商品開発，イベント，展示会，展覧会，コンサート等）の計画・実施・評価，収益と費用，人材育成，マーケティングを学び，アート・マネジメントのセンスの取得を目指す。

❷ アート・ビジネス論（2年次）

この講義は，アートの社会性を理解し，経営学の理論を基礎に，アートをビジネスの最前線で商品，サービス，作品（製品）として具体化する（発想から商品化までの）商品開発プロセスの理論とケース・スタディを行う。たえず新しい価値を創造し，価値ある商品を提供するアート・ビジネスの発想，アート・ビジネスのセンスの取得を目指す。

❸ アート施設運営論（3年次）

アート・マネジメント（社会貢献理念，組織，経営管理・意思決定，事業計画・実施・評価，資金・運用調達，人材育成，マーケティング），アート・ビジネス（文化支援・投資，地域文化，アート関連法，企業研究）を踏まえて，アート創造の現場を提供する画廊・美術館，博物館，劇場・ホール，展示会場，民間および公共施設，そして生活関連・観光関連施設の運営および管理について，事例を通して学ぶ。中根俊士氏（東京アーティスツ社長），石川尚樹氏（コンセール・プルミエ社長），服部敬史氏（八王子市郷土史料館学芸員）が交代で担当した。

❹ アート・マネジメント実習（3年次）

アート・マネジメント，アート・ビジネスおよびアート施設運営を踏まえて，学生諸君が実際にアート創造の現場を提供する画像・美術館，博物館，劇場・ホール，展示会場，民間および公共施設での現場研修を実施する。研修時にはプロジェクトの一部を担当し，研修終了後に企画書・報告書を作成し，学内で報告会を行う予定である。

なお，2006年度アート・マネジメント実習については以下の通りであった。

(i) 開講時期
　前期　2006.4.18～2006.7.11（4.18はオリエンテーション）
(ii) 開講曜日・時限
　火曜日4・5時限　および　週末（土曜日・日曜日）等の約5時間
(iii) 担当講師・出講日・内容
　中村聰氏（国立音楽大学），石川尚樹氏，服部敬史氏
- 中村聰氏　2006.4.25，5.19，6.20，7.11　計4回
　　演奏会場の種類，制作マネジメントとステージ・マネジメント，舞台用語，舞台道具　ホール見学「杜のホールはしもと」，表方と裏方の仕事
- 石川尚樹氏　2006.5.16，5.30，6.8，6.18，6.20　計5回
　　コンサート実習　（ア）企画から実施まで，（イ）コンサート実習，（ウ）印刷物の作成，（エ）イベントの情報告知，（オ）宣伝広報の重要性，（カ）イベント実施後の課題整理
　　※コンサート実習にはハートフェルトコンサートでの2公演を用いている。
- 服部敬史氏　2006.5.9，6.10，6.11，6.13，6.23　計5回
　　博物館・美術館でのグッズの開発，見学と指導　（ア）グッズの開発，（イ）博物館見学（相模原市立博物館），（ウ）美術館見学（八王子市夢美術館）

　アート・マネジメント教育において最大の課題は，その理論と実践とのバランスにある。欧米においても，一般の大学教育においては，理論が実践より重視される傾向にある。教育とトレーニングの概念が明確に区分されていることが原因である。しかし，就職問題を抱える学生にとっては，より直接仕事に結びつくマーケティングやプレス等を具体的に学びたいと感じるのは当然である。ただ上記のコースがどの程度この要望に応えられているか，実際の評価にはさらに時間を要するであろう（境，2009b）。

2 情報処理・プロデュース論
（桐朋学園大学　2000〜2014年）

　情報処理・プロデュース論は，桐朋学園大学（東京都調布市，音楽学部を中核とする大学）における一般教養科目であり，情報処理の技術を使いながら，将来，芸術家（アーティスト）を目指す学生に自分自身が出演する公演を企画させ，セルフ・プロデュース力を養わせることを目的とする演習である。(a) 公演企画書およびチラシを制作し，提出させる。(b) 自分の保有するCD／楽譜ライブラリーを制作し，提出させる。いずれも，将来アーティストを目指す学生に，自らをプロデュースできる能力を養わせることが狙いである。なお，コンサート企画書・コンサート・チラシの項目は以下の通りである。

　①コンサート趣旨　②コンサート表題　③コンサート曲目（プログラム，曲目に関する簡単な解説）　④出演者（名前・写真・プロフィール）　⑤コンサート日時，場所（ホール・地図）　⑥コンサート料金（指定，自由，学生，サービス付きなどの種類）　⑦主催，協賛，後援，問合先，チケット取扱　⑧収支予算（収入・支出・利益）　受講生は，各自の実現可能な夢の公演を独自に描いていく（境，2009b；2012）（本書口絵《教育》参照）。

3 総合講座Ⅱ・成城学びの森
（成城大学　2008年〜）

　総合講座は，成城大学共通教育科目の1つであり，アートとビジネスが相互浸透する今日の状況を踏まえて，人を感動させる価値創造および提供を行い，公益に資するクリエーター，プロデューサー，職人（匠），研究者などをとりあげ，その専門分野と技法，価値創造の行為と作品，能力開発と後継者育成，仕事に対する姿勢から多様な知見を学ぶことを目指す。

　当講座は，2012年より筆者が成城大学にて担当しており，「感動を創る」「創造の原点〜匠が語る価値創造の行為と作品〜」「創造と変革の原点」（後期，各13回）で展開されたアート・プロデュース，"人を感動させる価値の創造と提供"

の現場に携わる五感にあふれた実務家，芸術家（アーティスト），研究者等の招聘講師，実務家が登場する。具体的にとりあげる対象は日本の内外を問わず，人文社会・自然科学分野の研究者，美術・音楽・演劇など芸術・アートの分野（対象としては西洋文化だけでなく，日本の伝統芸能も含む），衣食住に代表される生活産業やエンタテインメント産業，展覧会・展示会・ファッション・ショーなどのイベント事業で活躍するクリエーター，職人などの価値創造という「行為と作品」である。2009年から現在までに，延べ80名（重複を除けば約30名）余りの講師が登壇している（第10章，図表10－3）。

一方，「成城学びの森」は，生涯学習を支援するために2006年4月に誕生した組織である。少人数の受講生を対象とする「コミュニティー・カレッジ」では，春夏および秋冬の年間2期にわたって開講され，本学専任教員を中心に原則1名の講師（ゲスト招聘は可）によりなされる。「オープン・カレッジ」では，統一テーマの下，毎年3～4講座開講され，1回完結で行われる。講師は成城学園および各界著名人からの招聘である。いずれにせよ，本学の持てる教育・研究・地域の資源を活用し，生涯学習に寄与することに注力している（境，2012；2013a）。

ここで留意すべきことは，筆者は，形式上は講師という位置づけにあるものの，それにとどまらずプロデューサー，ファシリテーターとしての役割を担い，かつ，コミュニティの一員でもある点にある。毎回10名前後から30名超に及ぶ受講生には，専門家や事業・業務経験の豊富な人も多く，当方が教えられることは少なくない。また講座テーマに連続性があるため，リピーターも多く，アットホームな雰囲気が自然に生まれる。したがって，毎回，講座により形成される「コミュニティ」の中で，講師・受講生との双方向のコミュニケーションが親密になされ，講座終了後もネットワークの機能が持続し，多様な知が共有されるところに大きな意義があるといえよう。

さらに，本講座における受講生の優れた成果に関しては，2010年度（11月2・3日）の本学・文化祭にて「インドネシア音楽と舞踏：成城の森に響く竹の音色"アンクロン"＆華やかな衣装で舞う伝統芸能"バリダンス"」（代表・大井

第20章 教育

道江氏)「犬の写真展：ラストポートレート～この世に生を受けて～」(代表・泉薫氏)の発表・展示が行われ，500名を超える来場者を得て高い評価を受け

[図表20-1]　「成城学びの森」における担当講座テーマ（2016年10月末現在）

年次	講座期	講座タイトル
2008年	春夏	今日からあなたもプロデューサー　－アート・プロデュース＆マネジメント入門
2008年	秋冬	今日からあなたもプロデューサー　－アート・プロデュース＆マネジメント入門　2
2009年	春夏	今日からあなたもプロデューサーⅡ
2009年	秋冬	今日からあなたもプロデューサーⅡ　2
2010年	秋冬	夢を形に：ビジネス＆イベント・プロデュース
2011年	春夏	夢にチャレンジ！　－ビジネス＆イベント・プロデュースの企画・提案・実践
2011年	秋冬	ひらめき／ときめき創造！　ビジネス＆イベント・プロデュース
2012年	春夏	アート・プロデュース入門　－夢を形に紡ぐ
2012年	秋冬	アート・プロデュース入門　－展示企画の作成・実践を通して－
2013年	秋冬	アート・プロデュース活用術　－講演会の企画・実践を通して－
2014年	春夏	農商工プロデュース入門　－アート＆ビジネス融合系手法－
2014年	秋冬	アート＆ビジネス・プロデュース入門　－ブランド価値を高める手法－
2015年	春夏	アート＆ビジネス・プロデュース入門　－ブランド価値創造の技法－
2015年	秋冬	アート＆ビジネス・プロデュース　－新たなブランディング手法の構築－
2016年	春夏	新・価値創造　－デザイン思考を活用したアート・プロデュース－
2016年	秋冬	新・価値創造2　－戦略情報とデザイン思考によるプロデュース手法－

[図表20-2]　インドネシア音楽と舞踏

[図表20-3]　犬の写真展：ラストポートレート

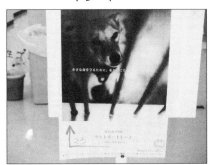

（出所）　筆者撮影。いずれも2010年。

た。これを契機として，成果の公表は今後も継続的に行われる予定である。

　筆者は，このうち「コミュニティー・カレッジ」にて，アート・プロデュースに関わる試行錯誤を理論および実践の両面にわたって行ってきた。講座テーマは**図表20－1**の通りである。講座の趣旨に関して，紹介資料から2つ例示することとしたい。

(1)　2016　春夏　講座概要

　今日，ビッグ・データの時代にあって，起業，まちづくり，六次産業化，イベント企画，事業開発など，様々な場面で的確な情報（戦略情報，actionable intelligence：AI）と意思決定，アートとビジネスを融合した総合的な価値創造が求められている。この講座では，デザイン思考を踏まえてAIを活用したアート（作品）とビジネス（事業，イベント）を融合する企画・提案の方法をゲストも交えて学ぶ。

　なお，この講座では，プロデューサーの役割にも注目する。彼らは異なる分野に属する人とコラボレーションして新たな感動と価値の創造を実現する。プロデュースする対象はアートやビジネス，エンタテインメント，起業，地域活性化，まちづくり，ブランド創造など広い分野に及ぶ。

第1回	5／12	自己紹介，アートとビジネスを融合した価値創造，デザイン思考，戦略情報（actionable intelligence：AI）
第2回	5／26	デザイン思考の活用，戦術と戦略，AIと意思決定，アート・プロデュースの手法
第3回	6／9	6W2Hによる要件整理，重要要素，AIの抽出，経営資源の確保
第4回	6／23	企画書の作り方／企画内容，市場と競争優位の獲得，ブランディング
第5回	7／7	アート＆ビジネスの創造／実現プロセス，経営とリスク対策，資金手当て

第6回　7／14　アート＆ビジネスの持続的展開／PDCAサイクル，QPMIサイクル，AIを駆使したプロデュース実践

(2) 2016　秋冬　講座概要

今日，ビッグ・データの時代にあって，様々な場面で的確に選択された情報（戦略情報，AI）と意思決定，アート（芸術，作品）とビジネス（事業，イベント）を融合した総合的な価値創造とその可視化が求められている。この講座では，多様な発想法とデザイン思考のもとでAIを活用したアートとビジネス融合の企画・提案方法を実際の課題を素材として一緒に学んでいこう。

なお，この講座では，プロデューサーの役割にも注目する。彼らは異なる分野に属する人とコラボレーションして新たな感動と価値の創造を実現し，プロデュースする対象はアートやビジネス，エンタテインメント，起業，地域活性化，まちづくり，ブランド創造など広い分野に及ぶ。

第1回　10／13　自己紹介，アートとビジネスを融合した価値創造，デザイン思考，戦略情報（actionable intelligence：AI）
第2回　10／27　発想法，デザイン思考の活用，戦術と戦略，AIと意思決定，アート・プロデュースの手法
第3回　11／10　6W2Hによる要件整理，情報からAIの抽出と可視化
第4回　11／17　企画書・事業計画書の作り方／企画内容，市場と競争優位の獲得
第5回　12／1　アート＆ビジネスの創造／実現プロセス，経営とリスク対策，資金手当て
第6回　12／8　アート＆ビジネスの持続的展開／PDCAサイクル，QPMIサイクル，AIを駆使したプロデュース実践と検証，全過程の可視化

＜課題＞
(1)　自分が1年後に実現したい作品，商品，イベント

(2) 自分が5年後に達成したい目標・達成像
　以上のどちらか1つを選び計画書（企画書）を作成して下さい。

[図表20−4] 成城学びの森 講座風景（2016年）

4　ベンチャービジネス論
（成城大学　2012年〜）

　ベンチャービジネス論において，前期は，総論としてベンチャー企業の起源・役割，ベンチャー企業の業種／事業の特徴などについて整理し，次に各論としてベンチャー企業の構想・設立・展開のプロセス，企業家／起業家の資質とインセンティブ，ビジネスチャンス，経営チーム，外部専門家，理念・志，経営戦略・成長戦略，販路・マーケティング，市場と競争優位性，提携・M&A，知的財産・アートとブランド収益構造，成長ステージとファイナンス，VC，資本政策，成功へのプロセス，起業〜リスク管理〜社会貢献，そして最後に事業計画書（ビジネス・プラン）の構造について整理する（バイグレイブ＆ザカラキス，2009）。さらに後期は，受講生による事業計画書の作成とプレゼンテーションを行う。受講生はフィールドワーク，現場実査をとおしてベンチャーを考え，組み立てることによって企業の設立から解散までのライフサイクル，企業の全体像も理解できる。事業計画書の項目は以下の8点に絞り込む。

①事業プラン名　②事業内容　③市場環境　④競合優位性
⑤市場アクセス　⑥経営プラン　⑦リスクと解決策　⑧資金計画

　起業・事業創造には，プロデューサー・マインドである夢を実現する「引き寄せ」と人脈をつくる「巻き込み」が不可欠である。受講生は事業計画書の作成を通してプロデューサー・マインドを体感することができる。

　これまでの5年間に小田急線沿線の駅および駅周辺の活性化事業計画，農商工を連携させた事業計画，世田谷区沿線地域での起業・事業創造，下北沢北口エリアでの事業計画など，約140が提案された。受講生が2012年～2015年度にベンチャービジネス論・課題として提案した主な事業計画書は以下の通りである。

[図表20-5]　学生による事業計画書・提案事例―ベンチャービジネス論での課題

2012年度

事業計画名	拠点	チーム構成・人
イケダン教室	三軒茶屋太子堂商店街付近	2
『お茶漬け屋』	三軒茶屋	2
会員制SNSと連携した親子カフェ	経堂農大通り商店街	1
「大豆にこだわる！からだに優しいドーナツ屋	千歳烏山	2
スイーツセレクトショップ	下北沢	6
やさしいいのち 　～世田谷産の野菜等を使った料理を提供するレストラン	成城学園前	3
実践インターンシップ型英語塾	下北沢	4
インターネットカフェ	成城学園前	5

2013年度

事業計画名	拠点	チーム構成・人
東宝映画	祖師谷大蔵駅周辺	7
FEsしもきたほーる	下北沢	2
成城学園フットサルコート＆スポーツバー	成城学園前	1
ウルトラマン記念館	祖師ヶ谷大蔵	4
小田急鉄道博物館	梅ヶ丘，喜多見	1
FC町田ゼルビアとの提携	町田	6

事業計画名	拠点	チーム構成・人
きずな教室	祖師ヶ谷大蔵	3
経堂 dE ラーメン	経堂	3
小田急マルシェ	小田急線沿線・コルティなど	6
パワースポット巡り	豪徳寺	3
猫のいない猫カフェ	豪徳寺	3
スポーツ都市構想	生田	6
オーガニックカフェ	代々木上原	5
よみうりランドショッピングモール	読売ランド	1

2014年度

事業計画名	拠点	チーム構成・人
St. Vege 地産地消コミュニティーカフェ	成城学園前	6
和スイーツビュッフェ	下北沢駅西口	4
小田急・農家直売店	小田急線沿線	1
世田谷の里 －道の駅からの発展－	世田谷区近郊	3
経堂コルティフェス	「経堂コルティ」屋内テラス	5
葉菜 Café ～第六次産業植物工場～	成城学園前，世田谷区全域	6
Cafook　集中して作業できる空間×本屋	成城学園前	6

2015年度

事業計画名	拠点	チーム構成・人
廃棄物を生かす　～もったいない精神	経堂	6
HerartFru Cosme	尾山台	4
せたがやさいちば	三軒茶屋	1
テーマパーク「なごみ」	鶴川	5
ふるさと食堂　～心からのくつろぎ～	町田	5
鹿料理「うま鹿もん」	祖師ヶ谷大蔵	1
店「あまのがわ」	読売ランド前	4
百人百色　～学生の学生による学生のための，カスタマイズ式弁当屋～	成城学園前	7
世田谷育ちの野菜を使ったスープ店　～地域野菜の知名度アップを目指して～	経堂	3
地域密着型プロジェクト！　世田谷と学生の味方弁当！	成城学園前	2

2016年度

事業計画名	拠点	チーム構成・人
下北沢に訪れたことを発信したくなるミニバーガースタンド	下北沢	5
下北沢レンタルスペース	下北沢	5
カレーセレクトショップ	下北沢	3
Do It Your & Myself 交流・体験型カフェ	下北沢	5
ローカルエコロジー	下北沢	3
BUS CAFÉ おいでよ！下北沢	下北沢	3
ちょい飲みワインバル	下北沢	4
下北沢で食べられるオリーブ牛専門店&デザート	下北沢	2
アイス&カップケーキ販売店	下北沢	5
お祭りカフェ	下北沢	4

（注） 2016年度は下北沢・特定店舗で展開する事業計画書を作成した。

第IV部　事　例

第21章　産学公ならびに地域との連携，事業創造

1　シンポジウム
──東日本大震災後のコミュニティとその変革

　筆者はこれまでに実行委員長をつとめた学会全国大会が2つある（日本公益学会，2005年・第6回大会，2010年・第11回大会）。ここでは成城大学グローバル研究センター・研究員として開催した，成城大学グローバル研究センター主催／公開シンポジウム，文部科学省私立大学戦略的研究基盤形成支援事業「東日本大震災後のコミュニティとその変革　－商店街，まちづくり，芸術の視点からの検証－」（2012年11月18日，成城大学）について述べる（大庭，2012a，2012b；境，2014b，2016b；中澤，2013；盛岡タイムス，2012）。

> 今回のシンポジウム　背景と趣旨
>
> 　　　　　　　　　　　　　　　　　　　　境　新一
>
> 　2011年3月に起きた東日本大震災により，被災した地域のコミュニティは大きな打撃を受けた。地域の一部が被災したケースと異なり，多くの市街地や集落が丸ごと津波で流され，原形を留めていない地域が少なくない。住宅や公共施設が再建されてもかつての住民がどの程度自治体に戻るか明らかでもない。物質・精神の両面にわたり疲弊している地域と人々のために，国・地方公共団体も様々な政策を打ち出してきたが，いかに地域が主体的に継続的に活性化策を展開するかが課題である。被災地における地域再生・コミュニティ再生の課題は大きい。
> 　震災で世界的に評価された人々の絆の大部分は，長い歴史のなかで地域

の人々が積み上げてきた相互関係が基礎になっており，時代とともに衰退しているコミュニティの関係が，震災・津波の来襲という強大な外的要因によって再びクローズアップされたともいえる。地域コミュニティという資源は，地域の人々にとって貴重な財産であり社会的資本でもある。コミュニティ関係の喪失は地域の持続性を困難にし，地域を衰退させる。地域の再生は，単に住居の確保だけなく，生業・雇用の確保も解決しなければ被災者の地域復帰は難しい。被災地の復興のためには，この困難な状況のもとでの地域コミュニティの再生・創造を実現しなければならない。我が国では，1960年代の高度経済成長が下降線をたどりはじめてから，地方地域における地域資源の豊かさとその有効活用が説かれるようになった。

　まず，地方自治体による地域コミュニティの再生・自立への取組みは，基盤となるコミュニティ組織の範囲の再編，地区公民館や役場支所等の管理運営方法の変更，地域コミュニティへの財源の見直しなどで，行政の負担を削減する意図が含まれることも多い。

　次に住民等の組織には，コミュニティ組織のほか特定の年齢層などからなる市民活動組織を含んでおり，なかには商業者で構成される組織も見られる。市民活動組織の多くは，その自立的経営を図りながら，地域コミュニティへの貢献活動を始めるケースもある。コミュニティ組織のなかには自立的な経営を実現するための収益事業に取り組み，その余剰を地域コミュニティに還元して地域の暮らしの条件を向上させているケースも見られる。

　第3に，地域コミュニティの支援を主な目的に含んでいる中間支援組織の例として，企業，NPO，社会福祉協議会による活動がみられる。

　地方地域の再生策としては「持続性のある経営」と「地域社会に支えられる協働」の仕組みを創出することが重要であり，行政組織等には多様な活動が活性化し，地域全体の社会的経済的な力の拡大に結び付けられるような支援とマネジメント力が求められる（境，2014b）。

　さて，これまでに述べた，東日本大震災によるコミュニティの自立・再生の

課題は当該地域に限ったことではない。それ以前から我が国に存在し，解決しないまま今日に至る，我が国全体におけるコミュニティの問題が，一挙に顕在化したというべきであろう。

そこで，今回，成城大学グローカル研究センター（GSC）公開シンポジウムでは，「東日本大震災後のコミュニティとその変革 −商店街，まちづくり，芸術からの検証−」と題して行うこととした。東日本の地域に限定せず，広く地域のコミュニティを対象に，講演とパネル・ディスカッションを組み合わせて3部から構成する。

最初に，グローカルとは何か，について考えを述べたい。それはglocal: global link to localという表現に代表されるように，ローカルがただ国内に閉鎖的に存在しているだけではドメスティックである。そうではなくローカルが基盤となり地域に根差してグローバルに結びついて世界に発信できて初めてグローカルになるという考え方である。

次に，コミュニティという言葉については，いくつかの定義を整理する。海外では米国の社会学者，R. M. マッキーヴァー（Robert Morrison MacIver），日本では行政の国民生活審議会，学者では広井良典氏，秋山弘子氏，奥野信宏氏らの定義がある。

例えばマッキーヴァーによれば，コミュニティは人が基礎的な共同生活の条件を共有する，独自の共同生活の範囲であり，生活を包括的に送ることができ，かつ，社会生活の全体像を確認できるような集団であり，その要件としては地域性と共同意識をあげることができる。また，倉沢進氏によれば，多くのコミュニティの定義に共通する要件として，「共同性」，「地域性」，「つながり性」の3点が指摘されている。

つづいてシンポジウムの構成を説明したい。まず，講演Ⅰ・対談は"商店街，生活者とコミュニティ"という視点から「コミュニティの発展と商店街の役割 −市民・企業・行政の協働−」と題して，商店街を中心に，生活者，安全・安心，経営，協働などをとりあげて議論を行う。それにつづくパネル・ディスカッションⅠでは「商店街活性化とコミュニティ再編成 −多様性と価値創造

の挑戦-」とし，賑わい，まちなか観光，子育て支援，キャリア形成などを話題としたい。

次に，講演Ⅱは"企業，まちづくりとコミュニティ"という視点から「コミュニティの豊かさとは何か －企業によるコミュニティ支援，小布施町からの俯瞰-」と題して，まちづくりを中心に企業によるコミュニティ支援，中間支援組織の運営等についてお話をいただく。これにつづくパネル・ディスカッションⅡでは「まちづくり・地域資源の活用とコミュニティの変革 －日本・海外における農商工連携の課題と展望-」とし，地域変革，まちづくり，景観，地域間ネットワーク，農商工連携，日本・海外の事例比較など通して議論する。

そして，講演Ⅲは"文化／芸術とコミュニティ"という視点から「東日本大震災後のコミュニティの絆 －変革における芸術の役割-」と題して，文化／芸術を中心に，東日本大震災後のコミュニティ再編成，文化／芸術，絆について，ヴァイオリン・プロジェクト「千の音色でつなぐ絆」をとりあげていただき検討する。最後に，被災木で製作したヴァイオリンの音色により，最後に会場に絆づくりを試みる。

[図表21-1] 東日本大震災後のコミュニティとその変革　シンポジウム風景
　　　　　（2012年）

成城大学グローカル研究センター主催／公開シンポジウム文部科学省私立大学戦略的研究基盤形成支援事業

「東日本大震災後のコミュニティとその変革
－商店街，まちづくり，芸術からの検証－」
2012.11.18（日）10：00〜17：40　成城大学3号館003教室

油井雄二氏（成城学園・学園長，成城大学・学長）
上杉富之氏（成城大学教授，グローカル研究センター長）
桑島俊彦氏（全国商店街振興組合連合会理事，最高顧問）
阿南　久氏（消費者庁長官）
柏　雅康氏（しもきた商店街振興組合理事長）＊論題提起者
笹本昭一氏（成城商店街振興組合理事長）
高山　博氏（世田谷区産業振興公社副理事長［現，顧問］）
市川望美氏（非営利型株式会社POLARIS（ポラリス）代表取締役CEO）
市村良三氏（長野県小布施町長）
武藤隆晴氏（岐阜県郡上市総務部長・兼・八幡統括）
原　　隆氏（厚木商工会議所専務理事）
丸　幸弘氏（㈱リバネス代表取締役CEO）
臼井真美氏（㈱クリアリンク・ファーム代表取締役）
大庭泰三氏（ヴァイオリン・プロジェクト「千の音色でつなぐ絆」事務局長，プロデューサー）
清岡優子氏（ヴァイオリン奏者）　大野真由子氏（ピアノ奏者）
境　新一（成城大学　教授，総合司会）
（注）職位はいずれも2012年当時のものである。

　　　　　　　　　　　　　内容

1．開会および挨拶

開会の辞（境　新一）　開会挨拶（油井雄二）
2．趣旨説明
（境　新一）
3．講演Ⅰ・対談　商店街，生活者とコミュニティ
講演Ⅰ-1　コミュニティの発展と商店街の役割〜市民・企業・行政の協働（桑島俊彦）
講演Ⅰ-2　コミュニティの発展と商店街の役割〜共感と協働の地域コミュニティづくり！（阿南　久）
対談　ならびに　質疑
4．グローカル研究センター所長の挨拶
（上杉富之）
5．問題提起ならびにパネル・ディスカッションⅠ
問題提起（柏　雅康）　パネリスト所見1（笹本昭一）
パネリスト所見2（高山　博）　パネリスト所見3（市川望美）
パネル・ディスカッションⅠ　ならびに　質疑
6．講演Ⅱ・パネル・ディスカッションⅡ　企業，まちづくりとコミュニティ
講演Ⅱ　コミュニティの豊かさとは何か　−協働と交流のまちづくり−（市村良三）
パネリスト紹介　パネリスト所見1（武藤隆晴）　パネリスト所見2（原　隆）
パネリスト所見3（丸　幸弘）　パネリスト所見4（臼井真美井）
パネル・ディスカッションⅡ　ならびに　質疑
7．講演Ⅲ・演奏　文化／芸術とコミュニティ
東日本大震災後のコミュニティの絆　−変革における芸術の役割−（大庭泰三）
被災木で製作したヴァイオリン演奏（清岡優子，大野真由子）
8．閉会

[図表21-2]「東日本大震災後のコミュニティとその変革－商店街，まちづくり，芸術からの検証－」チラシ＆ポスター（2012年11月）

本件に関しては，いくつかの論文，書籍でとりあげた。以下は，書籍『アート・プロデュースの未来』からの引用である。

＊ヴァイオリンプロジェクト「千の音色でつなぐ絆」
　2012年3月，東日本大震災で多大な被害を受けた岩手県陸前高田市において，ヴァイオリンプロジェクト「千の音色でつなぐ絆」（"Bond Forged of a

Thousand Tones" Project　以下，「千の音色でつなぐ絆」と略す）が，世界的ヴァイオリニスト，I．ギトリス氏（Ivry Gitlis）の追悼式での献奏を皮切りに始まった（盛岡タイムス，2012）。発案者は，世界的に知られるヴァイオリン製作者の中澤宗幸，夫人でヴァイオリニストの中澤きみ子，そして当該プロジェクト事務局長の大庭泰三の3氏であり，まさに手仕事で被災地の文化復興支援を世界に発信して今日に至る。

　このプロジェクトは，被災地で生まれ育った木材でヴァイオリンを製作し，賛同する仲間が組織「命をつなぐ木魂（こだま）の会」を作り，その楽器の演奏を通して被災された方を励まし，亡くなられた方に鎮魂の祈りを捧げることを目的としている。この組織は被災地でのコンサート実施などを目的とした「被災地の子供達にコンサートを贈る基金」なども設立している。中澤氏は震災前，家の床柱や梁に使われ，被災地で暮らす人々の過去が刻まれた木を弦楽器として蘇らせ，それに対して大庭氏と木魂の会が指名した千人のヴァイオリニストがリレーのようにその楽器を受け継ぎながら，年間100回の講演を目標として10年かけて日本および外国において千の音色で奏でていくプロジェクトにした。

　日本の伝統には，心の底から願いを叶えたいときには千羽鶴，千手観音など「千」に縁が深い。流木で作られた楽器は，演奏者から演奏者へ託され，震災のため一瞬にして消滅したコミュニティ，人と人との絆のシンボルとなる（大庭，2012a；中澤，2013）。被災地で成長した子供達が，この楽器を演奏することになった時点で，このプロジェクトは一区切りとなる。それまでには，楽器に千人の演奏家の音色が弾き込まれ，楽器自体が歴史を刻んでいく長い時間を要し，被災地域の環境整備も進むことが期待される。この催しを語り継ぎながら，将来は岩手県等の東北地方に音楽学校を創立し，教育者を養成することが計画されている。当該事例は演奏会を企画・製作し，将来学校を建設し人材を育成する部分はアート，地域に経営資源を循環させ富が蓄積して地域活性化やコミュニティ再生がなされる部分はビジネス，新たな試みの部分はすべてプロデュース，陸前高田市の創造や再生を一定期間に確実にすすめる部分はマネジ

[図表21−3] 大庭泰三氏

[図表21−4] 被災木で製作されたヴァイオリン

(出所)「東日本大震災後のコミュニティの絆―変革における芸術の役割―」,大庭泰三氏(左)とヴァイオリニスト・清岡優子氏　筆者撮影。2012年11月

メントに相当する。ここにアートとビジネス,プロデュースとマネジメントの関わりが構築されていることがわかる。

　プロデューサーである大庭氏は,中村天風氏(1876−1968)の哲学を学び,「心の環境を改善するためのきっかけ作り」をライフワークとして,様々なイベントを通じて異世代間の交流機会,そして各々の価値観に相応しい多くの出会いを提供してきた。心の環境改善,言い換えると人間の性能を磨くこと,日本戦後教育の弊害を改め評価尺度を変革すること,人を集積する元気や感動の創造などに注力している。また,彼は新しい視点で町おこし村おこしの方法を提案している（大庭,2012b）。アート・プロデュースの観点からみると,主体は中澤夫妻,毎回のアーティストならびに大庭氏と「命をつなぐ木魂の会」,客体は被災木で製作されたヴァイオリンおよびそれによって奏でられる音楽,そして彼らの行為は芸術の創造行為であると同時に,人と人との絆,コミュニティの再生に関わる社会の創造行為である。大庭氏は,最初に利益よりも心の問題,価値の創造を起点としてシナリオを構成していることからもわかるように,アートを主体としながらビジネスと関係づけ,アート・プロデュースとビジネス・プロデュースの双方向からの構築,一体化を図ろうとしている点で

アート・プロデューサーといえよう。一方，中澤氏や大庭氏らは日本内外での「千の音色」公演と公開レッスン，講演会などを通して，絶えずインターネットを通して世界に発信し，理論と実践の融合を図っている（境，2013b；2015a）。

2 経営学合同ゼミナール

1990年に開始されたこのプロジェクトは，学生が企画運営する合宿および研究発表の形式で行われ，教員と学生（学部生，大学院生）が大学の枠を超えて学び，相互に交流を図ることを目的としている（成城大学・境ゼミナール，2016）。毎年，主催（幹事校）が決める大会テーマでプレゼンテーション力を競い，お互いの意識を高めあうことができる。最近10年間では京都大学をはじめ，20以上の大学ゼミナールが参加してきた。

2016年9月6日，第25回経営学合同ゼミナール研究発表大会が，成城大学の筆者のゼミナールが主催となって開催された。当ゼミナールは2008年から9回目の参加となり，一昨年から3年連続で受賞している。参加校は，大分大学，滋賀大学（2つのゼミ），甲南大学（2つのゼミ），公立鳥取環境大学，就実大学，相愛大学，法政大学，北海学園大学，成城大学の計9大学11ゼミナールで，学生・教員だけでなく一般の方にも公開され，総勢180名を超える参加者となった。

2016年度の大会テーマは「Diversity」（ダイバーシティ）。"diversity"は，14世紀半ば，古フランス語のdiversiteが語源であり，「違い」「ユニークな機能」「違和感」という意味である。また，12世紀ラテン語のdiversitatemは「邪悪」「つむじ曲がり」という意味で用いられていた。昨今のグローバル化によって，性別，対人関係，国籍，年齢，LGBT（性的少数者）などの属性の違う人々が相互に影響しあう機会が増えた。学界ではこれらの違い（属性）のことをDiversity（多様性）と呼んでいる。

今回，全日8時間以上におよぶ各ゼミナールの研究発表では，人種，宗教，

ジェンダー，障がい，LGBTなど様々な視点から行われ，学生・教員とともに白熱した議論が展開された．また，成城商店街振興組合・理事の加藤小百合氏を迎え，大学と地域の連携成果を報告した特別講話も行われた．

当ゼミナールは，経営学合同ゼミナール主催として運営と研究発表の全体を，2・3年のゼミ生によるチームワークで実現させた．ちなみに，当ゼミナールの研究タイトルは，「Diversity経営の可能性　〜女性の社会進出が日本企業に与える影響を通して〜」であり，女性の社会進出について，統計的な分析（データ分析）に代えて，伊藤忠商事㈱，㈱NTTドコモの企業事例から検証を試みた．審査の結果，当研究発表は澤柳賞（特別賞）を受賞した．学生はプロジェクトの全体をプロデュース，マネジメントした点で，貴重な経験を得たことになり，今後の教育，研究，就活に大いに役立つものと思われる（本書口絵《学会，研究会ゼミナール》参照）．

3　世田谷まちなか研究会
─大学生による活性化提案

(1)　研究会成立の経緯

ここでは，世田谷区が主導する世田谷まちなか観光研究会，および，5大学の学生・教員で構成される，世田谷まちなか研究会の概要を述べたい（第3回世田谷まちなか研究会，2013）．

最初に，世田谷区が主導して世田谷まちなか観光研究会を開催した．それは以下の通りである．

> 第1回：2012（平成24）年3月22日（北沢タウンホール）
> 第2回：2012（平成24）年12月18日（産業プラザ）
> 第3回：2013（平成25）年5月17日（太子堂出張所）

上記研究会は2013（平成25）年7月に協議会に再編され，世田谷まちなか観光協議会の第1回（総会）が2013（平成25）年7月31日（産業プラザ）に開催

された。世田谷まちなか観光協議会事務局は公益財団法人・世田谷区産業振興公社商業・観光・ものづくり支援係にある。

　これと並行して，世田谷まちなか研究会が開催された。これは大学，地元企業と行政との間に産・学・公の地域連携の可能性を模索しつつ，地域活性化に貢献する試みを提案し，実践しているものである。

　研究会は，国士舘大学・田中史人，駒澤大学・松本典子，昭和女子大学・鶴田佳子，成城大学・境新一，日本大学・後藤範章の5大学ゼミナールの教員各氏および学生で構成され，当該5大学内の持ち回りで開催されている。第1回が2012（平成24）年6月に開催されて以来，2015年12月末現在で6回開催されている。各々の内容は**図表21-5**の通りである。

[図表21-5] 　世田谷まちなか研究会の内容（2015年末現在）

回	開催日	主催校	テーマ
第1回	2012.6.24	駒澤大学，昭和女子大学	「まちあるきフォトコンテスト」 5大学の学生を7グループに分け，三軒茶屋，世田谷沿線，用賀，等々力渓谷に各グループでまちあるきを行い，「まちあるきフォトコンテスト」のテーマ「HAPPY」を踏まえた写真を撮影。
第2回	2012.11.24 国士舘 駒澤 成城 昭和 日本	日本大学	「世田谷スタディーズ　ーまちなかの可視化と可知化をめざしてー」 1）用賀における便利屋事業 2）せたがや検定 「学びの場」としての商店街と大学の連携に関する調査　ー成城とその周辺を中心にー 1）下の谷商店会と三宿四二〇商店会との取り組み 2）世田谷のコラボ企画「せたがや芸術散歩」を通して 1）月見湯温泉笑顔を生み出す下高井戸・桜上水の隠れた名湯 2）岡さんのいえTOMO－大きな窓を開け放つ小さな家－
第3回	2013.7.13 国士舘 駒澤 成城	成城大学	「大学と商店街　ー地域連携の可能性を探るー」 商業振興，農業振興における近隣商店街との産学公連携の在り方について せたがや観光～学生，体験したってよ～ 1）「SIリーグ：そうだ商店街にも行こう！」 2）成城学園前駅北口から成城大学までの広い一帯を舞台にした映画祭の企画

回	開催日	主催校	テーマ
	昭和		1）三宿四二〇商店会との連携 2）世田谷パン祭り
	日本		下高井戸商店街のプロモーションビデオ
第4回	2013 11.16 国士舘	国士舘大学	「世田谷駅前商店街活性化プランコンテスト」 1）参勤交代パレード　2）やすらかカフェ 3）まちなか研究
	駒澤		ないならつ　作ってしまおう　世田谷城
	成城		世田谷駅前商店街活性化案～御代官様は外国人？
	昭和		三軒茶屋の商店街活性化の取り組み　～したのやえんにちと三茶まち道楽～
	日本		下高井戸商店街プロモーションビデオ
第5回	2014 8.2 国士舘	昭和女子大学	「せたがや学生プレゼン大会の中間報告」 1）都会に泊まろう　2）高齢者が働ける食堂 3）K.B.S
	駒澤		動画で発見！魅力ある世田谷　住む人・来る人・知る人へ
	成城		地域活性化ビジネスプラン　－学びの地域としての世田谷区ブランドの構築－
	昭和		三茶・三宿における「まちの輪」を生み出す情報発信
	日本		世田谷の市民住民団体　－ビジュアリゼーションによる公共財化－
第6回	2015 12.6 国士舘	駒澤大学（世田谷産業プラザ）	「ゼミ紹介と活動報告」
	駒澤・松本		ビジネスプラン作成＆コンテスト，物産展用賀プロジェクト，三軒茶屋プロジェクト，せたがや検定
	駒澤・長山		起業論，地域経済論，下北沢での活動
	成城		ご近所フォーラムを活用した防災意識改革案の提示
	昭和		三軒茶屋・三宿まちなかプロジェクト，お台場Eポート防災交流会
	日本		"写真で語る：「東京」の社会学"
	産業能率		企業CSR，エシカルビジネス，障がい者支援，ボランティア
	東京都市		コミュニティマネジメント・ラボ

　なお，2016年12月より世田谷まちなか観光協議会は，世田谷まちなか観光交流協会へ移行した。この結果，世田谷産業振興公社の組織強化，多様な観光事業の実施，観光情報発信の強化が図られる。

(2) 各大学による活性化提案とその特徴

 5大学は，それぞれ近隣の駅周辺に展開する商店街と連携をとりながら，地域活性化に貢献している。

 まず，日本大学（文理学部）では，京王線の下高井戸駅，桜上水駅の周辺に展開する商店街と連携している。具体的には，月見湯温泉笑顔を生み出す下高井戸・桜上水の隠れた名湯，下高井戸商店街のプロモーションビデオ，世田谷の市民住民団体　－ビジュアリゼーションによる公共財化－などを社会学の視点から映像とともに研究し紹介している。

 次に，駒澤大学では，東急田園都市線の用賀駅の周辺に展開する商店街と関わっている。具体的には，社会学，経営学（非営利）の視点を中心に，まちなか研究会を発足する基盤となった，まちあるきを行い，「フォトコンテスト」を実施した。また，用賀における便利屋事業，せたがや検定，学生による，せたがや観光，世田谷城の構想，魅力ある世田谷　住む人・来る人・知る人を動画で紹介する，などである。

 続いて，昭和女子大学では，同じく東急田園都市線の三軒茶屋駅周辺にある商店街と連携している。具体的には，まちづくり，都市工学の視点から，まちなか研究会を発足するにあたり，駒澤大学と共催で，まちあるき，「フォトコンテスト」の実施，下の谷商店会と三宿四二〇商店会（正式名称，Mishuku R. 420）との連携，世田谷のコラボ企画「せたがや芸術散歩」，世田谷パン祭り，三軒茶屋の商店街活性化の取り組み～したのやえんにちと三茶まち道楽～，三茶・三宿における「まちの輪」を生み出す情報発信などを検証・実践してきた。

 第4に，国士舘大学では，小田急線の梅ヶ丘駅，豪徳寺駅の周辺にある商店街と連携している。具体的には，経営学，ビジネス（営利）の視点から，商業振興・農業振興における近隣商店街との産官学連携の在り方，参勤交代パレード，やすらかカフェなど，世田谷という都会に宿泊する意義，高齢者が働ける食堂など，常に複数のチームによる案件を提案されている。

 最後に成城大学では，小田急線の成城学園前駅を中心に，前後の祖師谷大蔵

駅，喜多見駅との関わりがある。具体的には，主に経営学（営利）の視点から，「学びの場」としての商店街と大学の連携に関する調査，−成城とその周辺を中心に−，「Ｓ１　リーグ：そうだ商店街にも行こう！」，成城学園前駅北口から成城大学までの広い一帯を舞台にした「映画祭の企画」，「世田谷駅前商店街活性化案　〜御代官様は外国人？」，「人材開発を中心とする地域活性化"ビジネスプラン−学びの地域としての世田谷区ブランドの構築−」などを提案してきた。

なお，2015年の第６回からは，上記５大学に，産業能率大学（指導教員：中島智人氏），東京都市大学（同：坂口大介氏）が加わり７大学となっている。

4　商店街と大学等との地域連携の新展開
　　−「学びの場」から「実践の場」へ

(1)　世田谷区内での連携実績と成城街なか写真館

世田谷区には多くの研究・教育機関，大学と商店街が存在し，大学，地元企業と行政との間に産・学・公の地域連携が模索されてきた。とりわけ，成城学園が1925（大正15）年に新宿区から移転したことに伴い，成城商店街振興組合（以下，成城商店街と略する）も1929（昭和４）年から発展してきた歴史をもつ。ただ，商店街は，区画整理により住宅地区と商業地区が明確に分離されたため，商店街としての広がり・展開が限定され，居住者・家族を対象とする商いには適するものの，成城学園の学生にとっては「遊び場」となりきれなかったのが現状である。その意味で今日，商店街と大学等の新たな地域連携が求められる状況にあり，そのひとつの可能性が，「学びの場」としての商店街という認識である（境，2014a；2015b；2015e）。

筆者ならびに研究室の学生等は，大学，地元企業と行政との間に産・学・公の地域連携の可能性を模索しつつ，これまでに　①成城／世田谷区商店街の取材・調査　②世田谷まちなか研究会（５大学，行政）　③コミュニティに関す

るシンポジウム開催　④小田急電鉄と成城学園の協定に基づく事業創造案の構築　などを行ってきた。

　特に，世田谷まちなか研究会（世田谷区と5大学で構成　第1回2012年6月，第2回同年11月，第3回2013年7月）グローカル研究センター主催シンポジウム（2012年11月）にて調査成果を報告した。さらに，2013年から2年間，世田谷区を走る3鉄道（小田急，京王，東急）の沿線に所在する大学と商店街の地域連携も比較検証しながら，成城学園と商店街の地域連携の在り方，「学びの場」としての商店街を研究調査し，その実践をはかった。具体的には，世田谷区に拠点をもつ主要大学と商店街との地域連携を，三軒茶屋銀座商店街，経堂農大通り商店街，しもきた商店街，明大前商店街，烏山駅前通り商店街，成城商店街の6商店街を調査対象に行った。

[図表21－6]　しもきた商店街インタビュー

（出所）　柏雅康・理事長（右から3人目），小清水克典・副理事長（右から4人目）

[図表21－7]　下北沢北口の東洋百貨店

（出所）　経営者は小清水克典氏

　2013年7月の「第3回世田谷まちなか研究会」および同年9月の第24回経営学合同ゼミナール（大阪市，相愛大学主催）において，3年ゼミ生は「文化と地域をかけ合わせた」ビジネのアイデアとして，成城／世田谷区の地域活性化からスタートして日本全体の活性化を目指す，"日本活性化"ビジネスプラン－人の元気がまちを明るくする－」を提案した。このビジネスプラン（事業計画）では，英国のTCM（タウンセンターマネジメント）にあたる，まちづ

くり会社を設立して成城から周辺地域，ならびに，日本全国，そして世界へ展開・発信する構想を提案した。

当プレゼンテーションは上記大会で「堺筋アメニティソサイエティ賞」を受賞した。また，本件は2013年11月，商店街の理事会の席でも発表された。

今回の地域と文化をかけ合わせ「地域活性化」を目的にしたビジネスプランの提案では「地域活性化」を達成するための3つの要件，利益性・個性・継続性をもって，「地域活性化」が達成されると考えた。

まず，地域活性化を進める中核となる『プラス・コミュニティ』という企業が設立され，地域に新たなつながりを誕生させる存在となる。その主な事業は，「イベントの企画・運営」である。4つの事業提案のうち，「映画の街，成城」をもとに成城の街全体を会場とした映画上映の企画のアイデアが含まれていた。

成城商店街では，この提案を踏まえて，毎年11月2日・3日に開催される成城学園の文化祭にあわせて，2014年10月30日～11月5日に会員店の協力により街全体を1つの写真館に見立て，散歩がてらに街の移り変わりや歴史を知ってもらい，各店頭に懐かしい写真を飾る「成城街なか写真館」が開催された。

[図表21-8・9] 成城街なか写真館 2014年

(出所) 成城風月堂の正面（左）と駅前における掲示

[図表21-10] 成城街なか写真館2016年

(出所) 季節料理・藤の正面

同イベントは，以前より交流のある筆者のゼミの学生からの提案を受け，11月2日・3日に開かれる同大学祭の来場者に商店街へも回遊してもらい成城の街を楽しんでもらおうと企画した。企画発案者で同組合理事でもある川上敬子

氏と加藤小百合氏は「住民の方はもちろん，かつて成城学園に通学していた人など，この街に縁のある人々に親子3代で楽しんでもらえ，全業種の加盟店が参加できるイベントにしたかった」と意図を明かす。

　2014年11月1日にリニューアルした同商店街のホームページの整備作業にあたり，成城の昔の街並み写真を集めていたことがきっかけとなり，成城の街全体を1つの写真館に見立て，散歩がてらに街の移り変わりや歴史に関心をもってもらうことを思いついた。同年6月，理事会に諮り，写真の募集を呼び掛けた結果，写真は2014年第1回には約130枚集まった。年代は小田急線開通当時の1927（昭和2）年から平成初期までである。すべての写真をB4サイズに拡大コピーし，A3の台紙に貼りラミネート加工したものを成城コルティと同商店街内29店舗の店内外に4～5枚ずつ飾っている。写真には，それぞれ撮影者や撮影場所などを明記し，できる限りかつての店舗と現在の姿を比較できるような写真を選んで展示している。

　商店街の話によれば，展示準備および期間中，様々な思い出やエピソードが店経営者や住民，来訪者，そして学生たちとも共有され，写真を見ながらその時代にタイムスリップした気分を楽しみ，街の魅力が再発見される機会になったものと思われる。

　一方，成城を含む砧地域では，「顔の見える関係づくり」を行うことを目的に，地域住民，医療従事者，福祉関係者，介護関係者，行政等が連携して「砧地域ご近所フォーラム」が毎年開催されている。前史を含め20年余りの歴史があるという。当ゼミ生はこの活動にも関わっている（砧地域ご近所フォーラム，2015；2016）。

　2015年3月に開催された第5回では，2年ゼミ生がこの地域の高齢者宅を初めて訪問し，傾聴および買い物支援の実践を通して彼らの孤独見守りや孤立回避を試み，学生と高齢者を結ぶ地域連携の可能性について検証した。その結果，大学も含めた連携の必要性が明らかとなり，学生と地域在住の高齢者との間で互いに助け合う関係は構築できることがわかった。当イベントは，商店街が中

心的存在ではないものの，上記の組織間を横断的につなぐ地域マネジメントの役割を担える可能性をもっている。一方，これら2つの活動いずれにおいても継続的な事業の仕組みづくり，リーダーの育成などの課題が浮かび上がってきた。

当該イベントの継続的な展開は，すべての当事者が成城という地域を「学びの場」から「実践の場」へ変えていく道筋でもある。今後も，地域住民，商店街，医療従事者，福祉関係者，介護関係者，行政，そして大学等との新たな地域連携に期待が寄せられる。

[図表21-11] ご近所フォーラム・プレゼンテーション

（出所）成城ホール。2014年3月

[図表21-12] 学生が作成したステッカー

（出所）成城大学・学生によるデザイン。2014年

(2) 成城商店街振興組合PR活動

まちづくりの中心的な役割を果たしている成城商店街の更なる活性化のために境ゼミナール・学生がホームページを更新する活動を行っている（**図表21-13，14**）。

[図表21-13] 成城商店街振興組合 Web サイト

[図表21-14] 釜めしやき鳥　成城

（出所）　http://seijo.or.jp/student_report_detail.php?id=6336
　　　　「商店街 with 成城っ子　レポート一覧」 2016／6／30の記事より

　成城学園前駅中央口から徒歩１分未満の場所にある成城フルールという１階が花屋の建物の３階にあり，成城で唯一本格的な釜めしを堪能できるお店です。店内の雰囲気は暖かく，広々とした空間になっています。釜めしは，ほかほか作りたて，ボリュームがあるのが特徴です。焼き鳥は15〜20種類ほどあり，お酒も各地のものを多種取り扱っています。季節ごとに旬な食材を扱ったメニューも出しているのでさまざまなバリエーションを楽しむこともできます。みなさんもぜひ一度，本格釜めしをご賞味あれ。

[図表21-15] 関口眼鏡店

（出所）　http://seijo.or.jp/student_report_detail.php?id=6389
　　　　「商店街 with 成城っ子　レポート一覧」 2016／7／6の記事より

　成城学園前駅北口から１分ほどの場所にある成城プラザ１階の眼鏡の専門店です。昭和44年にオープンし，今年で創業47年目になります。店内は，高級感漂う上品で落ち着いた雰囲気でした。お店のこだわりは，眼鏡を通してお客様の「見る生活」のお手伝いをし，ファッションとして雰囲気を変身させることだそうです。店長さんの眼鏡に対する愛が感じられます。さまざまな種類の眼鏡を取り揃えており，また眼鏡の修理や視力の相談など，無料でおこなっていただけるそうなので，まずは是非，お店に足を運んでみてください。

ホームページ更新は，取材する店舗を決めて，学生がアポイントメントをとることから始まり，実際にお店に足を運びインタビューをし，従業員の方から生の声を聞くことを目的としている。昨年度から，食レポや職業体験なども加わった体験型取材が可能となり，より詳しい情報が掲載できるようになった。

ホームページへのアクセス方法は，「成城商店街振興組合」から「商店街with成城っ子」をクリックすると学生が商店街のお店を取材したものが紹介されているページを見ることができる仕組みである。商店街と境ゼミナールの交流は，今年で6年目となるが，これからも商店街を盛り上げるPR活動を続ける。

なお，全国商店街の中でも著名な「下町人情・キラキラ橘商店街」（東京都墨田区，正式名称は「向島橘銀座商店街協同組合」）では，商店街活性化の新たな担い手となり得る"学生"が同じ目線で，気楽に楽しく交流できるイベント「商店街×学生シンポジウム vol.1」が2016年12月に初めて開催された。当日の進行は，午前の部では，開会挨拶（墨田区商店街連合会長・山田昇氏，墨田区長・山本亨氏）の後，参加11大学ゼミナールの紹介につづき，㈱まちづくり立川事務局長・藤原祥乃氏，ならびに，同商店街事務局長・大和和道氏の講演が行われた。一方，午後の部では，パネルディスカッション「学生×商店街の連携活動」が開催され，千葉商科大学，産業能率大学，成城大学（筆者のゼミナール），早稲田大学のゼミナール学生が登壇した。藤原氏がコーディネーターとして司会進行し，事前質問に対する回答を交えて，学生，商店街連合会事務局ならびに会場聴衆，総勢250名が一体となって議論が交わされた。当ディスカッションにおいても，成城商店街Webサイトの「商店街with成城っ子」の内容が紹介された。その後は会場内の各ブースに分かれて，交流・情報交換会も開催された。

全国で積極的に交流，提携を展開している商店街は全国に多数存在する（全国商店街を巡る会，2012）。下町人情・キラキラ橘商店街のシンポジウムは，商店街が人とのコミュニケーションや個店とのコラボレーションを行え，互いにWIN・WINの関係を構築できる素晴らしい事象となり得る貴重な経験の場となった。

5 はらじゅく畑
― 発信型アンテナショップ

　株式会社はらじゅく畑（東京都渋谷区，代表取締役　林菜美子氏）は「都会と田舎を結ぶ」ことをコンセプトに，日本全国の美味しい物や人，文化などを発信するために2011年2月に設立された。元来は母・林喜美子氏（きみママ）が東京の原宿で始めた店舗であるが，地方と都市を結ぶ店にすることを標榜し，北海道から九州まで全国各地の名物を厳選した食のセレクトショップとなった（境ほか，2013）。今後，当該会社は事業を拡大させ，「はらじゅく畑」がメディアとなり日本各地と都市とのコミュニケーションを世界中に発信する発信型のアンテナショップを目指し，地方企業や農家が東京で活躍できる場を増やす支援を行っている。はらじゅく畑の業務内容は以下の通りである。

- 食品，民芸品等郷土特産品，観光みやげ物の展示・即売会の企画，運営および販売，それら関連のコンサルティング
- 自治体，企業のアンテナショップの運営代行および運営に関するコンサルティング
- 観光，旅行に関する企画，情報収集・情報提供サービスおよびコンサルティング
- 地方観光客誘致の企画およびコンサルティング
- 広告宣伝に関する企画・制作および代理店業務
- アーティスト，タレントスタッフ等の養成およびマネージメントならびにプロモート業務

　林氏は，2004年，株式会社ナルミヤ・インターナショナルに入社し，販売促進部で子供向けのファッション・ショーや外部の企業とコラボレーションをし，子供達に夢を与えるイベント「ドリームプロジェクト」のプランナーとして数々の企画を製作した。2007年，東京ガールズコレクションの主催をしている株式会社ブランディングの取締役より引抜きを受けて，株式会社ラブラボへ転

職した。当時ラブラボは取締役含め5人の化粧品会社で，林氏は商品企画から販売促進までを一人でこなすプランナーとなった。手がけた美肌一族は累計300万個も売れる大ヒット商品となり，後に，シャンプーや歯磨き粉も手がけた。プランナーとしての仕事以外にPRや人事も含めた総合的業務を経験し，2010年に退社し，独立した。

　今までのプランナーとしての経験を生かし，以前から母が運営しているアンテナショップ「はらじゅく畑」の事業拡大を目指し，2011年2月「はらじゅく畑」を法人化し，代表取締役となった。林氏は，①食のセレクトショップの運営，②アンテナショップとしてのコンサル業務，③きみママの食育活動の3本柱を機軸に事業を進め，メディア，特にインターネットや出版を巧みに活用して「はらじゅく畑」をプロデュースしている。2010年1月から「はらじゅく畑」主催の料理教室を始め，同年8月より月刊誌『office you』（創美社）に料理漫画「きみママの教えるほどではないですが」の連載がスタートした。同年10月に『はらじゅく畑のヘルシー食堂』（角川マーケティング），2011年4月に『はらじゅく畑のラップでおむすび弁当』（講談社）を出版した。2011年9月店舗のリニューアルを機に，境ゼミナールとの共同プロジェクトとしてインターン生の受け入れを始めた。同年10月27日より株式会社リンク＆コミュニケーションと共同で「おうちゴハン塾TV」（ユーストリームで配信する料理番組）をはじめた。

　はらじゅく畑とは，「都会と地方を結ぶ」ことをコンセプトに，都心である原宿を発信の拠点として地方の人が作ったものやことを紹介するアンテナショップである。北海道から九州まで全国各地の知り合いの農家や企業から美味しいと思った野菜を厳選し販売することや，食に関するイベントを行っている。

　2016年10月，はらじゅく畑はリニューアルオープンし，カウンターでランチを提供したり，優れた食材を携帯電話から注文できるシステムを整備した。また，同店に紅茶専門スタンド「Tea Stand...7」も併設された。今後は事業の幅を広げ「はらじゅく畑」がひとつのメディアとなり日本各地の地方と都市のコミュニケーションを世界中に発信していくことを目指している。

[図表21-16] はらじゅく畑「Tea Stand...7」と商標

（出所）リニューアル時に撮影。2016年10月

6 jiji by WORTH WHILE
－洗練されたビューティーサロン

　天野正昭氏は1949年、山梨県の出身である。中学校卒業後15歳の時、兄の勧めで理容師の道に進み、ヘアー・スタイルをつくる楽しさにのめり込み、1982年8月、33歳で独立した。

　1985年2月、横浜市緑区霧が丘に理容（男性），美容（ビューティーサロン，女性）デザイン，輸入雑貨，付帯業務を事業とする有限会社・企画室ゴンを設立した（2012年4月に株式会社に変更）。さらに1993年11月に設立したデザイン会社・有限会社プランニングルーム・ゴン，2002年10月に設立した美容室・有限会社ア・ソーダプランニングほかがある。現在は理・美容室を7店舗構える。2013-2014年度の横浜緑ロータリークラブ・会長もつとめた。現在，株式会社企画室ゴンと有限会社ア・ソーダプランニング，有限会社プランニングルーム・ゴンの代表取締役をつとめている（天野，2014a，2014b）。

　経営者として全社員とコミュニケーションを取るため，月1回日記を交換している。そこには，彼が常にスタッフと同じ目線で歩んでいきたいとの思いがあり，「全員参加の精神」のひとつといえよう。

　天野氏の転機は，1980年代に出会ったP.F.ドラッカー（Peter F. Drucker, 1909-2005）『新しい現実』（原著"New Realities", ダイヤモンド社）である。

それは，今日も彼のバイブルとなっている。ドラッカーから学んだ，従業員は知識労働者であり，経営者はプロデューサーである。従業員の個性を重視し，オーケストラの指揮者にように人をまとめる必要がある。

　ドラッカーを踏まえて，天野氏の経営理念は，「やさしさがマニュアル」である。やさしさがあれば，いかなる格好，接客をしてもよい，というものであり，マニュアルがない。彼は人を育てるにあたり，職人教育より社会人教育を重視した。以下は具体的な内容である（ドラッカー，2004；天野，2014a；2014b）。

- 思考の手段としてそこに至る過程を指導する。
- 思い方と考え方に指導（思いすぎと考えすぎとの違い）
- 螺旋的思考と産婆術的思考の過程指導。
- 新たな挑戦には当然新たな問題が起きる。事実は過去の経験のすべてがそれに当てはまらない。
- 組織と集団の違いは上位下達の根回し論と同じ目線で話す情報共有。要は縦の関係，横の関係。
- 人脈とネットワークの違い。信用の貯金。
- ヒト・モノ・カネとカネ・モノ・ヒト

　現在，理容・美容とも，人材不足が大きな問題となっている。今日，理容師，美容師，は若者から当該職種を避ける傾向にあるといわれている。そこで天野氏に関して特筆すべきことは，母子家庭，養護施設などにいる若者に可能性を求めてスタイリストに養成していることである。実際に育成された一人の学生が，2014年4月に修了し，現場に登場した。

　天野氏の特筆すべき特徴はシャンプー論にある。彼によれば，シャンプーは，お客に最も気持ちの良い，快感を与える場面であり，店側も最高の技術で「おもてなし」をしなければならない。それにもかかわらず，理容・美容業界においてシャンプーの技術の位置づけは不当に低いという。最近では台湾式シャンプーの技術の優れた点を学びつつ，それを現代日本のシャンプーの先端技術に

取り入れて完成度を高める努力をしている。天野氏によれば、シャンプーはレストランの料理にたとえれば、フルコースのライス・パンに相当する。従来は、カット3,000円、シャンプー付き、であったのに対して、逆にシャンプー3,000円、カット付き、と捉える必要があるという。マニュアルに表せない、「やさしさ」、「おもてなし」は教育によって身に付けるしかない。

一方、企画室ゴン（日本理美容企業）と青山スクールオブジャパニーズ（日本語学校、東京都渋谷区）が台湾にある台湾美容学校と産学間交流を行うことによって、台湾で理美容を学ぶ学生に向けて、日本人と直接話し合いながら「日本式技術交流」「日本式サービス等」を学ぶ場の提供が可能となる。日本企業と台湾教育機関が人材教育交流を行うことによって新たな日本の魅力を台湾の学生に直接指導できるのであり、現在も進行中である。

次に2010年3月に、原宿1店舗、タレント・モデルのヘアメイクを経たのち、スタイリストである店長・藤城亜衣氏と共に「WORTH WHILE」を開店した。それは銀座や原宿からではなく横浜から流行を発信するべく誕生した。WORTH WHILEとは「時間や手間の掛ける価値のある」という意味であり、顧客に髪を切る以上の付加価値を感じてもらい、自分自身の理想イメージをプロデュースすることを目指している。またこの店では、スタイリストがカラーコーディネートの資格を持っているため、顧客のイメージを一緒に創りあげるカウンセリングを行っている。カットのシルエット、パーマやカラーのデザイン、洋服など、カラーだけでなく、理想のイメージやスタイルを実現する。

都内で崩壊してきた「おもてなし」を中山駅周辺（JR横浜線）で培って再度、原宿で「おもてなし」を行っている。

さらに、2012年11月には原宿に「jiji by WORTH WHILE」が開店した。アンティーク家具に加え、エアープランツやコウモリラン等の珍しい緑で落ち着く空間を演出し、スタジオスペースや中庭があり、ゆったりとした空気が流れている。

アート・プロデュースの観点からみると、主体は顧客、客体は感動・快適、そしてプロデューサーの一任したスタイリストらが行うカット、シャンプーは

[図表21-17・18] jiji by WORTH WHILE の室内

(出所) ㈱企画室ゴン・Webサイトより掲載。2016年

価値創造行為となる。

天野氏の人材育成を重視した経営は,日本政策金融公庫・生衛業経営アイデアBOOKに紹介されている。経営の要点は次の4つに集約される(日本政策金融公庫,2016)。

- 基本を身につけさせ,自ら「考動」
- 無資格の人材を採用・育成し,通信教育で免許を取得
- 人材育成のポイントは段階に応じた目標の明示
- 次世代につながる仕組みの構築

7 産学公からの講師招聘とネットワーク構築

筆者は,講義に産学公に関わる専門家を講師として招聘することによって,理論と実態との相互参照,フィールドワークの補完とともに,知識・情報に関して,大学の組織外部とのネットワーク構築と組織内部への吸収を試みている。講義は一般公開ではなく,あくまで学内の学生,教職員,関係者のみを対象とする。学生個人と組織のブランドとは,はじめからあるものではなく,組織に集う一人ひとりが主体的に創りあげていく必要がある。そうであれば,組織の

内部だけでなく，組織の外部からも多様な経営資源を集めて融合をはかり，あらゆる紐帯やネットワークを生かすことによって，ブランドを創りあげる必要がある。絶えざるイノベーションを行わなければ，現状を維持することすら困難となることを考えると，まさに，"out of the box thinking" 組織外部からの俯瞰は重要であり，個人ならびに組織のプロデュース力を高めるためにも講師招聘は有効と考えられる。そしてこれはアート＆ビジネス・プロデュースに，言い換えると文化創造に資することになる。講師の選定については，筆者自身の縁だけでなく，学園関係者からのご協力・ご紹介も頂戴した。2009年から現在までの約8年間に招聘した主な講師名は図表21-19の通りである。

招聘講義は机上の理論，社会ネットワーク（SNS）の情報などに登場しない，貴重な現場における戦略情報（intelligence）・知（knowledge）を受講生に多くもたらすとともに，様々な目に見えないネットワーク・縁を構築し，受講生のモティベーションを向上させ，就職・大学院等進学にも好影響を与えるものと思われる。

[図表21-19] 主な招聘講師 一覧
経営管理論・ベンチャービジネス論・社会構造論・ゼミナール等に招聘

出講日	講師名	所属・地位	テーマ
20090601	大須賀頼彦	小田急電鉄㈱・取締役社長	私鉄経営の歴史とそのビジネスモデル
20090629	山本　一元	旭化成㈱・元社長　常任相談役	危機と経営
20091116	山倉　健嗣	横浜国立大学・教授	音楽生産の経営学
20100628	浜田　道代	公正取引委員会委員　名古屋大学名誉教授	コンプライアンス体制の確立と競争法
20101122	白井　一幸	プロ野球　日本ハム・ファイターズ　ヘッドコーチ	コミュニケーション・スキルとしてのコーチング
20110509	北野　大	明治大学大学院・教授	安全・安心な社会を目指して　環境化学
20110530	佐々木清隆	金融庁証券取引等監査委員会課長	金融検査と内部統制の検証　金融リスク管理
20110624	戸田　和重	東京慈恵医科大学・准教授　眼科	医療施設の体制と受診のありかた　ものはなぜ見える
20110711	久野　明子	日米協会元理事	明治時代の先人達から学ぶこと　大山捨松の光と陰　国際関係

出講日	講師名	所属・地位	テーマ
20110721	福田　時雄	㈱サンミュージックプロダクション・名誉顧問	芸能プロダクションとタレント養成
20111031	林　　容子	尚美学園大学・准教授（一社）アーツアライブ代表理事	Arts Alive とは　歩みと課題　アートによる高齢者予防医療，活用
20120517	大内　照之	元世界銀行副総裁・弁護士	企業経営と経営管理
20120607	細田　　泰	㈱スカイパーフェクト・コミュニケーションズ　元会長	東証一部上場会社代表取締役の経験から語る
20120629	林　菜美子	㈱はらじゅく畑　代表取締役	夢をかなえる為の「引き寄せの法則」と人脈をつくる為の「巻き込みの法則」
20120712	石上麟太郎	石上法律事務所・弁護士	物語で学ぶベンチャー企業の法務
20121004	中西　健治	参議院議員	外資系証券での21年間　会社経営と国家経営　元 JP モルガン証券㈱・取締役副社長
20121018	白井　荘也	桐朋芸術短期大学・教授	マイケル・ジャクソン氏の日本初招致　元日本テレビ放送網　プロデューサー
20121108	志波　早苗	生活協同組合パルシステム連合会　運営室	生活協同組合型消費生活相談とその解決～「エシカル・コンシューマー」輩出をめざして～
20121115	藤田健二郎	前東レ欧州・代表　前東レインターナショナル㈱・常勤監査役	あなたのTシャツはどこから来たのか？　世界の政治に翻弄されるTシャツの運命
20121206	山木　利満	小田急電鉄㈱・取締役社長	小田急グループのエリア戦略
20130501	安田　道男	俺の㈱・常務取締役	俺の㈱の経営　精神論，俺シリーズ誕生の経緯，盛和塾・稲盛塾長の他利の神髄
20130627	田中　　茂	世田谷区区長室長	地域経営のあり方
20131001	小清水克典	しもきた商店街振興組合・副理事長	地域活性化を考える店舗経営と商店街活動
20131010	金綱　　潤	中小企業基盤整備機構関東支部　中小企業診断士	起業と企業経営　先輩からの一言…
20131016	森岡　　豊	ブリオジャパン㈱・代表取締役	BRIO の経営論
20131114	古出　真敏	アフラック・上席常務執行役員	ウルトラマンは誰のもの!?－国際訴訟競合について

出講日	講師名	所属・地位	テーマ
20131114	南 壮一郎	㈱ビズリーチ ㈱LUXA 代表取締役	ビジネスはエンターテインメント！〜ブレない軸のつくり方とベンチャーで働くこと〜
20131121	田中 恵理	京王電鉄㈱（マークシティ出向）	京王グループにおける新規事業－子育て支援事業を事例に－
20131205	飯沼 一洋	㈱ダイヤモンド社書籍編集局第四編集部・副編集長	結果を出し続けるために，大学時代＆新社会人時代にしておきたい19のこと
20140526	矢野 弾	㈱矢野経済研究所 元代表取締役副会長	グローバル＆ローカルの視点からみた日本経済 経営者に与える影響
20140602	小幡 純	横須賀商工会議所・情報企画課	横須賀商工会議所の取り組み 地産地消の取組によるビジネスチャンスの創出
20140623	上田 聖	総務省統計局・調査官	公的統計のデータ提供の現状 二次利用の取組と統計のオープンデータの高度化を中心に
20140630	諸星 裕	桜美林大学大学院教授・元副校長	米国刑務所の運営 偏見を取り除く 国際交渉 国際スポーツコーディネート
20140707	鳥居 恭好	日本大学生物資源科学部・准教授	湘南地域・富士宮地域と大学との連携による食品研究・開発の試み
20140714	塚越 吾郎	シンガポール起業家	東南アジアの片隅から日本に伝えたいと考えていること
20140929	涌井 雅之	東京都市大学・教授	環境革命の時代に日本を考える いなしの智恵
20141020	高田 稔	経営コンサルタント	事例から学ぶビジネスマインド
20141027	鈴木 良幸	中東産油国産業協力事業事務局・副事務局長	中東諸国との関係強化をめざして
20141201	村瀬 泰雄	東京海上火災保険㈱（現・東京海上日動）・元常務取締役	成城学園の精神 澤柳政太郎の真善美によせて
20141208	林 秀樹	スウェーデン大使館・商務官主席投資官	スウェーデンとのビジネス・大使館・外資系組織
20141215	向田 淳	株式会社JTBグループ本社 旅行事業本部長	総合旅行事業から交流文化事業へ これからのJTBの教育旅行事業
20141222	渡辺 敦郎	ダフ・アンド・フェルプス㈱・代表取締役	M&Aのプロセス
20141222	西尾 昇治	東京商工会議所・理事・事務局長	日本再出発の礎を築く〜人口減少社会の中で中小企業が果たす役割〜
20151019	前田 紘孝	㈱SOUL AGE 代表取締役	映画プロデュースの真実

出講日	講師名	所属・地位	テーマ
20150608	小林　哲也	㈱帝国ホテル・代表取締役会長	帝国ホテルの歴史とおもてなしの心
20150720	辻　　庸介	マネーフォワード㈱・代表取締役 CEO	文系学生向け　会計・士業の可能性についての講演～今話題の Fintech 業界って？～
20150720	服部　峻介	㈱Seven Rich Accounting Seven Rich 会計事務所　社長・所長	
20150928	植田紘栄志	㈱ミチコーポレーション・代表取締役	起業という冒険が人生を豊かにする　ぞうさんペーパー・サバイバル型起業
20151005	出井　伸之	クオンタムリープ㈱・代表取締役ファウンダー＆CEO	変革の時代に人生を考えるためのヒント　元ソニー会長兼 CEO
20150702	松本　　正	㈱レクメド・代表取締役社長	バイオベンチャーの現状と課題
20150709	丸　　幸弘	㈱リバネス・代表取締役 CEO	ベンチャー経営の課題を生身を持って知ったこと　アグリ・ビジネス，サイエンス教育
20151026	月村　直樹	日本大学歯学部准教授	スポーツにおける歯の重要性－アスリートに必要な歯の知識とは－
20151126	Mr. Keith Carter（キース・カーター）	シンガポール国立大学上級研究員 Visiting Senior Fellow of NUS	Smart Nations/Cites/Companies needs Actionable Intelligence (AI)
20160530	柏　　雅康	しもきた商店街振興組合・理事長	下北沢におけるコンセルジュ人材育成の意義と背景
20160926	天野　正昭	㈱企画室ゴン・代表取締役	経営・商売の環境変化　ビューティーサロン経営
20161031	岡田　有加	INHEELS・代表ディレクター	エシカルファッションブランド INHEELS
20161031	久保寺敏美	バロンデッセラテ＆アート／アンソロップエスプレッソ＆ビブリオ　オーナー	「自分」を作る，「場」を作る

（注）　講師の所属・地位は出講当時のものである。

参考文献

●第Ⅰ部

〈参考書籍・論文等〉

D. A. アーカー（1994）『ブランド・エクイティ戦略 − 競争優位をつくりだす名前，シンボル，スローガン』ダイヤモンド社（陶山計介・尾崎久仁博・中田善啓・小林哲訳）

石井淳蔵（1999）『ブランド − 価値の創造』岩波書店

石井淳蔵（2010）『マーケティングを学ぶ』ちくま新書

伊藤実（2011）『成功する地域資源活用ビジネス − 農山漁村の仕事おこし』学芸出版社

岡田正大（2015）「新たな企業観の行方 CSV は企業の競争優位につながるか」『DIAMOND ハーバード・ビジネス・レビュー／特集「CSV 経営」』1 月号，38-53頁

恩蔵直人・買い場研究所（2010）『感性で拓くマーケティング』丸善プラネット

風見正三・山口浩平（2010）『コミュニティビジネス入門』学芸出版社

感性価値創造活動イニシアチブ（2007）「感性☆（きらり）21」報告書，5月

倉沢進（2002）『コミュニティ論 − 地域社会と住民運動』放送大学教育振興会

経済産業省（2007）『2006年度版ものづくり白書』

国民生活審議会調査部会コミュニティ問題小委員会報告（1969）『コミュニティ − 生活の場における人間性の回復』

小坂善治郎（1991）『イベント戦略の実際』日経文庫

小原啓渡（2005）『クリエーター50人が語る創造の原点』論創社

境新一（2009b）『今日からあなたもプロデューサー イベント企画制作のためのアート・プロデュース＆マネジメント入門』レッスンの友社

境新一（2011a）「中小・ベンチャー企業の知的財産戦略と知的財産評価：3社のケーススタディを通した検証 −」『成城大学経済研究』第192号，3月，45-88頁

境新一（2011b）「地域の再生と公益の実現」"B級グルメで街おこし −「食」が地域を救う！"『企業診断』11月号，24-29頁

境新一（2011c）「地域の変革と公益の実現 − B − 1グランプリ，B級ご当地グル

メの評価を決める要件－（岩本修巳名誉教授退任記念号）」『成城大学経済研究』第194号，12月，107-134頁
境新一（2012）「感動創造の意義と課題－アート・プロデュース論の枠組み－」『成城大学経済研究』第197号，7月，93-134頁
境新一編著，齋藤保男・加藤寛昭・臼井真美・丸幸弘著（2013）『アグリ・ベンチャー　新たな農業をプロデュースする』中央経済社
境新一（2015d）『現代企業論－経営と法律の視点－〔第5版〕』文眞堂
境新一（2016b）「東日本大震災後のコミュニティとその変革－商店街，まちづくり，芸術，社会的企業からの検証」『グローカル時代に見られる地域社会，文化創造の様相』成城大学グローカル研究センター（岩田一正・阿部勘一編），6月，63-93頁
佐々木健一（1995）『美学辞典』東京大学出版会
佐藤郁哉（1992）『フィールドワーク－書を持って街へ出よう』新曜社
椹木野衣（2015）『アウトサイダー・アート入門（幻冬舎新書）』幻冬舎
塩田純一ほか編（1993）『「日本のアウトサイダー・アート　パラレル・ヴィジョン－20世紀美術とアウトサイダー・アート」展カタログ』世田谷美術館
A. スミス（2007）『国富論：国の豊かさの本質と原因についての研究　上・下』日本経済新聞出版社（山岡洋一訳）
D. スロスビー（2002）『文化経済学入門：創造性の探究から都市再生まで』日本経済新聞社（中谷武雄・後藤和子監訳）
モーリス・タックマン＆キャロル・S. エリエル（1993）『「パラレル・ヴィジョン　20世紀美術とアウトサイダー・アート」展カタログ』淡交社
A. R. ダマシオ（2005）『感じる脳：情動と感情の脳科学　よみがえるスピノザ』ダイヤモンド社（田中三彦訳）
中小企業政策審議会（2009）『「地域コミュニティの担い手」としての商店街を目指して〜様々な連携によるソフト機能の強化と人づくり』1月
H. チルキー（2005）『科学経営のための実践的MOT：技術主導型企業からイノベーション主導型企業へ』日経BP社（亀岡秋男監訳）
鶴見俊輔（1967）『限界芸術論』勁草書房
内閣府・知的財産戦略本部（2008－2011）『知的財産推進計画』
長田典子（2014）「感性価値を数値化しものづくりに生かす」『TOYRO BUSINESS』1月号，22-23頁
長谷川祐子（1993）「病める天才たちのユートピア：グギング＜芸術家の家＞」『芸

術新潮』，12月号
久繁哲之介（2010）『地域再生の罠』ちくま新書
平野秀典（2004）『感動力：あなたの人生に「ドラマ」を生みだす7つの魔法』ゴマブックス
藤田治彦（1996）『ウィリアム・モリス－近代デザインの原点』鹿島出版会
藤田治彦（2009）『もっと知りたいウィリアム・モリスとアーツ＆クラフツ』東京美術
保坂健二朗監修，アサダワタル編（2013）『アール・ブリュット　アート　日本』平凡社
M. E. ポーター＆M. R. クラマー（2011）「経済的価値と社会的価値を同時実現する共通価値の戦略」『DIAMOND ハーバード・ビジネス・レビュー／特集「マイケル E. ポーター　戦略と競争優位」』6月号，8-31頁
真木勝次・平野暁臣（2002）『イベントの底力－企業を変える，地域を変える－』日経BP企画
R. M. マッキーヴァー（2009）『コミュニティ』ミネルヴァ書房（中久郎・松本通晴監訳，原版，1975年）
村田智明（2014）『ソーシャルデザインの教科書』生産性出版
村田智明（2015）『問題解決に効く「行為のデザイン」思考法』CCCメディアハウス
茂木健一郎（2007）『感動する脳』PHP研究所
山崎正和（2003）『社交する人間』中央公論社
J. ヤング（1988）『アイデアのつくり方』TBSブリタニカ（今井茂雄訳，原著：A Technique for Producing Ideas, 1965.）
Mair, J., Jeffrey Robinson and Kai Hockerts (2006), *Social Entrepreneur ship, Palgrave*, Macmillan.
Nicholls, A. (2008), *Social Entrepreneurship : New Models of Sustainable Social Change*, Oxford Univ. Pr.

〈Webサイト・URL〉
岩崎博（有限会社エスシー・プランニング・オフィス代表）「イベントの力＝『多事多縁』と『集団的創造』」（イベント学会，学会員リレーエッセイ）
　http://www.eventology.org/6/column_2.html（最新参照　2012年3月）
経済産業省・商務情報政策局生活文化創造産業課（クリエイティブ産業課）「感性

価値創造活動の推進」 http://www.meti.go.jp/policy/mono_info_service/mono/creative/kansei.html（最新参照　2016年10月）

テレビ東京「カンブリア宮殿」　Webサイト　http://www.tv-tokyo.co.jp/cambria/（最新参照　2011年9月）

B・Bカンパニー　Webサイト　http://www.geocities.jp/event_go/page003.html（最新参照　2012年3月）

● 第Ⅱ部─────

〈参考書籍・論文等〉

榎本正（2015）「アートを駆使してビジネスを行う　感動について」『成城学びの森／境講座，アート＆ビジネス・プロデュース－新たなブランディング手法の構築－』配布資料11月

大島絹衣（2014）「日本映画の製作体制の再考と提案」『社会・経済システム』第35号，10月，51-60頁

奥出直人（2012）『デザイン思考と経営戦略』NTT出版

河井真也（2012）「インタビュー取材資料」（聞き手：境新一，大島絹衣）10月15日実施

川嶋啓右（2010）「日本映画産業における経営教育－フィルム・ビジネスとプロデューサー」『埼玉女子短期大学研究紀要』第22号，21-22頁

木村圭子（2015）「まちづくり，まち歩き」『成城学びの森／境講座，アート＆・ビジネス・プロデュース入門－ブランド価値創造の技法』配布資料　6月

クリック・ジャパン（2015）「企業のデータ活用は「量」から「質」へ転換する」『DIAMOND IT＆ビジネス』

小島史彦（1999）『プロデューサーの仕事』日本能率協会マネジメントセンター

小林真理監修・編，伊藤裕夫ほか著（2009）『アーツマネジメント概論〔三改版〕』水曜社

R. E. サイトウィック＆D. M. イーグルマン（2010）『脳のなかの万華鏡：「共感覚」のめくるめく世界』河出書房新社（山下篤子訳）

H. A. サイモン（1999）『システムの科学　〔第三版〕』パーソナルメディア（稲葉元吉・吉原英樹訳）

境新一（2009a）『企業紐帯と業績の研究－組織間関係の理論と実証－　〔第2刷〕』

文眞堂
境新一（2009b）『今日からあなたもプロデューサー　イベント企画制作のためのアート・プロデュース＆マネジメント入門』レッスンの友社
境新一（2010）『アート・プロデュースの現場』論創社
境新一（2011d）『アート・プロデュースの仕事』論創社
境新一（2012）「感動創造の意義と課題－アート・プロデュース論の枠組み－」『成城大学経済研究』第197号，7月，93-134頁
境新一（2013a）「アート・プロデュース論の試み－感動創造に関わるプロデュース＆マネジメントの新展開－」『フェリス女学院大学国際交流研究』第15号，3月，241-269頁
境新一編著（2015a）『アート・プロデュースの未来』論創社
境新一（2015c）「アート・プロデュース論の枠組みとその展開－アートならびにビジネスの実践事例を通して－」『成城大学経済研究』第208号，3月，51-95頁
境新一（2015d）『現代企業論－経営と法律の視点－〔第5版〕』文眞堂
境新一（2015f）「アート・プロデュース論の枠組みとその展開－アートからビジネスへの実践事例を通して－」『組織学会大会論文集』J-Stage, Vol.4 No.1, 6月，145-150頁
境新一（2016a）「アート・プロデュース論の枠組みとその展開－デザイン思考と戦略情報の抽出に関する考察－」『成城大学経済研究』第211号，1月，39-71頁
境新一（2016c）「プロデューサーによる価値創造の過程－ネットワーク構築，デザイン思考ならびに意思決定の視点からの考察－」『横浜経営研究　山倉健嗣先生退職記念号』第37巻第1号，6月，281-298頁
境新一編著，齋藤保男・加藤寛昭・臼井真美・丸幸弘著（2013）『アグリ・ベンチャー　新たな農業をプロデュースする』中央経済社
佐々木利廣（1990）『現代組織の構図と戦略』中央経済社
M. シーバーグ（2012）『共感覚という神秘的な世界－言葉に色を見る人，音楽に虹を見る人』エクスナレッジ（和田美樹訳）
鈴木義幸（2002）『熱いビジネスチームをつくる4つのタイプ』ディスカヴァリー
鈴木義幸（2006）『図解コーチング流タイプ分けを知ってアプローチするとうまくいく』ディスカヴァリー
須藤順（2015）「なぜ今，デザイン思考が注目を集めているのか？」「0から1を創り出すデザイン思考－新たなイノベーション創出手法」『デザイン思考 Design Thinking 入門』　Webサイト情報

A. R. ダマシオ（2005）『感じる脳：情動と感情の脳科学　よみがえるスピノザ』ダイヤモンド社（田中三彦訳）

A. R. ダマシオ（2010）『デカルトの誤り－情動，理性，人間の脳』筑摩書房（田中三彦訳）

中山進（2015）「ブレイン・マップ」『成城学びの森／境講座，アート＆ビジネス・プロデュース入門－ブランド価値創造の技法』配布資料　6月

日本カラーデザイン研究所編，小林重順著（2001）『カラーイメージスケール［改訂版］』講談社

根来龍之監修，早稲田大学IT戦略研究所編（2005）『デジタル時代の経営戦略』メディアセレクト

野中郁次郎・勝見明（2004）『イノベーションの本質』日経BP社

萩元晴彦（1994）「ホルショフスキーへの旅－プロデューサーは何をするか－」『婦人公論』1994年9月号〜1995年9月号（全13回）

萩元晴彦（2002）『萩元晴彦著作集』郷土出版社

博報堂ブランドデザイン（2006）『ブランドらしさのつくり方五感ブランディングの実践』ダイヤモンド社

林容子（2004）『進化するアートマネージメント』レイライン

J. ハリソン（2006）『共感覚－もっとも奇妙な知覚世界』新曜社（松尾香弥子訳）

T. ブラウン＆R. マーティン（2016）「IDEO流実行する組織のつくり方」『DIAMONDハーバード・ビジネス・レビュー』4月，62-71頁（倉田幸信訳）（Brown, T. and R. Martin (2015), *Design for Action*, HBR, September）

T. ブラウン（2014）『デザイン思考が世界を変える』早川書房（千葉敏生訳）

L. D. ブラバンデール＆A. イニー（2013）『BCG流最強の思考プロセス　いかにして思い込みを捨て「新しい箱」をつくり出すか』日本経済新聞社（松本剛史訳）

W. J. ボウモル＆W. G. ボウエン（1996）『舞台芸術－芸術と経済のジレンマ－』芸団協出版部，池上惇・渡辺守章訳

丸幸弘（2014）『世界を変えるビジネスは，たった1人の「熱」から生まれる。』日本実業出版社

三谷宏治（2012）『超図解　全思考法カタログ』ディスカヴァー・トゥエンティワン

村山にな・村山元英（2015）『芸術経営学事始め－芸術と経営の教育基礎を結ぶ』文眞堂

茂木健一郎（2009）『感動する脳』PHP研究所

山倉健嗣（1993）『組織間関係－企業間ネットワークの変革に向けて－』有斐閣
山下勝・山田仁一郎（2010）『プロデューサーのキャリア連帯』白桃書房
P. ラディン，K. ケレーニイ＆ C. G. ユング（1974）『トリックスター』晶文全書（高橋英夫・河合隼（訳），山口昌男解説）
M. リンストローム（2005）『五感刺激のブランド戦略』ダイヤモンド社（ルディー和子訳）
P. ロウ（1990）『デザインの思考過程』鹿島出版会（奥山健二訳）
M. J. ロオジェ（2007）『引き寄せの法則』講談社文庫（石井浩之監修・訳）

Bolton, Robert (1984), *Social Style/Management Style*, Amacom Books
Burt, R. S. (2001), *Structure Holes versus Network Closure as social Capital*, in Lin N., Cook, K., and Bur, R. ads. Social Capital, 31-56.
Aldine de Gruyter Brown, Tim. (2009), *The Making of a Design Thinker*. Metropolis Oct.: 60-62. p. 60
Brown, Tim, and Barry Katz (2009), *Change by Design : How Design Thinking Transforms Organizations and Inspires Innovation*. New York : Harper Business.（千葉敏生訳『デザイン思考が世界を変える －イノベーションを導く新しい考え方』早川書房，2010年）
Carter, Keith B. D. Farmer (Contributor) and C. Siegel (Contributor) (2014), *Actionable Intelligence : A Guide to Delivering Business Results with Big Data Fast!*, 1 edition, Wiley.
Evan, W. M. (1972), An Organization-Set Model of Interorganizational Relations, in M. F. Tiuite, M. Randnor and R. K. Chisholm eds., *Inerorganizaional Decision Making*, Aldine- Atherton Publishing Co.
Granovetter, M. S. (1973), The strength of weak ties, *American Journal of Sociology*, vol. 78, No. 6 : 1360-1380.
Lewin, K. (1947), Frontiers in Group Dynamics, Channels of Group Life ; Social Planning and Action Research, *Human Relations*, 1, 2 : 143-153.
McKim, Robert (1973), *Experiences in Visual Thinking*. Brooks/Cole Publishing Co.
Merrill, David W. and Roger H. Reid (1999), *Personal styles and effective performance : make your style work for you*, New York : CRC Press.
Ritchey, Tom (1991), *Analysis and Synthesis : On Scientific Method － Based on a*

Study by Bernhard Riemann - Systems Research 8.4, 21-41
Robson, Mike (1988), *"Brainstorming" Problem-solving in groups* (3rd ed.). Aldershot, Hampshire, UK.
Schiuma, G. (2011), *The Value of Arts for Business,* Cambridge University Press.

〈Web サイト・URL〉
㈱ムラヤマ感動創造研究所　Web サイト　http://www.kandosoken.com/（最新参照　2012年3月）

●第Ⅲ部

〈参考書籍・論文等〉
新雅史（2012）『商店街はなぜ滅びるのか　社会・政治・経済史から探る再生の道』光文社
石積忠夫（2007）『正直者はバカをみない－日本一の見本市ビジネスをつくった男の成功哲学－』ダイヤモンド社
岩崎雅美・神野由紀・玉田真紀・常見美紀子編（2006）『ファッションデザイン』（高等学校教科書）文部科学省
小野隆浩（2002）『オペラと音響デザイナー』新評論
梶本尚靖（2001）『音と人と　回想の五十年－音楽家，聴衆と共に歩んだ道－』梶本音楽事務所
加藤雅幸（2014）「アート・イベントによる価値創造」『成城学びの森・境新一講座』配布資料，11月
清成忠男・中村秀一郎・平尾光司（1971）『ベンチャー・ビジネス　頭脳を売る小さな大企業』日本経済新聞社
桑島俊彦（2014）「カギは個店とリーダー育成～「TOKYO キラリと光る商店街」～」『商店街ニュース』2013年6月号，東京都商店街ホームページ　http://www.toshinren.or.jp/jirei/jirei_325.html（最新参照，2014年5月）成城大学グローカル研究センター
小坂善治郎（1991）『イベント戦略の実際』日経文庫
小島史彦（1999）『プロデューサーの仕事』日本能率協会マネジメントセンター
小山登美夫（2008）『現代アートビジネス』角川グループパブリッシング

境新一（2001）「アートマネジメントに関する実証研究－クラシック音楽コンサートの経営学－」『桐朋学園大学研究紀要』第27集，55-70頁

境新一（2002）「アートマネジメントに関する実証研究－クラシック音楽コンサートの経営学－」『アートマネジメント研究』第3号（日本アートマネジメント学会編），82-91頁

境新一（2003）「中小規模コンサートホールの意義と課題に関する実証研究－クラシック音楽コンサートの経営学3－」『桐朋学園大学研究紀要』第29集，113-129頁

境新一（2008）「プロデューサーの役割と能力に関する考察－萩元晴彦の言葉を通して－」『桐朋学園大学研究紀要』第34集，249-261頁

境新一（2009b）『今日からあなたもプロデューサー　イベント企画制作のためのアート・プロデュース＆マネジメント入門』レッスンの友社

境新一編著・齋藤保男・加藤寛昭・臼井真美・丸幸弘著（2013）『アグリ・ベンチャー　新たな農業をプロデュースする』中央経済社

境新一（2013a）「アート・プロデュース論の試み－感動創造に関わるプロデュース＆マネジメントの新展開－」『フェリス女学院大学国際交流研究』第15号，3月，241-269頁

境新一（2014b）『東日本大震災後のコミュニティとその変革』報告書（成城大学グローカル研究センター）

境新一（2015a）『アート・プロデュースの未来』論創社，2月

J. A. シュンペーター（1977）『経済発展の理論－企業者利潤・資本・信用・利子および景気の回転に関する一研究』岩波文庫（塩野谷祐一・東畑精一・中山伊知郎訳）

J. A. シュンペーター（1998）『企業家とは何か』東洋経済新報社（清成忠男訳）

辻井啓作（2013）『なぜ繁栄している商店街は1％しかないのか』阪急コミュニケーションズ

D. ディーン（2004）『美術館・博物館の展示－理論から実践まで－』丸善（山地秀俊・山地有喜子訳）

永田穂（1991）『建築の音響設計』オーム社

野呂洋子（2008）『銀座の画廊経営』ファーストプレス

J. S. バーンスタイン（2007）『芸術の売り方－劇場を満員にするマーケティング－』英治出版（山本章訳）

服部紀和ほか（2001）『建築計画・設計シリーズ27　音楽ホール・劇場・映画館』

市ヶ谷出版社

真木勝次・平野暁臣（2002）『イベントの底力−企業を変える，地域を変える−』日経 BP 企画

皆川弘至（2005）『音楽企画論−アート・マネージメント実践手法−』レッスンの友社

三好直樹（2003）『まもなく開演　コンサートホールの音響の仕事』新評論

E. リース（2012）『リーン・スタートアップ』日経 BP 社（伊藤穣一解説，井口耕二訳）

Robertson, I. and Chang, O. ed. *The Art Business*, Routledge, 2008.

Barron, M. *Auditorium Acoustics and Architectural Design*, E&FN SPON, 1993.

Bjorkegren, D. *The Culture Business : Management Strategies for the arts-related Business*, Routledge, 1996.

Blake, A. *The Music Business*, Batsford, 1992.

Kuttruff, H. *Room Acoustics*, Fourth Edition, Spoon Press, 2000.

〈資料〉

慶應義塾大学アート・センター（1994年〜）『慶應義塾大学アート・センター年報』各号

昭和音楽大学『芸術運営実習報告書』（2000年〜）

昭和音楽大学『「アーツ・イン・コミュニティ」プログラム〜地域と共に育つ音楽人の育成〜　活動報告書』2008年

成城大学『大学案内』，『講義計画』（2012年〜）

成城大学・生涯学習支援「成城　学びの森　コミュニティー・カレッジ」『講座案内』（2008年〜）

東京家政学院大学『大学案内』，『講義便覧』，『講義計画』（2004年〜2007年）

桐朋学園大学『大学案内』，『講義計画』（2000年〜2014年）

中山夏織・帆足亜紀「大学におけるアート・マネジメント教育−英国におけるアート・マネジメント教育の現状と課題−」『㈶セゾン文化財団助成調査報告書』㈳日本芸能実演家団体協議会，1995年

〈Web サイト・URL〉

イベント学会　http://www.eventology.org/　イベント制作会社，B.B. COMPANY

「イベントの作りかた　解かるイベント・ゴー」http://www.geocities.jp/event_go/page003.htm
イベント制作㈱ジーツーゲイト　http://www.geocities.jp/event_go/page025.html
　　　　　　　　　　　　　　同　http://www.geocities.jp/event_go/page119.html
日本音楽著作権協会（JASRAC）http://www.jasrac.or.jp/
境企画　http://heartfelt-concert.jp/
東京藝術大学美術学部建築／大学院美術研究科建築専攻・HAGISO　http://arch.geidai.ac.jp/Works‒HAGISO（最新参照　2016年10月）
中原由美子　バレエ・フレイグランス　http://www.interq.or.jp/classic/yumiko/
　　　　　　　　　　　　　　　　（いずれも，最新参照　2016年4月）

● 第IV部

〈参考書籍・論文等〉

天野正昭（2014a）「やさしさがマニュアル」『成城学びの森・境新一講座』配布資料，11月
天野正昭（2014b）「台湾人理美容師物語 IN JAPAN」『同』配布資料，11月
大庭泰三（2012a）「千の音色でつなぐ絆」（於　東京都八王子市，聞き手は筆者），インタビュー，8月23日
大庭泰三（2012b）「東日本大震災後のコミュニティの絆〜変革における芸術の役割〜」（公開シンポジウム）配布資料，11月
砧地域ご近所フォーラム（2015）「砧地域ご近所フォーラム報告集2015年」冊子
砧地域ご近所フォーラム（2016）「砧地域ご近所フォーラム報告集2016年」冊子
小林貴（2016）「アートをビジネスへ」『成城大学・総合講座II』講義資料，12月
境新一（2001）「アートマネジメントに関する実証研究－クラシック音楽コンサートの経営学－」『桐朋学園大学研究紀要』第27集，55-70頁
境新一（2002）「アートマネジメントに関する実証研究－クラシック音楽コンサートの経営学－」『アートマネジメント研究』第3号，（日本アートマネジメント学会編），82-91頁
境新一（2004）「コンサートの集客力に関する実証研究－クラシック音楽コンサートの経営学4－」『桐朋学園大学研究紀要』第30集，129-147頁
境新一（2006）「指定管理者の評価・選定に関する考察－相模原市の公共ホールを

事例として-」『桐朋学園大学研究紀要』第32集，89頁-103頁
境新一（2008）「プロデューサーの役割と能力に関する考察-萩元晴彦の言葉を通して-」『桐朋学園大学研究紀要』第34集，249-261頁
境新一（2009b）『今日からあなたもプロデューサー イベント企画制作のためのアート・プロデュース＆マネジメント入門』レッスンの友社
境新一（2012）「感動創造の意義と課題-アート・プロデュース論の枠組み-」『成城・経済研究』第197号，7月，93-134頁
境新一（2013a）「アート・プロデュース論の試み-感動創造に関わるプロデュース＆マネジメントの新展開-」『フェリス女学院大学国際交流研究』第15号，3月，241-269頁
境新一（2013b）「アート・プロデュース論の枠組み-「千の音色でつなぐ絆」プロジェクトを例として-」『社会・経済システム』第34号，10月，73-82頁
境新一（2014a）「日本の商店街活性化に関する課題と展望-東京都世田谷区を中心にタウンマネジメントの視点からの考察-」『成城経済研究』第205号，7月，13-54頁
境新一（2014b）「東日本大震災後のコミュニティとその変革-商店街，まちづくり，芸術からの検証-」報告書（成城大学グローカル研究センター），7月
境新一（2015a）『アート・プロデュースの未来』論創社
境新一（2015b）「「学びの場」としての商店街と大学との地域連携の可能性-成城学園における検証を中心に-」『成城学園教育研究所研究年報』，第36集，2月
境新一（2015c）「アート・プロデュース論の枠組みとその展開-アートならびにビジネスの実践事例を通して-」『成城大学経済研究』第208号，3月，51-95頁
境新一（2015e）「商店街と大学との地域連携の新展開-「学びの場」から「実践の場」へ」『大学時報』第362号，5月，138-139頁
境新一（2016b）「東日本大震災後のコミュニティとその変革-商店街，まちづくり，芸術，社会的企業からの検証」『グローカル時代に見られる地域社会，文化創造の様相』成城大学グローカル研究センター（岩田一正・阿部勘一編），6月，63-93頁
境新一編著，齋藤保男・加藤寛昭・臼井真美・丸幸弘著（2013）『アグリ・ベンチャー 新たな農業をプロデュースする』中央経済社
成城大学・境ゼミナール（2016）「第25回経営学合同ゼミナール しおり／プレゼンテーション資料」
全国商店街を巡る会編（2012）『がんばれ！ニッポンの商店街』辰巳出版

第3回世田谷まちなか研究会（2013）「大学と商店街−地域連携の可能性を探る−」（主催：成城大学，5大学によるプレゼンテーション：日本大学・駒澤大学・国士舘大学・昭和女子大学・成城大学，講演：田中茂氏，高山博氏）2013年7月13日

田賀ひかる（2016）「アートをビジネスにするためのGALLERY TAGA 2の試み」『成城大学・総合講座Ⅱ』講義資料，12月

P.F. ドラッカー（2004）『新しい現実』ダイヤモンド社（上田惇生訳）

中澤宗幸（2013）「震災バイオリン希望の音」『日本経済新聞』，2013年3月11日付

日本政策金融公庫（2016）「株式会社企画室ゴン人材育成を重視した経営で多店舗展開を実現」『生衛業経営アイデアBOOK 身近な工夫事例が満"彩"』9月，62-63頁

W. バイグレイブ&A. ザカラキス（2009）『アントレプレナーシップ』日経BP社（高橋徳行・田代泰久・鈴木正明訳）

盛岡タイムス（2012）Web news，2012年6月8日付

山本和弘（2012〜2015）「研究課題：厚生芸術の基礎研究」日本学術振興会科研費研究（24520199，基盤研究（C））https://kaken.nii.ac.jp/ja/grant/KAKENHI-PROJECT-24520199/（最新参照　2016年10月）

〈記事〉

（ハートフェルトコンサート・境企画の関連記事）

「ハートフェルトコンサート50回を迎えて　境企画の境新一さんにきく」『ショパン』2004年12月号

「一度だけのコンサートのつもりが…"ハートフェルトコンサート50回"境新一氏にうかがう　1・2」『ストリング』2004年12月号，44-48頁，『同』2005年1月号，56-61頁

「出演者が良い状態で演奏会に臨めるような環境づくりが私の役目です。10周年を迎えたハートフェルトコンサートの仕掛人，境新一氏に訊く」『レッスンの友』2007年11月号

「ひと・生きがい　"ハートフェルト"企画の境新一さん　大学で教鞭のかたわらコンサート　ソプラノ歌手伴侶に10年間79回公演」『相模原経済新聞』2008年1月20日付

（野村俊佐久氏の関連記事）
『南日本新聞』2003年4月2日，同年8月16日付，2004年4月26日付，2005年1月9日付，2008年10月5日付（野口正一「風向計　最後のメッセージ」）
『朝日新聞』（含，鹿児島版）2003年4月11日，同年4月27日付，2005年1月21日付
『鹿児島新報』2004年4月28日付

（ファッション・ショーの取材記事）
『読売新聞』2006年10月23日付

〈資料〉
境企画「ハートフェルト・コンサートシリーズ」公演資料，1997～2013年
境新一（2006）「ビジネスに結びつけるアート・マネジメントの可能性－消費者との新しい出会いを求めて－」（講演会，主催：町田商工会議所中小企業相談所）配付資料，11月
町田商工会議所（2006）『第3回町田市産業祭～つなげよう！産学公の連携～運営マニュアル』
町田商工会議所・第3回町田市産業祭実行委員会（2007）『キラリ☆町田発見　第3回町田市産業祭　実施報告書』
「成城学びの森・文化祭　終了報告」2010年11月

〈Webサイト・URL〉
文化庁　http://www.bunka.go.jp/
「成城学びの森コミュニティー・カレッジ講座案内」2008年～現在
はらじゅく畑（ユーストリームで配信する料理番組）
おうちゴハン塾　TV：http://ouchigohan.chouriryoku.jp/
境企画　http://heartfelt-concert.jp/
ギャラリー椿　http://www.gallery-tsubaki.jp/
中原由美子　バレエ・フレイグランス　http://www.interq.or.jp/classic/yumiko/
　　　　　　　　　　　　　　　　いずれも，最新参照　2016年10月

事項索引

◆英数

6W2H ·············· 51, 90
actionable intelligence（AI）·········· 82, 204
administrator ················ 172
agri-venture ················ 70
AI（人工知能）················ 172
Amiable ················ 44, 45
Analytical ················ 44, 46
Analyzers ················ 46
ars ················ 2
art ················ 2
art dealer ················ 134
artistic director ················ 172
Art of Life ················ 3
Arts and Crafts Movement ················ 3
arts intelligence ················ 90
arts management ················ 65
arts production ················ 67
avant-garde ················ 156
behavior identity（BI）················ 9
boundary personal ················ 72
brand ················ 8
brand equity ················ 37
brand identity（BI）················ 9
business intelligence（BI）·········· 82, 90
business model ················ 52, 163
business plan ················ 51
CAPSモデル ················ 46
casting ················ 49
casting manager ················ 158
catalyst/catalyzer ················ 67
circular ················ 167
code ················ 9

competitive advantage ················ 164
concert produce ················ 108
consulting ················ 48
contemporary arts ················ 4
Controllers ················ 46
convergent thinking ················ 76
coordinate ················ 48
coordinator ················ 18
corporate identity（CI）·········· 9, 53
corporate social responsibility（CSR）······ 13
creating shared value ················ 13
credit ················ 116
CSV ················ 13
curator ················ 129
customer value ················ 30
decision-making ················ 105
Define ················ 80
Design ················ 8
design thinking ················ 77
director ················ 49
divergent thinking ················ 76
Diversity ················ 219
division of labor ················ 8
Driving ················ 44
effectual value ················ 31
Empathize ················ 79
entertainment ················ 20
exhibition ················ 140
experiential value ················ 31
Expressive ················ 44, 45
facilitator ················ 66
fashion model ················ 157
fashion show ················ 154
field work ················ 24

256

fitter	157
five senses	105
floor director（FD）	155, 194
fund raising	53
gallerist	134
gatekeeper	60, 74
global link to local	212
Glocal	212
hair make	156
Ideate	80
identity	40
innovation	41
installation	151
intellectual property（IP）	33
intelligence	83, 238
interface manager	60
intrinsic value	31
knowledge	238
KPI	82
KSF	82
Kunst	2
layout	123
LGBT	219
local identity	22
management	48, 108
mecenat	12
mind identity（MI）	9
modern arts	4
out of the box thinking	78, 238
outside the box	78
patoronege	12
PDCAサイクル	24, 49, 50, 51, 52
personal communication media	14, 108
Personal Style	44
philanthropy	12
POP（Prototyping on Paper）	80
premium	92
pret-a-porter	154
primary market	136
produce	48, 108
producer	18, 48
product identity（PI）	9
promote	118
Promoters	46
Prototyping	80
QPMIサイクル	50, 51
receptionist	109
reputation	73
runway	155
scenario	105
schedule	49
secondary market	137
shared value（SV）	32
SNS	238
social responsible investiment（SRI）	53
Social Style	44
sponsorship	12
staffing	49
story	105
style	9
stylist	156
Supporters	46
synesthesia	97
techne	2
Test	80
trade fair（show）	140
trickster	74
tulle	155
value in exchange	28
value in use	28
visionary environment	6
visual identity（VI）	9

◆あ行

アーツ・アンド・クラフツ運動	3
アート オブ ライフ	3
アート情報	90
アート・ディーラー	8, 134

アート・バーゼル……………………… 138
アート・ビジネス……………………… 132
アート・プロデューサー……………… 57
アート・プロデュース……………… 64, 67
アート・マーケット…………………… 8
アート・マネジメント……………… 65, 170
アート・マネジメントコース………… 198
アイデンティティ………………… 10, 23, 40
空き店舗対策…………………………… 24
アクティブ・ラーニング……………… 172
アグリ・ベンチャー………………… 70, 161
アバンギャルド（前衛的）…………… 156
意外性………………………………… 26, 95
一次感情……………………………… 94
一次流通（プライマリー・マーケット）… 136
イノベーション……………………… 41, 238
イメージスケール（the color image scale）
……………………………………… 97
インスタレーション………………… 151
インターフェイス・マネジャー……… 60
運営管理……………………………… 108
営利…………………………………… 172
演出力………………………………… 59
エンタテインメント…………………… 20
大きな物語………………………… 27, 95
オークション………………………… 8
オンリーワン………………………… 164

◆か行

会告…………………………………… 167
外部委託……………………………… 164
開放系コミュニティ………………… 22
学芸員………………………………… 129
貸画廊………………………………… 131
課題解決……………………………… 173
課題提起……………………………… 173
価値創造…………………………… 20, 56
価値…………………………………… 163
学会運営マニュアル………………… 169
学会抄録集…………………………… 168
合併買収（M&A）…………………… 164
感情…………………………………… 94
感性価値……………………………… 37
間接感性……………………………… 38
感動・価値創造………………… 41, 60, 67
企画画廊……………………………… 131
起業……………………………… 161, 206, 207
企業特性……………………………… 9
技術感性……………………………… 39
規制的誘導方法……………………… 128
キャスティング・マネジャー………… 158
ギャラリスト……………………… 8, 134, 135
ギャランティ…………………… 157, 159
共感…………………………… 37, 38, 79
共感覚………………………………… 97
競争優位……………………………… 164
共通価値……………………………… 32
共有価値……………………………… 32
居住者………………………………… 22
キラリ☆まちだ発見………………… 189
キラリ☆まちだ祭…………………… 193
近代芸術……………………………… 4
クリエーター………………………… 41
クリーク……………………………… 73
クレジット…………………………… 116
経営資源……………………………… 163
経営学………………………………… 170
経験価値……………………………… 31
経済資本……………………………… 73
経済的価値…………………………… 29
芸術価値……………………………… 33
ゲートキーパー…………………… 60, 74
原型／プロトタイピング……………… 80
幻視的空間…………………………… 6
検証…………………………………… 80
現代芸術／同時代芸術……………… 4
コア・コンピタンス……………… 38, 193
交換会………………………………… 138

交換価値 …………………………………… 28
構造的すきま ……………………………… 73
行動計画 …………………………………… 162
行動特性 …………………………………… 9
広報戦略 …………………………………… 53
公募展 ……………………………………… 129
コーディネーター ………………………… 18
コーディネート …………………………… 48
コード ……………………………………… 9
五感 …………………………………… 38, 94
顧客 ………………………………………… 163
顧客価値 …………………………………… 30
顧客創造 …………………………………… 56
顧客ロイヤルティ ………………………… 92
個展 ………………………………………… 131
古美術商・物故作家 ……………………… 135
コミュニティ・カレッジ ………………… 202
固有価値・本有的価値 …………………… 31
雇用 ………………………………………… 172
コンクール展 ……………………………… 129
コンサート・プロデュース ……………… 108
コンサルティング ………………………… 48

◆さ行

産業祭 ……………………………………… 145
視覚特性 …………………………………… 9
事業計画書 …………………………… 51, 163
事業創造 ……………………………… 161, 207
刺激（興奮） ……………………………… 94
思考特性 …………………………………… 9
示唆的誘導方法 …………………………… 128
自社展（個人展） ………………………… 140
市場価値 …………………………………… 33
市場創造 …………………………………… 56
実行計画 …………………………………… 49
シナリオ構成力 …………………………… 59
社会的資本 ………………………………… 73
社会的責任 ………………………………… 13
社会的責任投資 …………………………… 53

社会ネットワーク …………………… 73, 238
収束思考 …………………………………… 76
集団的創造 ………………………………… 15
重要成功要因 ……………………………… 82
重要業績評価指標 ………………………… 82
出展者説明会 ……………………………… 142
出展マニュアル …………………………… 142
使用価値 …………………………………… 28
商店街 ……………………………………… 145
情動 ………………………………………… 94
商標化 ……………………………………… 177
人工知能 …………………………………… 172
人的資本 …………………………………… 73
スタイリスト ……………………………… 156
スタイル …………………………………… 9
ステージ・マネジャー …………………… 109
スポンサーシップ ………………………… 12
制作 ………………………………………… 118
製作委員会 ………………………………… 63
性の少数者 ………………………………… 219
製品・サービス特性 ……………………… 9
戦術 ………………………………………… 163
全体計画（マスタープラン） …………… 162
千の音色でつなぐ絆 ……………………… 213
戦略 ………………………………………… 163
戦略情報 ………………………… 83, 204, 238
ソーシャルスタイル ……………………… 44
創造感性 …………………………………… 38
創造の破壊 ………………………………… 75
組織間関係 ………………………………… 72
ソマティック・マーカー説 ……………… 94

◆た行

ターゲティング（対象顧客） …………… 10
対境担当者 ………………………………… 60
ダイバーシティ …………………………… 219
知 …………………………………………… 238
地域ブランド ……………………………… 22
知的財産 …………………………………… 33

知の作法（クリエイティブ・ルーティン）
　………………………………………… 41
チュール ……………………………… 155
直接感性 ………………………………… 38
直観力 …………………………………… 59
強い紐帯 ………………………………… 73
ディープ・ラーニング ……………… 172
提携 …………………………………… 164
ディレクター …………………………… 49
テクネー ………………………………… 2
デザイナー ………………………… 8, 49, 157
デザイン思考 …………………………… 76
展示会 ………………………………… 140
洞察力 …………………………………… 59
ドラマティック・マーケティング …… 27
トリックスター ………………………… 74

◆な行

なつかしさ ………………………… 26, 95
ナンバーワン ………………………… 164
二次感情 ………………………………… 94
二次流通（セカンダリー・マーケット）‥ 137

◆は行

パーソナル・コミュニケーション・
　メディア ……………………… 14, 108
パーソナルスタイル …………………… 44
パートナー ……………………………… 53
背景感性 ………………………………… 38
配置 ……………………………………… 49
発散思考 ………………………………… 76
パトロン ………………………………… 53
パフォーミング・アーツ ………………… 6
非営利 ………………………………… 172
東日本大震災 ………………………… 210
非規制的誘導方法 …………………… 128
引き寄せ ………………………………… 60
非居住者 ………………………………… 22
ビジュアル・アーツ ……………………… 6

ビジネス情報 ……………………… 82, 90
ビジネス・プロデューサー …………… 57
ビジネスモデル …………………… 52, 163
美術団体展 …………………………… 130
美術ブローカー ……………………… 136
ファイン・アート ……………………… 8
ファッション・ショー ……………… 154
ファッション・モデル ……………… 157
ファンド・レイジング ………………… 53
フィールドワーク ……………………… 24
フィッター …………………………… 157
フィランソロピー ……………………… 12
ブランディング ………………… 9, 10, 92
ブランド ……………………… 8, 36, 237
ブランド・アイデンティティ ………… 9
ブランド・エクイティ ………………… 37
ブランド戦略 …………………………… 22
ブランド認知 …………………………… 36
ブランド連想 …………………………… 36
ブランド・ロイヤルティ ……………… 36
ブリッジ ………………………………… 73
ブレイン・ストーミング ………… 78, 83
ブレイン・マップ ……………………… 91
プレタポルテ ………………………… 154
プレミアム ……………………………… 92
フロア・ディレクター …………… 155, 194
ブローカー ……………………………… 8
プロデューサー …………………… 18, 48
プロデューサー・システム ……… 60, 61
プロデューサー・マインド ………… 207
プロデュース …………………………… 48
プロモート興行 ……………………… 118
フロント・マネジャー ……………… 109
分業 ……………………………………… 8
文化感性 ………………………………… 39
文化勲章 ………………………… 7, 187
文化資本 ………………………………… 73
文化政策 ……………………………… 170
文化創造 ……………………… 17, 105, 161, 238

文化的価値 …………………………………… 29
ヘアメイク …………………………………… 156
閉鎖系コミュニティ ………………………… 22
ポジショニング ……………………………… 10

◆ま行

巻き込み ……………………………………… 60
町田市産業祭 ………………………………… 189
町田商工会議所 ………………………… 189, 193
見本市 ………………………………………… 140
メセナ ………………………………………… 12
物語（ストーリー） ………………………… 162
問題定義 ……………………………………… 80

◆や行

有効価値・実効的価値 ……………………… 31
弱い紐帯 ……………………………………… 73

◆ら行

ランウェイ（花道） ………………………… 155
レイアウト …………………………………… 123
レセプショニスト …………………………… 109
レピュテーション …………………………… 73
ローカル・アイデンティティ ……………… 22
労働分割 ……………………………………… 8

人名・社名・地名索引

IDEO ……………………………………… 76
アート・バーゼル（Art Basel）………… 138
アクセンチュア（Accenture）…………… 82
石井淳蔵 …………………………………… 31
伊藤裕夫 …………………………………… 65
J. ウォルター・トンプソン社
　（J. Walter Thompson）……………… 26
W. M. エヴァン（William M. Evan）…… 72
エスティ・ローダー社（ESTEE LAUDER）
　………………………………………… 82
大島絹衣 …………………………………… 63
大庭泰三 ………………………………… 217
奥出直人 …………………………………… 77
K. カーター（Keith Carter）…………… 82
R. カーディナル（Roger Cardinal）……… 6
川嶋啓右 …………………………………… 63
公益社団法人企業メセナ協議会 ……… 6, 12
I. ギトリス（Ivry Gitlis）……………… 217
砧地域ご近所フォーラム ……………… 227
ギャラリー椿 …………………………… 185
清岡優子 ………………………………… 218
草間彌生 ……………………………… 7, 186, 187
九谷敏裕 ………………………………… 178
倉沢進 ……………………………………… 21
M. グラノヴェター（M. Granovetter）… 73
M. R. クラマー（Mark R. Kramer）…… 32
クリスティーズ（Christie's）…………… 137
D. ケリー（David Kelley）……………… 76
K. ケレーニイ（Karl Kerenyi）………… 74
小暮宣雄 …………………………………… 41
小坂善治郎 ………………………………… 14
児島巌 …………………………………… 178
小原啓渡 …………………………………… 40
小林重順 …………………………………… 97

小林真理 …………………………………… 65
H. サイモン（Herbert Simon）……… 76, 79
サイゼリヤ ………………………………… 30
最澄 ……………………………………… 106
境企画（代表　境 新一）……………… 176
佐久間象山 ………………………………… 3
佐々木利廣 ………………………………… 72
サザビーズ（Sotheby's）……………… 137
澤柳政太郎 ……………………………… 106
下北沢大学 ……………………………… 148
W. A. シュハート（Walter Andrew
　Shewhart）……………………………… 79
J. A. シュンペーター（Joseph Alois
　Schumpeter）………………………… 161
正垣泰彦 …………………………………… 30
商店街 with 成城っ子 ………………… 231
尚美学園大学 …………………………… 171
昭和音楽大学 …………………………… 171
シンガポール国立大学ビジネススクール … 82
鈴木義幸 …………………………………… 47
スタンフォード大学 d.school …………… 77
A. スミス（Adam Smith）……………… 28
D. スロスビー（David Throsby）……… 29
成城商店街振興組合 …………………… 231
成城大学 …………………………… 201, 210
成城街なか写真館 ………………… 224, 226
世田谷区産業振興公社 ………………… 221
世田谷まちなか観光協議会 …………… 220
世田谷まちなか研究会 ………………… 220
孫子 ……………………………………… 105
高松伸 ……………………………………… 40
玉川大学 ………………………………… 171
A. R. ダマシオ（Antonio R. Damasio）… 26, 94
チェイス・マンハッタン銀行

（JPMorgan Chase Bank, N.A.）………… 11
H. チルキー（Hugo Tschirky）……………… 34
椿原弘也 ………………………………………… 185
鶴見俊輔 …………………………………………… 9
W. E. デミング
　　（William Edwards Deming）…………… 79
M. デュシャン（Marcel Duchamp）……… 28
J. デュビュッフェ（Jean Dubuffet）………… 6
東京家政学院大学 ……………………… 193, 198
東京藝術大学 …………………………………… 171
道元 ……………………………………………… 106
桐朋学園大学 …………………………………… 201
P. F. ドラッカー（Peter F. Drucker）…… 234
中澤きみ子 ……………………………………… 217
中澤宗幸 ………………………………………… 217
長田典子 ………………………………………… 39
中原由美子バレエ・アカデミー ………… 193
中村天風 ………………………………………… 218
西周 ………………………………………………… 3
日本音楽著作権協会（JASRAC）…… 110, 160
日本カラーデザイン研究所（NCD）……… 97
野中郁次郎 ……………………………………… 41
野村俊佐久 ……………………………………… 182
ハートフェルトコンサート
　　（Heartfelt Concert）……………………… 176
R. S. バート（Ronald S. Burt）……………… 73
萩荘（HAGISO）………………………………… 152
萩元晴彦 ………………………………………… 101
林容子 …………………………………………… 65
はらじゅく畑 …………………………………… 232
B・B カンパニー ……………………………… 18
P. ピカソ（Pablo Picasso）…………………… 33
平野暁臣 ………………………………………… 14
平野秀典 ………………………………………… 27
フィリップモリス社
　　（Philip Morris International Inc.）…… 12
T. ブラウン（Tim Brown）…………………… 77
フランソワ1世（François Ier）……………… 11
文化経済学会 …………………………………… 6

米国芸術基金（National Endowments for
　　Arts：NEA）………………………………… 65
M. E. ポーター（Michael E. Porter）……… 32
R. ボルトン（Robert Bolton）……………… 44
G. C. マエケナス（Gaius Cilnius Maecenas）
　　…………………………………………………… 12
町田商工会議所 ………………………… 189, 193
R. M. マッキーヴァー
　　（Robert Morrison MacIver）…………… 21
R. マッキム（Robert McKim）……………… 76
松永知子 ………………………………………… 177
丸幸弘 ……………………………………… 51, 60, 79
みずのき寮 ………………………………………… 7
三谷宏治 ………………………………………… 77
宮崎晃吉 ………………………………………… 152
武蔵野音楽大学 ………………………………… 171
村田智明 ………………………………………… 38
メディチ家（Medici）………………………… 11
D. W. メリル（David W. Merrill）………… 44
茂木健一郎 ……………………………………… 94
W. モリス（William Morris）……………… 3, 31
矢沢大輔 ………………………………………… 30
藪田益資 ………………………………………… 55
山倉健嗣 ………………………………………… 72
山崎正和 ………………………………………… 15
山下清 ……………………………………………… 7
山下勝 …………………………………………… 61
山田仁一郎 ……………………………………… 61
山田宏 …………………………………………… 178
J. W. ヤング（James Webb Young）……… 26
ユリウス2世（Julius II）……………………… 11
C. G. ユング（Carl Gustav Jung）………… 74
J. ラスキン（John Ruskin）………………… 31
P. ラディン（Paul Radin）…………………… 74
陸前高田市 ……………………………………… 216
ルーチス（LUCIS）…………………………… 177
R. H. レイド（Roger H. Reid）……………… 44
K. レウィン（Kurt Lewin）………………… 74
P. G. ロウ（Peter G. Rowe）………………… 76

〈著者紹介〉

境　新一（さかい　しんいち）
成城大学経済学部ならびに大学院経済学研究科教授
1960年東京生まれ。慶應義塾大学経済学部卒業，筑波大学大学院ならびに横浜国立大学大学院修了，博士（学術）。専門は経営学（経営管理論，芸術経営論），法学（会社法）。
㈱日本長期信用銀行・調査役等，東京家政学院大学助教授を経て現職。
指定管理者選考委員会委員長（世田谷区，相模原市）ほか公的職務，現代公益学会・副会長。
境企画代表（ハートフェルトコンサート®，LUCISレーベル企画制作，1996），一般社団法人成城古典芸能協会・理事（2016）桐朋学園大学，筑波大学大学院，法政大学，中央大学大学院，フェリス女学院大学，日本大学の各兼任講師（歴任を含む）。
主著：『現代企業論』（文眞堂），『企業紐帯と業績の研究』（文眞堂），『法と経営学序説』（文眞堂），『アート・プロデュースの現場』『アート・プロデュースの仕事』『アート・プロデュースの未来』（論創社），『アグリ・ベンチャー』（中央経済社）ほか。

アート・プロデュース概論
経営と芸術の融合

2017年3月1日　第1版第1刷発行

著　者　境　　　新　一
発行者　山　本　　　継
発行所　㈱中央経済社
発売元　㈱中央経済グループ
　　　　パブリッシング

〒101-0051　東京都千代田区神田神保町1-31-2
電話　03（3293）3371（編集代表）
　　　03（3293）3381（営業代表）
http://www.chuokeizai.co.jp/
印刷／昭和情報プロセス㈱
製本／誠　製　本　㈱

©2017
Printed in Japan

＊頁の「欠落」や「順序違い」などがありましたらお取り替えいたしますので発売元までご送付ください。（送料小社負担）

ISBN978-4-502-22501-7　C3034

JCOPY〈出版者著作権管理機構委託出版物〉本書を無断で複写複製（コピー）することは，著作権法上の例外を除き，禁じられています。本書をコピーされる場合は事前に出版者著作権管理機構（JCOPY）の許諾を受けてください。
JCOPY〈http://www.jcopy.or.jp　eメール：info@jcopy.or.jp　電話：03-3513-6969〉